Angela Merkel – Regieren mit SPD und Union
Eine Bilanz der großen Koalition

W0075534

*Der Autor*

Dr. Hans-Joachim Schabedoth ist Sozialwissenschaftler und arbeitet als Politik-
berater seit Jahren an der Nahtstelle zwischen Gewerkschaften, Parteien und
Regierung. Beim DGB-Bundesvorstand leitet er den Bereich Gesellschaftspolitik/
Grundsatzfragen. Er hat schon unsere Jahre mit Helmut Kohl und Gerhard Schröder als kritischer Analytiker aufbereitet und die Ergebnisse und Versäumnisse fest-
gehalten. (Unsere Jahre mit Helmut Kohl. Ein Rückblick sowie: Unsere Jahre mit
Gerhard Schröder. Rot-Grüne Regierungsarbeit zwischen Aufbruch und Abbruch,
beide erschienen bei Schüren/Marburg 1998 und 2006.)

Hans-Joachim Schabedoth

# Angela Merkel – Regieren mit SPD und Union

## Bilanz der großen Koalition

Bibliografische Information der Deutschen Nationalbibliothek
Die Deutsche Nationalbibliothek verzeichnet diese Publikation in der Deutschen
Nationalbibliografie; detaillierte bibliografische Daten sind im Internet über
http://dnb.d-nb.de abrufbar.

Schüren Verlag GmbH
Universitätsstr. 55 · D-35037 Marburg
www.schueren-verlag.de
© Schüren 2009
Alle Rechte vorbehalten
Umschlagfoto: Angela Merkel beim NATO-Gipfeltreffen in Bukarest 2008
© NATO
Satz: Nadine Schrey, Schüren Verlag
Druck: Gruner Druck, Erlangen
Printed in Germany
ISBN 978-3-89472-289-0

# Inhalt

## Das Jahr 2009 – Regieren in der Krise

*Denkzettel für die Hessen-SPD – Konjunkturpaket II – Mindestlohn für Zeitarbeit? Nein! – Grundgesetzliche Schuldenbremse? Ja! – Renaissance der intelligenten Konjunkturpolitik? – Das Gespenst der Verstaatlichung – Darstellerwechsel im Wirtschaftsministerium – Merkels Entscheidungsschwäche – Orientierungsprobleme konservativer Stammwähler – FDP im Höhenrausch – G20-Absprachen – Merkels Hinterherzockeln – Lehrzeit für zu Guttenberg – Wahlprogrammfieber – Wieder Köhler – Licht am Tunnelende? – Bad Banks – Steuern zum Steuern – Opel überm Berg? – SPD im Tal – Europa wählt nicht oder schwarz – Kommunalwahlsonntag – Wahlzeiten*

# Wie alles anfing und die Ausgangslage für ein Regieren mit SPD und Union

Die Neujahrsansprache zum Jahreswechsel 2005/2006 hält Bundeskanzlerin Angela Merkel. Was ist passiert? Sollte nicht erst im Herbst 2006 entschieden werden, ob Bundeskanzler Gerhard Schröder eine dritte Amtsperiode schafft? Und wieso jetzt die Merkel? Der Reihe nach:

Zum elften Mal in Folge bei Landtagswahlen waren es die Wähler in Nordrhein-Westfalen, die im Mai 2005 dem amtierenden Bundeskanzler Gerhard Schröder einen Denkzettel verpassten und die SPD in den Keller schickten. Dabei ging nicht nur die letzte rot-grüne Regierungsbastion im „Musterland der Sozialdemokratie" verloren, sondern auch des Kanzlers Lust am Weiterregieren bis zum Ende der Legislaturperiode. Vorgezogene Neuwahlen im Herbst rückten auf den Spielplan der Republik. Da half weder das Murren aus der eigenen Partei noch das Knurren des Koalitionspartners. Verfassungsrechtliche Einwände ließen sich ausräumen. Die Oppositionsparteien wollten gern die Chance nutzen, ein Jahr früher als erhofft in die Regierungsämter zu kommen. Und selbst die auf mehr parlamentarische Repräsentanz erpichten PDSler schafften es noch, mit der bunten Oskar-Lafontaine-Truppe im Huckepack eine Ad-hoc-Wahlkoalition zu bilden, was das kurzsichtige SPD-Strategie-Duo Schröder/Müntefering mit seiner Neuwahl-Überraschung eigentlich hatte verhindern wollen. Auf der Unionsseite war schnell entschieden: Diesmal sollte die CDU-Vorsitzende Vorrang vor dem CSU-Vorsitzenden haben. Im Einklang mit dem neoliberalen Mainstream, kompatibel mit der Guido-Westerwelle-Partei, verpflichtete sich die Union auf ein Wahlprogramm, dessen Realisierung durch Regierungspraxis monatelang nur noch abhängig schien vom Schließen der Wahllokale am 18. September 2005. Doch das Wahrscheinliche trat nicht ein. Es gab keine Mehrheit für die sicher geglaubte schwarz-gelbe Koalition. Wegen einer Nachwahl in Dresden konnte das amtliche Ergebnis erst am 2. Oktober bekräftigt werden: SPD 34,2 (-4,3), CDU/CSU 35,2 (-3,3), Bündnis90/Die Grünen 8,1 (-0,5), FDP 9,8 (+2,4), Linkspartei/PDS 8,7 (+4,7), Sonstige 4 (+1).

Was war schief gelaufen für die Bürgerlichen? Die Schwarz-Gelben hatten das Gerechtigkeitsempfinden der Bevölkerung unterschätzt. Auch hatten sie nicht auf ihrer Rechnung, dass die beiden Dinos rot-grüner Tage noch einmal zur alten Form auflaufen würden. Joschka Fischer und Gerhard Schröder tourten über die Wahlkampfbühnen der Republik, als könnte ihr Elan doch noch einmal reparieren, was der politische Tsunami Agenda 2010 seit Verkündung am 25. März 2003 an

Zer- und Verstörung im Lager der eigenen Wählerklientel angerichtet hatte. So viel Sozialdemokratie wagen, hatte die SPD sich schon lange nicht mehr zutrauen wollen. Das brachte sie wieder auf Augenhöhe mit der anderen Volkspartei. Für wenige Stunden nach Auftritt eines triumphierenden Gerhard Schröder am Wahlabend hoffte man sogar, es könne irgendwie doch noch weitergehen mit einer SPD-geführten Regierung. Sei es die nachlassende Rotweinwirkung und die darauf beruhende Selbsttäuschung, sei es das kluge und entschlossene Agieren von Angela Merkel, die Sicht auf die wirkliche und nicht die gefühlte neue parlamentarische Kräfteverteilung wurde schließlich doch Bezugspunkt der Koalitionsüberlegungen. Planspiele für eine Ampel-Koalition der Rot-Grünen mit der ungeliebten FDP erwiesen sich genauso als unsinnig wie der journalistische Eifer, sich eine schwarz-gelb-grüne sogenannte Jamaika-Koalition herbeizufabulieren. Für die arithmetisch mögliche Rot-Grün-Dunkelrot-Koalition zu votieren, traute sich noch nicht einmal der Desperado-Flügel der Jungsozialisten. Was blieb also anderes übrig als die große Koalition der beiden Volksparteien? Selten wurde so oft der Topos bemüht, es ginge nicht um Liebesheirat, sondern um eine Vernunftehe. Da sich alle anderen Koalitionsoptionen als irreal erwiesen, schienen sich die Protagonisten beider Seiten eher zu schämen als zu freuen, das schon lange in wilder Ehe praktizierte Zusammenspiel zwischen Bundestags- und Bundesrats-Mehrheit nun legalisiert als Regierungskoalition fortsetzen zu dürfen. Wenn es je eine Chance gab, alternativ zu Angela Merkel einen aus der Unions-Ministerpräsidenten-Riege zum Kanzler zu machen, dann hatte sie Gerhard Schröder mit seiner rüden Attacke auf die CDU-Vorsitzende in der TV-Elefanten-Runde am Wahlabend vermasselt. Angela Merkel konnte danach von ihren innerparteilichen Kontrahenten wegen des enttäuschenden Wahlergebnisses kaum noch zur Rechenschaft gezogen werden. In Erwartung des neuen Spitzenamtes und erst Recht mit ihm wurde sie für innerparteiliche Kritiker und Neidhammel unangreifbar. Schnell wurde den Sozialdemokraten signalisiert, es werde in der gemeinsamen Regierungszeit nicht so heiß gegessen, wie die neoliberalen Schnellköche zu Wahlzeiten versprochen hatten.

Noch vor dem Verkünden gemeinsamer Regierungsziele wurden die Kabinettsposten verteilt. Die SPD durfte mit acht dabei sein, die CDU mit vier und die CSU mit zwei Vertretern. Der Deutsche Bundestag wählte am 22.11. Angela Merkel zur Bundeskanzlerin. Sie ist die erste Frau in diesem politischen Amt. Das ist so bemerkenswert wie der Aufstieg einer oft unterschätzten Persönlichkeit aus Ostdeutschland in dieses politische Spitzenamt. Es zeigte sich rasch: Den vollen Rückhalt der Regierungsfraktionen würde sich Angela Merkel noch mühevoller erarbeiten müssen. 51 der 448 Abgeordneten aus ihren Reihen versagten ihr die erste Zustimmung. Die beiden am Vortag gewählten Fraktionschefs Volker Kauder (CDU/CSU) und Peter Struck (SPD) hatten zum ersten Mal Gelegenheit, Abweichungen vom Wunschverhalten der Koalitionäre zu beschönigen. Franz Müntefering, bis zum eigenwilligen Rücktritt am 31.10. noch SPD-Parteivorsitzender, wurde als Vizekanzler und Arbeitsminister vereidigt. Schröders Ex-Kanzleramtschef Frank-Walter Steinmeier wurde Außenminister. Peer Steinbrück, der Verlierer der NRW-Wahlen vom Mai, trat das Amt des Finanzministers an. Sigmar Gabriel, seit Februar 2003 Ex-Ministerpräsident von Niedersachsen, rückte an die Spitze des Umweltressorts. Wolfgang Tiefensee, bislang Leipziger Oberbürgermeister, wurde der neue Verkehrsminister. Und die schon unter Gerhard Schröder amtierenden Ulla Schmidt, Brigitte Zypries und Heidemarie Wieczorek-Zeul erhielten ihre Neuernennungen als Ministerinnen für Gesundheit, Justiz und Wirtschaftliche Zusammenarbeit. Die CSU hatte sich auf Horst Seehofer als Minister für Landwirtschaft und Verbraucherschutz festgelegt. Für den eigentlich als Wirtschaftsminister designierten Edmund Stoiber kam schließlich Michael Glos zur Amtsehre. Der CSU-Regent hatte nicht mehr unter Angela Merkel dienen wollen, seit Franz Müntefering nicht mehr SPD-Vorsitzender bleiben wollte, weil ihm eine Vorstandsmehrheit bei der Festlegung auf einen neuen SPD-Generalsekretär den Gehorsam aufkündigte. Wolfgang Schäuble, Alt-Innenminister aus der Kohl-Zeit, wurde neuer Innenminister. Die CDU war außerdem dabei mit den auf Landesebene einschlägig erfahrenen Fachfrauen Ursula von der Leyen (Familie, Senioren, Frauen und Jugend) sowie Annette Schavan (Bildung und Forschung). Schließlich holte sich Angela Merkel den Roland-Koch-Vertrauten aus Hessen, Franz Josef Jung, ins Verteidigungsressort. Zum über alles wachenden Kanzleramtschef bestellte die Kanzlerin den bisherigen sächsischen Innenminister Thomas de Maizière.

Der Koalitionsvertrag von CDU, CSU und SPD vom 11. November bringt zum Ausdruck, was sich die Parteien der großen Koalition gemeinsam zutrauen oder zumuten wollen, um die Probleme des Landes zu lösen. Schon vorab hatten die Sozialdemokraten möglichen Konfliktstoff mit den Gewerkschaften entschärft. So bleibt es bei der Steuerfreiheit von Sonntags-, Feiertags- und Nachtzuschlägen. Herzensanliegen der Union wie betriebliche Bündnisse zur Unterminierung der Tarifautonomie, das Abräumen von deutschen Mitbestimmungs- und Betriebsratsrechten und Fundamentaloperationen am Kündigungsschutz rückten auf die Tabu-Liste. Nachgedacht werden darf über eine Ausweitung des Entsende-Gesetzes zur Abwehr von Lohn- und Sozialdumping. Bedeutsame Konjunkturimpulse lassen verschiedene Investitions- und Infrastrukturförderungsprogramme sowie die Förderung haushaltsnaher Dienstleistungen erwarten. Die Investitionen in Forschung sollen bis 2010 auf drei Prozent des BIP steigen. Es gibt eine sogenannte „Reichensteuer" für Topverdiener ab 250.000 Euro. Ein einjähriges Elterngeld soll zur Elternschaft ermutigen. Durch eine Kombination aus Einsparungen und Einnahmeverbesserungen will man den Staatshaushalt so konsolidieren, dass er das Defizitkriterium des Stabilitätspaktes einhält. Deshalb wird die Mehrwertsteuer ab 2007 von 16 auf 19 Prozent erhöht, obwohl die Sozialdemokraten in der Wahlauseinandersetzung mit einer strikten Ablehnung jeglicher Mehrwertsteuererhöhung noch Punkte gesammelt hatten. Nix ist mit der von der Union favorisierten Verlängerungen der Laufzeiten von Atomkraftwerken. „Gemeinsam für Deutschland – mit Mut und Menschlichkeit", das steht als Motto über dem verabredeten Katalog aller Arbeitsvorhaben. Auf den Dauerbaustellen der vorangegangenen Legislaturperioden – Rente, Gesundheit, Pflege – finden sich nach beiden Seiten auflösbare Formelkompromisse. Die Koalitionsvereinbarungen sehen das Anheben der Verrentungsgrenze von 2012 bis 2035 schrittweise auf 67 Jahre vor. Der Rentenbeitrag soll ab 2007 von 19,5 auf 19,9 Prozent angehoben werden. Die Altersteilzeitpraxis soll auslaufen. Die im Dezember 2004 steckengebliebene Föderalismusreform wollen beide Seiten zum Abschluss bringen. Insgesamt vertritt man auf beiden Seiten die Meinung, Geben und Nehmen seien in einem ausgewogenen Verhältnis niedergelegt.

Die Zustimmung der jeweiligen Parteitagsmehrheiten geriet zur Formsache. Die Sozialdemokraten nutzten ihren Parteitag in Karlsruhe, um den Brandenburgischen Ministerpräsidenten Matthias Platzeck mit 512 von 515 Stimmen zum neuen SPD-Vorsitzenden zu wählen. Das Generalsekretärs-Amt wurde mit dem niedersächsischen Bundestagsabgeordneten Hubertus Heil besetzt – und nicht mit Andrea Nahles, wie dies eine Parteivorstandsmehrheit zur Verbitterung Franz Münteferings noch im Oktober gewünscht hatte.

Die Ausgangslage für die nächsten vier Jahre Regierungsarbeit ist damit bezogen. Angela Merkels Vorteil des Regierens mit SPD und Union liegt darin, gemeinsame Lernprozesse beginnen zu können, ohne Nachteile im Parteienwettbewerb befürchten zu müssen. Tagespolitische Fehleinschätzungen und unzulängliche Entscheidungen könnten leichter korrigiert werden. Beides bleibt möglich: Satte Zufriedenheit mit dem kleinsten gemeinsamen Nenner oder das ehrliche Interesse an bestmöglichen Kooperationen, um die offenkundigen strukturellen Probleme des Landes anzugehen. Im ersten Fall geriete Regierungspolitik schnell wieder zum sterilen Wettstreit um parteitaktische Vorteilssicherung für einen möglichst frühen nächsten Wahltermin. Im zweiten Fall bestünde die realistische Chance, sowohl die erkannten Probleme gemeinsam zu lösen als auch das eigene Profil als verantwortliche Volkspartei zu schärfen. Für beide Seiten eigentlich keine schlechte Ausgangslage für ein Wiederbewerben um Regierungsmacht nach vier Jahren. Neu an der großen Koalition: Die zentrale Austauschebene unterschiedlicher Interessen und parteipolitischer Opportunitätskalküle liegt nicht mehr beim Vermittlungsausschuss Bundestag/Bundesrat. Das Kabinett und der Koalitionsausschuss werden Clearingstelle der Regierungspartner. Mehr denn je kommt es auf die Vermittlungskunst der Regierungsspitze an. Die ungewöhnliche Herausforderung für die SPD besteht darin, dass ihr die grüne Oppositionspartei den ökologischen Verantwortungssinn schärft und die Linkspartei ihr soziales Gewissen wach hält. Für die Unionsparteien hat sich die Lage fundamental verbessert. Nach sieben

Jahren Schröder-Pause sind sie wieder staatslenkende Nummer Eins. Die neoliberalen Missionare – innerhalb und außerhalb ihrer Parteistrukturen – haben ihnen im Bemühen, parlamentarisch mehrheitsfähig zu werden, stets mehr geschadet als genutzt. Wollte die Union für ihre nun erreichte Regierungsführung auf Dauer Akzeptanz sichern, müsste sie ihren christlich-sozialen Traditionen mehr Raum lassen als den kontinuierlichen Sirenenklängen des Guido Westerwelle.

# Das Jahr 2006 – Mit Mühe über die ersten Hürden

*Guter Start auf internationalen Bühnen – Müntefering/Merkel in Harmonie – Vorpreschen bei der Rente mit 67 – erste Frustgefühle – Mehrfach-Landtagswahlen – Erneuter Wechsel an der SPD-Spitze – Kurt Beck auf Profilierungssuche – Elterngeld mit Vätermonate – Mehrwertsteuererhöhung – Baustelle Gesundheitsreform – Föderalismusreform I – Unternehmenssteuerreform angepackt – verbesserte Arbeitsmarktlage*

## Januar 2006

Jedem Anfang wohnt ein Zauber inne. Die Vorgängerregierung hatte sich in einer solchen Stimmung dazu verleiten lassen, den Rückgang von Arbeitslosigkeit zum Maßstab ihrer Regierungserfolge zu machen. Dass die Arbeitslosigkeit nicht gesunken, sondern im Jahresdurchschnitt 2005 auf den Rekordstand von 4,86 Millionen geklettert ist, mahnt die Nachfolger zur Vorsicht. Die verbesserten Prognosen 2006 reklamiert CDU-Generalsekretär Ronald Pofalla dennoch als „Merkel-Faktor". Dass die Arbeitslosenzahl erstmals seit Anfang 2005 wieder über fünf Millionen liegt, bleibt als Schönheitsfehler von Pofalla unkommentiert. Im Koalitionsvertrag steht die Verpflichtung, bis Mitte des Jahres Lösungsmöglichkeiten beim Kombilohn „zu prüfen". Ob das eine geeignete Form ist, den Langzeitarbeitslosen wieder in die Erwerbsarbeit zu helfen, bleibt unter den Koalitionären strittig. Während die CDU auf eine schnelle Einführung drängt, teilt man in der CSU eher die SPD-Skepsis. Verbraucherschutzminister Horst Seehofer, im Nebenjob auch stellvertretender CSU-Vorsitzender, gibt zu bedenken, man dürfe „nicht auf neue finanzielle Abenteuer zumarschieren". Die wirtschaftspolitische Eröffnungsbilanz kann Bundesfinanzminister Peer Steinbrück vorgetragen: Die Neuverschuldung des Bundes ist etwas geringer als prognostiziert. 2005 waren 35 Milliarden Euro erwartet worden, doch 32 Milliarden sind es dann geworden, die Wirtschaft ist um 0,9 Prozent gewachsen. Die Summe aller Bruttoeinkommen liegt um 0,3 Prozent unter dem Vorjahresstand. Doch fortan soll ja alles besser werden.

Was zu tun ist, beraten die Regierungsmitglieder auf der Klausurtagung im brandenburgischen Schloss Genshagen. Ein Investitionsprogramm mit einem Volumen von 25 Mrd. Euro kommt auf den Weg. Haushaltsnahe Dienstleistungen sollen steuerlich abzugsfähig werden. Avisiert sind Steuerentlastungen für berufsbedingte Kinderbetreuung. Was das genau heißt, steht erst nach wochenlangem Streit fest. Die CSU hatte darauf beharrt, dass auch sogenannte Alleinverdiener-Ehen dabei zu finanziellen Vorteilen kommen. Zu längeren Laufzeiten für Atomkraftwerke wird es in dieser Legislaturperiode nicht kommen. Angela Merkel setzt damit den Schlusspunkt der Bundeskanzlerin unter eine Debatte, die vom hessischen Ministerpräsidenten Roland Koch und seinem bayerischen Amtskollegen Edmund Stoiber angezettelt worden war.

Die Renten sollen in naher Zukunft nicht gekürzt werden. Arbeitsminister Franz Müntefering lässt sicher stellen, dass bei der nächsten Rentenanpassung zum Juli 2006 Kürzungen verhindert werden. Eine nachhaltige finanzielle Absicherung verspricht sich Müntefering von einer Beitragsanhebung ab Januar 2007 um 0,4 Prozent auf dann 19,9 Prozent. Und nicht zuletzt steht im Koalitionsvertrag, man wolle die Regelaltersgrenze für den Renteneintritt langfristig von derzeit 65 auf 67 Jahre erhöhen. Als Beginn für diesen Prozess ist das Jahr 2012 genannt. Spätestens 2035 soll die Rente ab 67 Jahre dann allgemeine Norm sein. Ein Menge Zeit, um in den nächsten Jahren die Arbeitsmarktsituation für Ältere grundlegend zu verbessern. So denkt es sich die SPD-Parteiführung. So könnten es die Betroffenen erwarten. Alle haben ihre Rechnung ohne Franz Müntefering gemacht. Er verpflichtet sich zum Vorhaben, die Rente ab 67 so rasch wie möglich zu realisieren. In der SPD versteht man das Vorpreschen des Arbeitsministers als Nackenschlag für den SPD-Parteivorsitzenden Matthias Platzeck. In den Gewerkschaften versteht man diese Initiative überhaupt nicht, während sich die Arbeitgeber freuen, nicht unter verschärften Erwartungsdruck hinsichtlich einer Veränderung ihrer Präferenzen für die Beschäftigung Älterer zu geraten. In der Union quittiert man Münteferings Dribbeln auf das eigene Tor mit stillem Vergnügen, aber auch mit offenem Beifall.

Erste Duftmarken zur Reform des Gesundheitswesens werden gesetzt. Das System solle sich nicht mehr in erster Linie über Lohn- und Gehaltsanteile finanzieren, sondern über die Steuern, wobei die gesamten Einkünfte beitragspflichtig werden sollten. So hört man es aus der Merkel-Ecke. Derweil gehen die Ärzte auf Hab-Acht-Stellung: In Berlin demonstrieren über 20.000 Mediziner für höhere Honorare und weniger Reglementierung bei ihren Abrechnungssystemen.

Alte und neue außenpolitische Verwicklungen beschäftigten den alten Kanzleramts- und neuen Außenminister Frank Walter Steinmeier. Hatte es doch während des Irak-Krieges deutsch-amerikanische Geheimdienst-Kooperationen gegeben? Die Fragen stellen die drei Oppositionsparteien, die aber noch nicht zusammenfinden wollen, um das in einem Untersuchungsausschuss förmlich klären zu lassen. Gerade ist die Aufregung im Außenministerium um eine deutsche Geiselnahme im Jemen beigelegt, geraten zwei Deutsche im Irak in die Gewalt von Kidnappern. Voller Einsatz für den Außenminister. Mit außenpolitischem Dauereinsatz beginnt auch für die Bundeskanzlerin das Jahr. Es geht zu George W. Bush, nach Russland zu Wladimir Putin und zum Antrittsbesuch nach Israel mit Abstecher in die palästinensischen Autonomiegebiete. Die deutsche Politik in der Welt präsentiert sich auf allen drei Stationen über Angela Merkel zustimmungsfähig. Weder wird auf ihrer ersten USA-Reise als Bundeskanzlerin mit Kritik am US-Gefangenenlager Guantanamo gespart, noch bleiben russische Menschenrechtsverletzungen unerwähnt. Auf der Nahost-Mission unterstreicht Angela Merkel in Kontinuität der deutschen und europäischen Außenpolitik das Existenzrecht Israels und gesicherte Co-Existenzrechte der Palästinenser unter dauerhaften Friedensbedingungen.

Seinen ewigen Frieden gefunden hat Alt-Bundespräsident Johannes-Rau. An den Feierlichkeiten zu seinem 75. Geburtstag Mitte Januar hatte er schon nicht mehr teilnehmen können. Er stirbt am 27. Januar im Kreise seiner Familie. Die SPD verliert mit dem langjährigen nordrhein-westfälischen Ministerpräsidenten, der das Amt des Staatsoberhauptes von 1999 bis 2004 inne hatte, einen ihrer profiliertesten Politiker. In seinen Amtszeiten hatte der Wuppertaler unmissverständlich zum Kreis jener altmodischen Politiker gezählt, denen das Dienen wichtiger ist als das Bedientwerden und Verdienen.

## Februar 2006

Die Bundesregierung absolviert die ersten hundert Tage ihrer Zusammenarbeit und gibt sich harmoniebewusst. Angela Merkel und Franz Müntefering spielen sich nette Bemerkungen zu, als seien sie schon lange ein altes Ehepaar. Die drei „Trauzeugen" an der Fraktionsspitze Volker Kauder (CDU), Peter Struck (SPD) und Peter Ramsauer (CSU) sind erfahren genug, um nach gemeinsamen Rückblicken auf die Flitterwochenzeit mit Zuversicht auf die nächsten tausend Tage Politik in den Grenzen des Koalitionsvertrages zu schauen. Sicherlich hatte es vielfältige Versuche gegeben, diese Grenzen schon in den ersten Tagen zu überschreiten. Man denke an die Voten für die Revision des Atomausstiegs, an den letztendlich abgeschmetterten Versuch des Innenministers Wolfgang Schäuble, die Bundeswehr zur Unterstützung von Polizeiaufgaben zu reklamieren. Noch ist ja nicht absehbar, wie die unterschiedlichsten Signale zur Haushaltspolitik der Regierung tatsächlich verarbeitet werden. Widersprüchliche Akzentsetzungen der Koalitionäre – meist vorgetragen durch Interviews statt am Kabinettstisch – hatten schon immer zum Regierungsalltag gehört. Ein Knirschen in der Architektur der Regierungsarbeit ist dennoch schwer zu überhören. Da gibt es zur erfreulichen Verblüffung des Koalitionspartners das Vorauseilen des Arbeitsministers Franz Müntefering bei der Rente mit 67. Der Koalitionsvertrag nennt dafür das Enddatum 2035, Müntefering orientiert auf 2029. Seine Parteifreunde reagieren erst mit Kopfschütteln, dann mit süß-saurem Stillschweigen. Aus der Parteiführung wird dem erst vor wenigen Wochen vom SPD-Vorsitz zurückgetretenen Müntefering vorgehalten, es müsse auch Ausnahmen von der Rente mit 67 geben – zum Beispiel für Dachdecker. Es wäre zudem vordinglicher, erst einmal dafür zu sorgen, dass das Rentenalter von 65 tatsächlich für die meisten arbeitenden Menschen erreichbar ist. Vor drei wichtigen Landtagswahlen sieht man es nicht so gerne, auf diese Weise ein schweres Problem aufgeladen bekommen zu haben. Franz Müntefering zeigt sich gegenüber solchen Sacheinwänden immun, als wollte er demonstrieren, wie belanglos es ist, wer unter ihm gerade als SPD-Parteivorsitzender agiert. Innerparteiliche Kritik an der Rente mit 67 erscheint ihm „kleinkarierte Streiterei". Vom SPD-Präsidiumsmitglied Ludwig Stiegler will er sich nicht sagen lassen, sein Konzept habe in der SPD „wie eine Bombe eingeschlagen". Müntefering hält dies für „Selbstfindungsquatsch", der nur das „Niveau von Kreisklasse" habe.

Nicht minder skeptisch wird das Koalitionsvorhaben beurteilt, die Föderalismusreform, die kurz vor dem Abschluss steht, mit dem völligen Rückzug des Bundes aus der Reformarbeit im Bildungswesen zu verbinden. Nach hundert Tagen Gezeter um Kombilohnmodelle hat sich die SPD festgelegt, keine neuen Zugriffsmöglichkeiten für die Abzocker von Staatsknete zu dulden. Die Debatte um Mindestlöhne ist noch nicht ins Grundsätzliche abgeglitten. Der SPD-Fraktionsvorsitzende Peter Struck findet immerhin den DGB-Vorschlag für einen gesetzlichen Mindestlohn von 7,50 Euro überlegenswert. Franz Müntefering hält sich dazu noch bedeckt und will erst im Herbst ein eigenes Konzept vorlegen. Schneller droht nach den ersten hundert Tagen richtiger Zoff auf der Großbaustelle Gesundheitsreform. Der harte Arbeitseinsatz der Sozialdemokraten in der großen Koalition wird offensichtlich nicht so gewürdigt, wie sich das die Strategen im Willy-Brandt-Haus wünschen. Deshalb wird die Metapher von den Arbeitern im Maschinenraum und den eitlen Profiteuren dieser Arbeit auf dem Sonnendeck bemüht, um die ersten Frustgefühle konstruktiv zu verarbeiten. Man ahnt, schnell werde das ganze Schiff scheitern, wenn es sich in den nächsten Wochen und Monaten nicht erkennbar schneller im Gewässer der vielen Reformnotwendigkeiten bewegt. Aktuelle Begleittöne stimmen nicht froh, zumindest nicht die 400.000 Beamten und 700.000 Pensionäre des Bundes. Ihnen will Innenminister Wolfgang Schäuble das Weihnachtsgeld kürzen. Und rascher als ursprünglich geplant, soll schon zum 1. Juli verhindert werden, dass unter 25-jährige Arbeitslose bei Auszug aus dem Elternhaus die Kosten für Miete und Erstausstattung über Hartz IV ersetzt bekommen.

Regierungs- und Oppositionspolitiker sind erstaunlicherweise einig mit den Gewerkschaften, die zu Kundgebungen gegen die sogenannte „Dienstleistungsrichtlinie" der Europäischen Union aufrufen. Im Kern geht es darum, dass Unternehmen auch in einem anderen EU-Land zu den Regelungen ihres Heimatlandes arbeiten können. Über 30.000 Menschen demonstrieren in Berlin Unterstützung für die gewerkschaftliche Kritik. Sie sieht in der EU-Dienstleistungsrichtlinie einen Freibrief für Dumpingwettläufe. Kritik und Demonstrationen bleiben nicht ohne Wirkung. Das

Europäische Parlament verabschiedet die Richtlinie nur mit erheblichen Änderungen. Auf das umstrittene Prinzip des Herkunftslandes wird verzichtet. Man einigt sich darauf, Auslandsfirmen dürfen bei der Auftragsvergabe nicht diskriminiert werden. Branchen wie das Gesundheitswesen, Zeitarbeitsfirmen oder Verkehrsdienste bleiben vorerst von der Öffnung der Märkte für Dienstleister ausgeschlossen.

Bundespräsident Horst Köhler hatte im Januar 2005 verfassungsrechtliche Zweifel gegen das sogenannte Luftsicherheitsgesetz erhoben. Das Bundesverfassungsgericht entscheidet in seinem Sinne. Der Bundeswehr ist es damit auch in Zukunft nicht erlaubt, von Terroristen entführte Flugzeuge mit unschuldigen Passagieren abzuschießen, um ein vermeintlich noch größeres Übel zu verhindern. Damit ist wieder klargestellt, dass der Staat nicht das Recht hat, das Leben der einen gegen das Leben der anderen abzuwägen.

Eine peinliche Ohrfeige für das deutsche Schulsystem liefert Professor Vernor Muñoz Villalobos aus Costa Rica. Als UN-Menschenrechtsinspektor ist er zehn Tage lang in Deutschland unterwegs, um die Einhaltung der Menschenrechte an den Schulen zu überprüfen. Schnörkellos sein Urteil: Zu viel Föderalismus, zu frühe Auslese, zu wenig Chancen für Zuwandererkinder, zu wenig Behindertenintegration. Da haben sie es wieder einmal von außen gehört, die schon zu sehr betriebsblind agierenden nationalen Verantwortungsträger.

## März 2006

Zum ersten Mal seit der Bundestagswahl und dann gleich bei Landtagswahlen in Baden-Württemberg, Rheinland-Pfalz und Sachsen-Anhalt sowie bei der Kommunalwahl in Hessen können die Wähler am 26. März die politischen Kräfteverhältnisse verschieben. Doch wie schon so oft an einem Mehrfachwahltag, für jede Partei ist etwas dabei, was einen Dämpfer verträglicher macht. Die nüchternen Zahlen:

*Baden Würtemberg*
CDU 44,2 (-0,6), SPD 25,2 (-8,1), Grüne 11,7 (+4), FDP 10,7 (+2,6), WASG 3,1.
*Rheinland-Pfalz*
SPD 45,6 (+0,9), CDU 32,8 (-2,5), FDP 8 (+0,2), Grüne 4,6 (-0,6), WASG 2,5.
*Sachsen-Anhalt*
CDU 36,2 (-1,1), Linke/PDS 24,1 (+3,7), SPD 21,4 (+1,4), FDP 6,7 (-6,6), Grüne 3,6 (+1,6).
*Kommunalwahl Hessen*
CDU 38,5 (+0,4), SPD 34,7 (-3,8), Grüne 9,2 (+0,1), FDP 5,8 (+0,6), Die Linke/WASG 3,3.

Die Platzhirsche Günther Oettinger, Kurt Beck und Wolfgang Böhmer bleiben Ministerpräsidenten. Am meisten kann das Günther Oettinger freuen, denn im Ländle bleibt es bei der Koalition mit der FDP. Ute Voigt, seine SPD-Herausforderin, hat die SPD wieder auf landestypisches Normalmaß gebracht und ihren Newcomer-Bonus von 2001 (+8,2) verspielt. Strahlendster Sieger ist wohl Kurt Beck. Erstmals in diesem Jahrtausend gibt es wieder eine SPD-Alleinregierung in einem Bundesland und einen Bruch mit dem jahrelang andauernden Loser-Image. Die Landes-FDP unter Rainer Brüderle nimmt die großherzige Beck-Einladung nicht an, fünftes Rad am Regierungswagen sein zu dürfen. Damit bleibt der SPD die Chance, fünf Jahre lang zu demonstrieren, was ein Allein-SPD-Regiertes-Bundesland von allen anderen unterscheidet. Bitter für die FDP, auch in Sachsen-Anhalt ist Schluss mit Regierungsämtern. In Magdeburg steigt die SPD mit ihrem Spitzenkandidaten Jens Bullerjahn zum Regierungspartner auf. Bullerjahns Kritiker halten ihm vor, seine nie verheimlichte Präferenz für eine große Koalition habe der PDS nicht unerheblichen Auftrieb verliehen und ein besseres Abschneiden der SPD vereitelt. Im Windschatten der Landtagswahlen bleibt es fast unbemerkt, dass die CDU nur bei den Kommunalwahlen in Hessen ihren Stimmenanteil leicht verbessern konnte. Angela Merkel wird es kaum entgangen sein, Roland Koch dürfte schon eine Gelegenheit finden, diesen kleinen Triumph politisch auszubeuten. Dass nach einem erneuten Wahleinbruch der SPD in Frankfurt (-6,5) fortan eine schwarz-grüne Stadtregierung amtiert, dürfte von der CDU-Spitze nicht minder interessiert beobachtet werden. Für die SPD ist wichtig, die ungeliebte Konkurrenz von Links scheint bei Landtagswahlen im Westen immer noch marginalisierbar. Politische Kommentatoren sorgen sich über rückläufige Wahlbeteiligungen auf historischem Tiefstand. In Sachsen-Anhalt wählen nur noch 44,7 Prozent, in hessischen Kommunen zum Teil sogar noch weniger. Zum oberlehrerhaften Skandalisieren reicht das meistens nur zwei Tage. Übersehen wird häufig, mehr Nichtwähler sind mit den Zuständen zufrieden als unzufrieden. Es gibt ein Recht auf Nicht-Wählen-Gehen. Und allem Gejammer über die ignoranten Nichtwähler zum Trotz: Die Demokratie in Deutschland ist stabil, auch wenn sich mehr Wahlberechtigte für Franz Beckenbauer und Verona Pooth interessieren als für Wolfgang Böhmer und Ute Voigt.

Die Wähler haben es noch nicht gut gemeint mit den drei Berliner Oppositionsparteien. Irgendwie hoffen FDP, die Grünen und die Linken, dies ließe sich trotz gegenseitiger Abneigung günstig verändern, wenn sich alle drei für einen Untersuchungsausschuss zur Arbeit des Bundesnachrichtendienstes stark machen. Es gelingt schließlich die Einigung auf einen gemeinsamen Untersuchungsauftrag. Es soll herausgefunden werden, inwieweit deutsche Sicherheitsbehörden bei der Verschleppung eines Deutsch-Libanesen mitgewirkt oder gar selbst Terrorverdächtige in US-Foltergefängnissen vernommen haben.

Der umstrittene Beschluss zur langfristigen Anhebung des Rentenalters auf 67 Jahre liegt einen Monat zurück, da entwickeln Bundesregierung und Arbeitsminister Franz Müntefering doch noch erkennbares Interesse, die aktuelle Beschäftigungssituation älterer Arbeitnehmer zu verbessern, um damit das faktische Renteneintrittsalter – es liegt derzeit bei etwa 61 Jahren – deutlich zu erhöhen. Bestehende Instrumente sollen gebündelt und ergänzt werden. Neben Appelle an Arbeitgeber soll es Lohnkostenzuschüsse und Unterstützung bei der Weiterbildung geben. Die Frage, warum alle Bemühungen dieser Art bislang weniger ernst genommen worden waren als das Drehen an der Schraube Lebensarbeitszeitverlängerung, wird trotzdem unbequem bleiben.

Dass die Bundesregierung durch ihren SPD-Teil daran gehindert ist, ihre neoliberalen Wahlversprechen zu realisieren, wurmt die eigenen ideologischen Eiferer aus den hinteren Rängen der Union immer noch. Der seit Februar laufende Arbeitskampf im Öffentlichen Dienst, bei dem es der Gewerkschaft ver.di um die Abwehr aufdiktierter Arbeitszeitverlängerungen geht, ist schon lange in die Rolle eines Ersatzkriegsplatzes abgeglitten. Hartmut Möllring, CDU-Finanzminister in Niedersachsen, ist Verhandlungsführer der öffentlichen Arbeitgeber und zeigt wie seine Parteifreunde in Baden-Württemberg zum Ärger der SPD-Mitverhandler wenig Kompromissbereitschaft. Es soll von der 38,5-Stunden-Wochen zurück zur 40-Stunden-Woche gehen. Erst nach mehrwöchigem Streik steht fest, dass es eine Erhöhung der Stundenzahl auf 39,2 Stunden gibt. Die alten Arbeitszeiten gelten nur noch für stark belastete Beschäftigte. Neues Ungemach droht den öffentlichen Arbeitgebern durch den ersten größeren Ärzte-Streik, den – demonstrativ in Abgrenzung zu ver.di – der Marburger Bund organisiert. Nach dem Vorbild berufsständischer Interessenvertretung wie der Pilotengewerkschaft Cockpit erstrebt der Marburger Bund exklusiv für seine Mitglieder eine Gehaltsverbesserung um 30 Prozent.

## April 2006

In der SPD wird das Vorsitzenden-Amt zum Wanderpokal. Matthias Platzeck behält ihn keine fünf Monate. Ein in dieser Zeit überstandener Hörsturz muss ihn gemahnt haben, die eigene Gesundheit vielleicht doch wichtiger zu nehmen als drei Spitzenämter. Er will Ministerpräsident in Brandenburg bleiben und auch brandenburgischer SPD-Vorsitzender. Zunächst kommissarisch und bis zur Bestätigung auf einem Sonderparteitag wird Platzecks Stellvertreter Kurt Beck zum neuen SPD-Spitzenmann. Er ist immerhin erst wenige Tage Sieger der Landtagswahlen in Rheinland Pfalz und nun in Mainz Alleinregierer und neuer Hoffnungsträger seiner Partei.

Auf der Regierungsagenda ganz oben steht jetzt die Gesundheitsreform. Die Emissäre der Koalitionsparteien treffen sich seit Wochen, um Konturen festzulegen. Eigentlich ist Verschwiegenheit angesagt. Doch CDU-Frontmann Volker Kauder plaudert schon einmal über Ostern aus, es gehe um Varianten einer Kopfpauschale, die über Fonds eingezogen und an die Kassen weitergeleitet werden solle. Auch das Einfrieren der Arbeitgeber-Beiträge ist ein Thema. Und in der ohnehin schon faktischen Zwei-Klassen-Medizin wird um weitere Leistungsausgrenzungen aus der allgemeinen Versicherung gestritten. Grund genug zur Besorgnis unter den SPD-Abgeordneten. Der SPD-Parteirat zieht die Notbremse und stellt klar, es dürfe keine Kopfpauschale durch die Hintertür geben. Eine Entlastung der Arbeitgeber von der Kostendynamik will man nicht mittragen. Offen bleibt, inwieweit es zu einem Risikostrukturausgleich der Kassen kommt, um die Privilegierung der privaten Kassen auszugleichen. Man schätzt die Effizienzreserven im System auf 20 bis 25 Milliarden Euro. Wie will man sie sichern? Umstritten ist, welche Abgabenanteile sich zukünftig steuerfinanzieren lassen, etwa die Kindermitversicherung? Zur Gegenfinanzierung wird über einen Gesundheitssoli nachgedacht, über ein Verschieben in der Steuerprogression und über den Einsatz der erwarteten Zusatzeinnahmen aus der Mehrwertsteuererhöhung.

Wahlen stehen bis September nicht auf dem Programm, da sehen sich die Koalitionspartner kaum gehemmt, parteitypische Duftmarken zu setzen. So machen sich die Spitze der Unionsfraktion und das CDU-Präsidium einmal mehr stark für den Ausstieg aus dem Atomausstieg. Dieser war im Jahre 2000 von der rot-grünen Regierung mit den Energieversorgern ausgehandelt worden. Die Bundeskanzlerin muss ihr Machtwort sprechen. Es gelte „erst einmal" der Koalitionsvertrag. Bis zur nächsten Bundestagswahl gilt damit fort, was so um 2020 zum endgültigen Ausstieg aus der Atomkraftnutzung führen soll. Verteidigungsminister Franz-Josef Jung legt in der Kontroverse um Bundeswehreinsätze im Inneren nach und plädiert jetzt für eine Grundgesetzänderung. Wieder einmal wird über die richtigen Rezepte zur Integration von Ausländern gestritten. Aus der Union gibt es nicht nur die sattsam bekannten starken Worte über jugendliche Gewalttäter und verschärfte Abschiebepraxis, diesmal gesprochen vom Unions-Fraktionschef Volker Kauder. Auch besonnene Stimmen melden sich. Eine gehört dem nordrhein-westfälischen Integrationsminister Armin Laschet. Er räumt ein, auch die Union habe Fehler gemacht und viel zu spät erkannt, „dass wir de facto ein Einwanderungsland sind". Man könne doch nicht Menschen abschieben, die hier geboren sind. Auch beim Thema Familienpolitik scheinen die Kontroversen innerhalb der Union bedeutsamer als die Interessengegensätze der Koalitionspartner. Nur mit Mühe kann sich Familienministerin Ursula von der Leyen mit ihren Vorstellungen für Vätermonate beim Elterngeld durchsetzen. Das Elterngeld soll nur dann ein Jahr lang gezahlt werden, wenn die Väter zwei Monate lang pausieren und sich um die Kinder kümmern. Weil sich die Familienministerin zudem noch für eine Kindergartenpflicht ausspricht, wird ihre Durchsetzungsfähigkeit im eigenen Lager zum Indikator für die Fähigkeit der Parteichefin und Kanzlerin, Rückhalt für einen moderaten Modernisierungskurs der Union zu mobilisieren.

Kurt Beck setzt sein erstes Signal als Parteivorsitzender in der Steuerpolitik. Er erinnert in einer Positionierung zur Grundsatzprogrammdebatte seiner Partei daran, dass ein starker Sozialstaat eine „breitere Finanzierungsgrundlage" als bisher benötige. Beck schlägt vor, die Sozialversicherungsbeiträge zu senken und den Steueranteil zu erhöhen. Unternehmen, Selbständige und Beamte müssten dabei stärker zu Investitionen in die soziale Infrastruktur herangezogen werden. Er will das nicht als Votum für Steuererhöhungen, wohl aber für das Stopfen von Steuerschlupflöchern verstanden wissen.

Links von der SPD wurde bei den Jungsozialisten früher aufs Heftigste darüber gestritten, ob der Staat nun ideeller Gesamtkapitalist „ist" oder nur so „wirkt". Heute entzünden sich Flügelkämpfe links von der SPD an noch pikanteren Details. Diether Dehm, schon einmal Kurzzeit-Bundestagsabgeordneter der SPD, nach Parteiübertritt Würdenträger bei der damaligen PDS und heutiger Bundestagsabgeordneter und Landeschef der Linkspartei in Niedersachsen, beschwert sich bei seiner Parteispitze über das Vorstandsmitglied Elke Breitenbach. Sie habe ihm bei einer Begegnung in einer Berliner Kneipe erklärt, er sei „blöder als ein Stück Scheiße". Im Vorstand um Rechenschaft gebeten, legt die Kritisierte Wert auf die Richtigstellung, Diether Dehm sei „nicht blöder, sondern dümmer als ein Stück Scheiße". Bei den früheren Jusos hätte man solche Differenz noch per Abstimmung klären können, in der Linkspartei müssen sich daran weiterhin die Geister scheiden.

## Mai 2006

Die Gewerkschaften stellen ihre Kundgebungen am Tag der Arbeit unter das Motto „Deine Würde ist unser Maß". Rund 510.000 Menschen beteiligen sich daran. Der DGB-Vorsitzende Michael Sommer positioniert sich zu den Vorhaben der großen Koalition mit der Mahnung, es dürfe kein „weiteres Zurückweichen vor Kapitalinteressen" geben. Er warnt die Bundesregierung, „in der Steuerpolitik weiter die Hoch- und Höchsteinkommen zu schonen. Die Reichensteuer ist nur gerecht." Heftigst kritisiert Sommer die „Gier" von Unternehmern nach immer höheren Gewinnen: „Renditen von 15 und 20 Prozent oder mehr sind mit anständiger Unternehmertätigkeit kaum zu erzielen." Die Vernichtung von Arbeitsplätzen und ganzen Standorten bei Samsung in Berlin, Continental in Hannover, AEG in Nürnberg und VW in Wolfsburg sind für Sommer ein Zeichen, dass viele Arbeitgeber derzeit vor allem das Ziel verfolgen, die Mitarbeiter mit der Angst um ihren Arbeitsplatz zu erpressen. Das Maß dieser Managerkaste sei ihr eigenes Bankkonto und nicht die Menschenwürde, konstatiert Sommer.

Wie nahezu einmütig von allen SPD-Entscheidungsträgern gewollt, wird der Rheinland-Pfälzische Ministerpräsident Kurt Beck auf einem Sonderparteitag in Berlin mit 95,07 Prozent Zustimmung neuer Parteichef der SPD. Das von Beck geräumte Amt des Stellvertreters wird neu besetzt mit Jens Bullerjahn, Finanzminister und CDU-Juniorpartner in Sachsen-Anhalt. Vielleicht ahnt Kurt Beck, dass er es schwerer haben würde als viele seiner leichtfüßigen Vorgänger. Vor ihm steht die Herkulesaufgabe, eine mit der großen Koalition nicht versöhnte und durch die Agenda 2010-Politik seines Vor-vor-Vorgängers arg gebeutelte Partei neues Selbstvertrauen zu vermitteln. Beck votiert für eine volksnahe und nach links offene Politik, mit der er die SPD wieder zur „bestimmenden Kraft in Deutschland" machen will. Aus seiner Mitte-Sicht plädiert er an die Flügel, die politische Breite, die eine sozialdemokratische Partei erreichen könne, „auch zu wollen". Die Abwanderungen von Mitgliedern und Wählern zur Linkspartei problematisiert Beck in Ahnlehnung an Willy Brandt mit der Mahnung, die SPD könne und dürfe auf Dauer keine linke Partei neben sich haben. Sie müsse das gesamte linke Spektrum „als Sozialdemokratie abdecken". Dazu gehöre „eine offene Diskussionskultur", die allerdings nicht als „Ränke und Streit" wahrgenommen werden dürfe. An stets aktuellen Testfällen dürfte es einer SPD in großer Koalition mit der Union nicht mangeln. Neuester Streitfall ist das Vorhaben der Unternehmenssteuerreform.

In der CDU hat es die Parteivorsitzende nicht unbedingt einfacher als ihr SPD-Amtsbruder. Angela Merkel sieht sich dem permanenten Vorwurf ausgesetzt, den Koalitionsvertrag ernster zu nehmen als das tief neoliberal eingefärbte Wahlprogramm 2005. Wie in der SPD wird auch in der Union gerne verdrängt, dass es für die eigenen Herzensanliegen im September 2005 keine Mehrheit gegeben hatte. Das trotzige Beharren auf Bundeswehreinsätze im Inneren, Ausstieg aus dem Atomausstieg, Abbau von Kündigungsschutzrechten, neue Bedrückungen für Arbeitslose finden zwar immer noch einen dankbaren Resonanzboden auf den Veranstaltungen von CDU und CSU, aber trotzdem keine Mehrheit im Bundestag. Angela Merkel weiß das und lässt es hin und wieder durch einen ihrer Angie-Boys aussprechen. Für aktuellen Streit in den Unionsreihen sorgt das Allgemeine Gleichbehandlungsgesetz, mit dem eine EU-Richtlinie umgesetzt werden muss. Viele Abgeordnete sehen darin einen Wiedergänger des schon heftig bekämpften rot-grünen Antidiskriminierungsgesetzes. Bei solchen Verwicklungen ist es ein Vorteil, dass man an der Spitze beider Volksparteien hin und wieder Unmut über die jeweils andere Seite artikulieren kann, ohne im Prinzip den Koalitionsfrieden nachhaltig zu stören. Meister dieses Faches sind die beiden Fraktionsvorsitzenden Peter Struck und Volker Kauder. Vielen ihrer aufgeregten Parteifreunde und manchem journalistischen Beobachter von Regierungsarbeit entgeht, dass trotz aller Scharmützel links und rechts der gemeinsame Regierungskurs ausgerichtet bleibt auf die Föderalismus-Reform, ein Steuerpaket für 2007, auf Eckpunkte für die Unternehmenssteuerreform und für eine Gesundheitsreform sowie kurzfristig auf Korrekturen bei Hartz IV. Die Kosten dafür laufen aus dem Ruder. Für 2006 sind schon Mehrausgaben von 2,5 Milliarden Euro eingeplant, weil die Zahl der

Bedarfsgemeinschaften von 3,3 Millionen seit Januar 2005 auf fast vier Millionen gestiegen ist. Ob es um stupides Kürzen oder kluges Nachjustieren bei Fehlentwicklungen geht, bleibt Streitthema der Koalitionäre.

Deutschland hat seine Integrationshausaufgaben jahrzehntelang vernachlässigt. Was die PISA-Studie an Versäumnissen zu Lasten von Migrantenkindern attestiert hatte, kennzeichnet vormoderne Gesellschaften. Unstrittig ist, dass die älter werdende Gesellschaft dringend auf möglichst viele jüngere Neubürger angewiesen ist. Doch wie so oft passen gesichertes Wissen, wohlfeiles Sonntagsreden und Alltagshandeln in der Politik nicht nahtlos zusammen. Die Innenminister der Länder sorgen sich um härtere Regeln für die Einbürgerung. Es soll Pflichtkurse für Ausländer geben, die Deutsche werden wollen. Sogar an eine Art Abschlusstest ist gedacht. Hessen und Baden-Württemberg hatten schon Muster für einen Wissenstest per Fragebogen entwickelt, mit dem den Einbürgerungswilligen zum Teil mehr an Allgemeinbildung abgefordert würde, als viele Alt-Bürgerinnen und -Bürger nachweisen könnten. Die letzten Worte sind dazu noch nicht gesprochen, aber eine auf Einwanderung und Integration angewiesene Gesellschaft müsste anderen Mustern folgen. Wie vordringlich das ist, erweist sich einmal mehr an der Rekordwelle der allein in diesem Monat registrierten rechten Gewalt gegen Migranten. Es wäre eine Verharmlosung, dies als ostdeutsches Sonderproblem zu missdeuten.

Die Bundeskanzlerin hat offenbar andere Sorgen, als sich innenpolitischen Problemen intensiver zu widmen. Auf Besuch bei US-Präsident George W. Bush dokumentiert sie Unterstützung für ein energisches, aber diplomatisches Vorgehen in der Iran-Politik. Über eine UN-Resolution soll klargestellt werden, Iran dürfe „auf keinen Fall" in den Besitz von Atomwaffen kommen. Im Kongo droht im Zusammenhang mit bevorstehenden Wahlen Gewalt von Schwarzen gegen Schwarze. 780 Bundeswehrsoldaten werden entsandt, um im Rahmen einer UN-Friedenstruppe weitere Eskalationen zu verhindern.

## Juni 2006

Deutschland in Party-Stimmung. Balkone und Autos sind mit den Nationalfarben geschmückt. Das Land ist Gastgeber der Fußballweltmeisterschaft und die „Klinsmänner", so die Kurzbezeichnung für die von Jürgen Klinsmann trainierte Nationalelf, stehen nach Gruppensiegen gegen Costa Rica, Polen und Ecuador, nach dem 2:0 im Achtelfinale gegen Schweden und dem 4:2-Sieg im Elfmeterschießen gegen Argentinien im Halbfinale gegen Italien. Die gute Stimmung aus den Stadien vermittelt sich auf die Straßen und Plätze und füllt die Wohnzimmer. Gastgeber und Gäste liefern der Welt überwiegend freundliche Bilder aus Deutschland.

Die deutsche Politik lässt sich von der Zuversicht anstecken, mit der die Nation der Finalteilnahme entgegenträumt. Bis zur Sommerpause soll abgeschlossen werden, was viele Wochen Vorbereitungszeit gekostet hat. Fest steht schon, dass im nächsten Jahr das bisherige Erziehungsgeld durch ein Elterngeld ersetzt wird. Ein Elternteil erhält ein Jahr lang 67 Prozent des letzten Nettogehaltes, höchstens aber 1.800 Euro im Monat. Die Bezugsdauer erhöht sich auf 14 Monate, wenn auch der Vater mindestens für zwei Monate seine Berufstätigkeit unterbricht und sich an der Kinderbetreuung beteiligt. Familienministerin Ursula von der Leyen, die SPD und Teile der Union haben sich damit gegen den Unverstand – vorrangig beheimatet in der CSU – durchgesetzt, der das Elterngeld mit Vätermonaten als Windelvolontariat, Laufstall-Pause oder Griesbrei-Praktikum verhöhnt hatte. Die jährlichen Mehrausgaben liegen zwischen 3,5 und 4,4 Milliarden Euro. Ein Pappenstiel verglichen mit den zugleich beschlossenen Einnahmeverbesserungen des Staates. Den größten Brocken steuert die Erhöhung der Mehrwertsteuer 2007 von 16 auf 19 Prozent bei. Damit bleibt Deutschland immer noch im Mittelfeld der in der Europäischen Union erhobenen Mehrwertsteuersätze. Die Haushaltslage verbessert sich dadurch jährlich um 22,8 Milliarden Euro. Zwei Drittel dieser Summe gehen in die Haushaltssanierung. Mit einem Prozentpunkt – also mit 7,6 Milliarden Euro – soll die Reduzierung der Arbeitslosenbeiträge um einen Beitragspunkt gegenfinanziert werden. Trotz solcher Mehreinnahmen will der Staat weiter sparen. Regierungsmitgliedern und Beamten und Pensionären des Bundes wird für die Jahre 2006 bis 2010 das Weihnachtsgeld halbiert. Das Steueränderungsgesetz 2007 belastet zudem 15 Millionen Pendler durch Einschränkungen bei der Pendlerpauschale. Die Kostenpauschale von 0,30 Euro je Kilometer Arbeitsweg kann ab 2007 nur noch für Strecken ab 21 Kilometern geltend gemacht werden. Der Sparer-Freibetrag wird fast halbiert von 1.370 / 2.749 Euro auf 750 / 1.500 Euro. Lehrer, Angestellte, Ärzte oder Ingenieure können Aufwendungen für ihre Arbeitszimmer nicht mehr absetzen, und Kindergeld gibt es nicht mehr bis zum 27., sondern nur noch bis zum 25. Lebensjahr. Schließlich, und dafür hatte sich die SPD immer stark gemacht, wird es 2007 eine sogenannte Reichensteuer geben. Bei Einkommen über 250.000 Euro / Verheiratete über 500.000 Euro ist zum Spitzensteuersatz von 42 Prozent ein Zuschlag von drei Prozent fällig. Der Finanzminister kann bei dieser Vorausschau auf kräftige Einnahmesteigerungen der laufenden Debatte um Unternehmenssteuerreformen gelassener entgegen sehen. Längst ist nicht mehr von der ursprünglichen Einschränkung durch Aufkommensneutralität die Rede. Immer stärker wird bezweifelt, ob die intendierte Rechtsform unabhängige Besteuerung der Unternehmen aufkommensneutral organisiert werden kann. Die diskutierte Einführung einer Abgeltungssteuer für alle Kapitalerträge von 25 oder 30 Prozent privilegiert alle Steuerzahler mit höheren Einkommensteuersätzen, ohne garantieren zu können, dass wirklich mehr Geld in Deutschland versteuert wird, wie sich das der Finanzminister davon erhofft. Die Debatte läuft weiter. Schluss der Debatte ist beim Thema Ehegattensplitting erreicht. Vorgetraut hatte sich CDU-Generalsekretär Ronald Pofalla mit der Anregung, das Ehegattensplitting in ein Familiensplitting zugunsten von Kindern umzuwandeln. Was als Zielsetzung besonders in den SPD-Reihen unterstützungsfähig erscheint, erweist sich wieder einmal rasch als äußerst problemreich. Nicht nur kinderlose Ehepaare hätten – wie intendiert – einen Nachteil, auch Ehepaare mit einem Verdiener und bis zu zwei Kindern. Allgemeine Familienentlastungen durch selektive Familienbelastungen zu finanzieren, das will dann auch die CDU nicht mehr, zumal nach heftigem prinzipiellem Donnergrollen aus der CSU. Das Thema wird vorerst beerdigt.

Fast schon finalreif entwickelt sich die Suche nach einem Koalitionskompromiss auf der Baustelle Gesundheitsreform. Ein Fonds soll für alle Kassen die Beiträge einziehen und neu zuteilen. Unklar: Sind auch die Privatkrankenkassen dabei? Zusätzliche Beitragsbelastungen für die Versicherten darf es geben. Die allgemeine Beitragszahlung darf aber nicht „Kopfpauschale" heißen und das ganze schon gar nicht „Bürgerversicherung". Ein guter Teil der Krankenversicherungen soll steuerfinanziert werden. Aber wie groß soll dieser Teil im ersten Anlauf werden? In der SPD hält man zwischenzeitig sogar einen Systemwechsel bei der Finanzierung für möglich. Steuermittel in Höhe von 30 bis 45 Milliarden Euro könnten deutliche Beitragssenkungen gegenfinanzieren. Die Kanzlerin sei nicht abgeneigt, hält sich als Botschaft. Die Ministerpräsidenten mit Unions-Parteibuch werden nervös. Schließlich ist die Rede davon, künftig die Mitversicherung von Kindern über Steuern zu finanzieren. Dafür benötige man 16 Milliarden Euro. Ein weiteres gesamtgesellschaftliches Anliegen, kostenfreie Mitversicherung vom Ehegatten ohne eigenes Einkommen, ließe sich zweckgerechter mit acht Milliarden aus Steuermitteln statt aus dem Beitragsaufkommen finanzieren. Private wie gesetzliche Krankenversicherungen alarmiert die Ankündigung, 55jährigen Privatversicherten könnte das Wechseln in die gesetzliche Krankenversicherung unter Mitnahme der Altersrückstellungen erlaubt werden. Welche Altersrückstellungen? So fragen scheinheilige PKV-Lobbyisten. Aber gerne doch, so sagen es die Klügeren ihrer Gilde, schon mit Strategien im Hinterkopf, wie sie ihre schlechten Risiken, ausgestattet mit einer einmaligen Abfindungsprämie, zu den gesetzlichen Krankenversicherungen wegmobben könnten. Offen bleibt nach wie vor: Gibt es einen Gesundheits-Solidaritätszuschlag, geht es nur um Fresh-Money für ein reformresistentes System, und inwieweit kommt es tatsächlich zum Erschließen der Effizienzreserven?

Das Finale erreicht haben Bund- und Landespolitiker bei der Föderalismusreform. Trotz aller Kompromisse und Korrekturen hält Bayerns Ministerpräsident und CSU-Chef Edmund Stoiber das Geleistete für „die Mutter aller Reformen". Immerhin ist es gelungen, die Mischverwaltung und die Mischkompetenzen zwischen Bund und Ländern aufzulösen. Hart kritisiert wird, der Bund habe zu viele Rechte an die Länder abgegeben, das betrifft vor allem das Bildungswesen aber auch den Strafvollzug, das Heimrecht, die Beschäftigungsbedingungen im Öffentlichen

Dienst. Last Minute ließ sich noch vereinbaren, dass Bund und Länder bei der Hochschulfinanzierung kooperieren dürfen. Sprich: Die Länder haben sich gnädigerweise bereit erklärt, für ihre Hochschulen auch Geld vom Bund anzunehmen. Der Bund darf also den Ländern weiter „Staatsknete" zuschieben, aber mitspielen bei der Hochschulplanung, bei der Sicherung von Standards und Anerkennung von Abschlüssen und so weiter, das ist fortan ausgeschlossen. Der Bund hat sich sein Linsengericht bei der Föderalismusreform teuer erkauft. Beim Draufsatteln zum Verhandlungsende haben ihm die Länder noch abgerungen, dass es beim Anti-Diskriminierungsgesetz doch kein Verbandsklagerecht geben soll. Es bliebe dann beim Grundsatz: Wenn diskriminiert wird und es keinen Individualkläger gibt, dann wird es auch keinen Richterspruch geben können. Die komplizierten Finanzbeziehungen zwischen Bund und Ländern bleiben zunächst ungelöst und neuen Verhandlungen im Rahmen einer Föderalismusreform II vorbehalten.

Während die Wählerinnen und Wähler sich allmählich daran gewöhnt haben, dass auch große Koalitionen große Probleme nicht im Hauruck-Verfahren lösen können, setzt sich Bundespräsident Horst Köhler an die Spitze aller Drängler. Die große Koalition mahnt er zu mehr Reformehrgeiz. Die Ermahnten hören wohl besonders ungern, dass vom Staatsoberhaupt zudem noch Vorbehalte gegenüber der Mehrwertsteuererhöhung artikuliert werden. Köhler möchte die erwarteten Mehreinnahmen „stärker zur Reformpolitik" genutzt sehen. Er nennt dazu eine weitere „Absenkung der Lohnnebenkosten" und „mehr Investitionen in Bildung und Forschung". „Hier geben wir zu wenig Geld aus, das ist kein gutes Omen für die Zukunft." Die Arbeitsmarktreform Hartz IV, so Köhler, wird „von Anfang an zu stark organisatorische Verbesserungen ausgerichtet". Allerdings sei die Grundentscheidung richtig, Sozialhilfe und Arbeitslosengeld zusammen zu legen „und damit auch stärkeren Druck zu machen, sich um einen Arbeitsplatz zu bemühen". Als hätte er den letzten Schuss in der Debatte bei der Gesundheitsreform noch nicht gehört, wirbt Köhler für ein „neues Verhältnis zwischen kollektiver Absicherung und Eigenverantwortung".

Seinen letzten Schuss gehört hat der sich von Italien nach Bayern verirrte Braunbär Bruno. Seit Wochen streunte er im österreichisch-bayerischen Grenzgebiet umher, bevor ihn im Auftrag des bayerischen Freistaates ein Jäger erlegt. Tierschützer sind entsetzt. Das bayerische Umweltministerium rechtfertigt den Abschuss und wird dabei von Edmund Stoiber mit einer Rede unterstützt, die ihn rasch zum König der Realsatire stempelt. Legendär schon der Einstieg: „Äh…" Und weiter dann: „Natürlich freuen wir uns, das ist gar keine Frage, freuen wir uns, und die Reaktion war völlig richtig, einen äh, sich normal verhaltenden Bär in Bayern zu haben. Äh, ja, das ist gar net zum Lachen. Äh, und der… Bär, im Normalfall, ich muss mich ja auch… äh… auch Werner Schnappauf hat sich natürlich hier, äh, intensiv, äh, mit äh, so genannten Experten austausch… austauschen... äh, müssen. Nun haben wir, der normal verhaltende Bär lebt im Wald, geht niemals äh, raus und äh, reißt vielleicht äh, ein bis zwei Schafe im Jahr. Äh, wir haben dann einen Unterschied zwischen dem normal sich verhaltenden Bär, dem Schadbär und dem äh, Problembär. Und, äh, es ist ganz klar, dass äh, dieser Bär äh, ein Problembär ist und äh, es ist im übrigen auch äh, im Grunde genommen äh, durchaus äh, ein gewisses Glück gewesen. Der hat um ein Uhr nachts äh, praktisch äh, diese Hühner gerissen. Und äh, Gott sei dank war in dem Haus... äh, war... also jedenfalls ist das nicht bemerkt worden aufgrund von... äh, es ist nicht bemerkt worden. Stellen Sie sich mal vor, der war ja mittendrin, stellen Sie sich mal vor, die Leute wären raus und wären praktisch jetzt dem Bären äh, praktisch begegnet, äh, was da hätte passieren können."

In der Bundestagsfraktion fühlen sich die Abgeordneten mit Herkunft aus der WASG und der PDS schon als gemeinsame Linkspartei. Organisatorisch ist die gewollte Vereinigung zur Partei „Die Linke" erst für das nächste Jahr vorgesehen. Ein gemeinsames „Gründungsmanifest" liegt jetzt vor. Autor Oskar Lafontaine beschreibt es als eine „Kampfansage an die barbarische Weltwirtschaftsordnung". „Die Linke" soll für mehr soziale Gerechtigkeit streiten. „Schlüsselbereiche der Wirtschaft und der Daseinsvorsorge" sollen in öffentliches Eigentum überführt werden. Durch „gerechte Steuern" sollen Reiche „angemessen" an den Staatsaufgaben beteiligt werden. Lafontaine macht die Rechnung auf, schon eine fünfprozentige Besteuerung des Vermögens der reichsten Deutschen werde dafür sorgen, dass jährlich hundert Milliarden Euro mehr in öffentliche Kassen flössen. Das Gründungsmanifest schließt jede Form der Privatisierung, etwa in den Bereichen Bildung und Gesundheit, Energieversorgung, Nahverkehr und Wohnungswesen, aus. Starker Tobak für die in Mecklenburg-Vorpommern und Berlin mitregierende Linkspartei. In konkreter Regierungsverantwortung hat sie oft mitgetragen, was ihnen Oskar Lafontaine fortan untersagen will. Gegen den Willen des WASG-Bundesvorstandes will die Berliner WASG-Filiale bei der Wahl zum Berliner Abgeordnetenhaus im September eigenständig und als Konkurrent der Linkspartei antreten. Damit bleibt gesichert, die Linkspartei wird ihre Hauptenergien wohl auf politischen Nebenkriegsschauplätzen verbrauchen. Dabei geht es darum, wer nun eigentlich authentischer den Anspruch vertreten darf, die richtige linke Alternative zur Arbeit von Linken in der SPD zu sein.

## Juli 2006

Es ist geschafft! Nein, nicht der so sicher geglaubte Gewinn der Fußball-Weltmeisterschaft im eigenen Land. Der Titel geht an die Italiener, die ihren Finaleinzug gegen das deutsche Team mit 2:0 geschafft hatten. Für die Deutschen reicht es nur zum dritten Platz durch ein 3:1 gegen Portugal. Die Freude ist dennoch riesengroß. Jedenfalls finden es ausländische Beobachter überraschend, dass die als eher zurückhaltend und grüblerisch eingeschätzten Deutschen als Gastgeber der WM vier Turnierwochen lang ihr Land in Partystimmung versetzen können. Eher klischeegerecht gedämpft präsentiert die Regierung den Abschluss ihres Bemühens um Eckpunkte auf der Dauerbaustelle Gesundheitsreform. Die Freude hält sich in Grenzen. Noch angesteckt vom Fußballfieber, aber offensichtlich nur begrenzt mit dem Regelwerk vertraut, reklamiert SPD-Generalsekretär Hubertus Heil den Sieg in der monatelang ausgetragenen Auseinandersetzung zwischen den Koalitionären für seine Partei. Sozialdemokratische Positionen seien zwar nicht in allen Punkten durchzusetzen gewesen, trotzdem befindet Heil: „8:2 – nach Elfmeterschießen und Verlängerung – für die SPD." Sieht man davon ab, dass eine Mannschaft nach dem Elfmeterschießen maximal drei Tore Vorsprung haben könnte, bereitet es einige Schwierigkeiten, eine solche Erfolgsverteilung nachzuvollziehen. Durchgesetzt hat sich die Union zweifellos mit ihrer Vorstellung von einem Gesundheitsfonds. Er soll ab 2009 die Krankenkassenbeiträge von Arbeitgebern und Mitgliedern einheitlich einziehen und die Beiträge als Pauschale je Versicherten plus Zuweisungen weiterleiten, die nach Alter, Krankheit und Geschlecht differenzierbar sind. Wichtig war der Union der einheitliche Beitrag, auch wenn er nicht „Kopfpauschale" genannt werden darf. Den Krankenkassen soll die Freiheit bleiben, Überschüsse rückzuerstatten und in Grenzen zusätzliche Beiträge von ihren Versicherten einzuziehen. Schrittweise sollen gesamtgesellschaftliche Aufgaben, insbesondere die beitragsfreie Mitfinanzierung von Kindern, aus Steuermitteln bezahlt werden. Irgendwann – nach 2009 – soll dies in vollem Umfang von 14 Milliarden Euro realisiert werden. 2008 bleibt es bei 1,5 Milliarden, 2009 bei drei Milliarden. Doch da im genannten Zeitraum gleichzeitig der Zufluss aus der Tabaksteuererhöhung 2003 zur Gesundheitsreform in Höhe von 4,2 Milliarden Euro wieder abgeschmolzen werden soll, muss man aktuell eher vom Ausstieg als vom Einstieg in die Steuerfinanzierung sprechen. Besonders in dieser Beziehung fühlt sich die SPD getäuscht. Die Kanzlerin hatte dem Regierungspartner schon jetzt wesentlich höhere Steuerzuschüsse zugestanden, ist aber von der Riege ihrer Ministerpräsidenten last minute gestoppt worden. Erfreuen können sich die Sozialdemokraten nur am prinzipiellen Paradigmenwechsel hin zu mehr Steuerfinanzierung. Zur Aufpolierung des eigenen „Torverhältnisses" dient ein langer Katalog von abgewehrten Unionsforderungen. Es gibt keine prinzipiellen Leistungsausgrenzungen, private Unfälle bleiben weiterhin gesetzlich versichert. Zuzahlungen steigen nicht. Kassenwechsel sollen erleichtert werden. Und die aus dem Krankenversicherungsschutz Herausgedrängten oder -gefallenen – geschätzte 200.000 – erhalten wieder eine Einstiegschance. Doch das alles täuscht nicht darüber hinweg, dass die privaten Krankenversicherungen ihre Privilegien weitgehend behalten. Schönheitsfehler dabei: sie müssen in Zukunft für jedermann einen Basistarif ohne Gesundheitsprüfung anbieten. Die Freude über den dritten

Platz bei der Fußball-Weltmeisterschaft dürfte vielleicht noch Jahre nachwirken. Die Erleichterung, bei der Krankenversicherung endlich etwas zustande bekommen zu haben, was man wieder „Gesundheitsreform" nennen kann, verfliegt schon nach wenigen Tagen. SPD-Fraktionschef Peter Struck spricht vom „Wortbruch", weil sich Angela Merkel nicht daran gehalten habe, das Gesundheitssystem stärker aus Steuern zu finanzieren. Die Angegriffene verteidigt sich, weitere Steuererhöhungen zu Gunsten einer höheren Steuerfinanzierung des Gesundheitssystems wären in dieser Legislaturperiode auf große Akzeptanzprobleme gestoßen. So relativiert sich die Kritik. Angela Merkel nimmt ein deutliches Einknicken ihrer Popularitätskurve in Kauf. Statt im Vormonat 63 sind es nunmehr nur noch 57 Prozent, die mit ihrer Arbeit zufrieden sind. Die Bürger wollen sich mit dieser Gesundheitsreform nicht anfreunden. Vier von fünf Befragten erklären sich mit dem Erreichten unzufrieden. Die Hoffnung auf große Reformen durch große Koalitionen hat einen empfindlichen Dämpfer bekommen. Arbeitgeberverbände und Gewerkschaften sind sich darin einig, dass hier kein Meisterstück vorgelegt worden sei. Der Gesundheitsfonds soll zwar erst ab 2009 wirksam werden, doch einvernehmlich treffen schon jetzt beide Seiten die Festlegungen auf eine Beitragsanhebung um 0,5 Prozentpunkte im kommenden Jahr, um vielen Kassen die Entschuldung zu erleichtern.

Als ob es auf weiteren Ärger gar nicht mehr ankäme, verständigt sich die Koalition zugleich auf Eckpunkte der Unternehmenssteuerreform. Die Besteuerung von Kapitalgesellschaften soll von jetzt durchschnittlich 38,65 auf knapp unter 30 Prozent abgesenkt werden. Körperschafts- und Gewerbesteuer werden durch föderale oder kommunale Unternehmenssteuer ersetzt. Eine Abgeltungssteuer auf Kapitalerträge – genannt werden mal 25, mal 30 Prozent – soll eingeführt werden. Und bei der Erbschaftssteuer sollen Firmenerben keine Steuern zahlen müssen, wenn sie die Arbeitsplätze erhalten. Ärger macht die Abkehr vom ursprünglichen Ansatz, die Unternehmenssteuerreform kostenneutral finanzieren zu wollen. Jetzt wird einkalkuliert, der Staat müsse mit fünf Milliarden Euro für eine Art Anschubfinanzierung sorgen und könne zukünftig dann wieder mit steigenden Einnahmen rechnen. Für die SPD erhöhen sich die Vermittlungsprobleme. Auf der einen Seite werden die Mehrwertsteuern erhöht, wird die Pendlerpauschale gekürzt. Auf der anderen Seite gibt sich der Staat so reich, dass er den Unternehmen Steuerverpflichtungen erlassen kann. Leicht zu erklären, warum die SPD im Wettbewerb um die Wählergunst auf diese Weise weiter ins Hintertreffen gerät.

Streit in der Koalition, das schadet der SPD mehr als der Union. Kurt Beck scheint das gemerkt zu haben. Die Union soll endlich mithaften: „Wenn sich diese Koalition als zerstrittener Haufen darstellt, der keine Probleme löst, werden SPD und Union bei der nächsten Wahl ein Desaster erleben", sieht er voraus. Der Union könnte es egal sein, so lange das Desaster für die SPD immer noch etwas größer ausfällt. Für jede Bundesregierung bleibt die Lage auf dem Arbeitsmarkt ein Prüfstein der Wiederwahlchancen. Angela Merkel weiß das, ist aber – anders als ihr Vorgänger – nicht so kühn, sich auf eine Zielmarke festlegen zu lassen. „Diese Bundesregierung wird am Ende der Legislaturperiode nach vier Jahren natürlich von den Menschen an der Frage gemessen, geht es uns besser, fühlen wir uns sicherer, haben wir weniger Arbeitslose?", räumt die Kanzlerin ein, bleibt aber bei der bescheidenen Feststellung, mit der aktuellen Zahl von 4,3 Millionen Arbeitslosen könne sich niemand zufrieden geben. Als Angela Merkel noch nicht die Kanzlerin war, hatte sie in diesem Zusammenhang im Gleichklang mit ihren Parteifreunden stets auf die Segenswirkungen einer Lockerung des Kündigungsschutzes verwiesen. Da gibt es jetzt eine neue Arbeitsteilung. Die Forderung darf immer mal wieder vollmundig von der CSU oder einem Ministerpräsidenten erhoben werden, aber die Kanzlerin weist das zurück. In der Koalition sei es nicht durchsetzbar. „Als Arbeitsgrundlage für die Regierung haben wir den Koalitionsvertrag. Bei den Absprachen zum Kündigungsschutz sollten wir bleiben." Dass es sich um Koalitionsräson und nicht um Lernfortschritte handelt, mag man heraushören, wenn Angela Merkel versichert, die Union sei davon überzeugt, dass „Unternehmen mehr Arbeitsplätze schaffen können, wenn sie größere Freiheiten haben".

Deutschland als freundlicher Gastgeber für Besucher aus aller Welt, das hat während der WM prima funktioniert. Da sollte es doch auch klappen, den in Deutschland beheimateten Migranten das Gefühl zu geben, ein willkommener Teil der Gesellschaft zu sein. Die Kanzlerin empfängt eine Runde von 86 Vertretern aus Migrantenverbänden, Politik und Wirtschaft zum ersten Integrationsgipfel. Das ist schon mal ein Anfang. Es soll weiter gearbeitet werden. In sechs Arbeitsgruppen zu den Themen Integrationskurse, Sprachförderung, Bildung und Ausbildung, Lebenssituation von Frauen und Mädchen, Integration in Städten und Stärkung der Bürgergesellschaft. Bis Mitte 2007 soll ein nationaler Integrationsplan vorliegen. Ein Randthema ist das schon lange nicht mehr. Immerhin besitzen gut 15 Millionen Menschen in Deutschland eine ausländische Wurzel. Mit Recht ist Integration eine Schlüsselaufgabe, zu der sich das Bundeskabinett bekennt. Von Zuwandernden wird erwartet, sich auf ein Leben in der deutschen Gesellschaft einzulassen, das Grundgesetz und die Rechtsordnung ohne Vorbehalte zu akzeptieren „und insbesondere durch das Erlernen der deutschen Sprache ein sichtbares Zeichen der Zugehörigkeit zu Deutschland zu setzen". Für CSU-Chef Edmund Stoiber ist eine solche Regierungsansage nicht deutlich genug. Er votiert für einen „klaren Sanktionskatalog bei Integrationsverweigerung". Er möchte bei den anstehenden Änderungen des Ausländerrechts eine klare Integrationsverpflichtung im Gesetz festgeschrieben haben. Zuwanderer, die nicht an Integrationskursen teilnehmen, sollten auf Dauer nicht in Deutschland bleiben dürfen. Ausländische Langzeitarbeitslose, die nicht integrationswillig seien, sollten bereits im ersten Schritt mit Kürzungen beim Arbeitslosengeld II rechnen müssen. Schon das bestehende Zuwanderungsgesetz sieht entsprechende Sanktionsmöglichkeiten vor, doch die reichen dem Mann an der Spitze der CSU nicht aus. Er möchte den Umfang der Leistungskürzungen ausweiten. Wie man sieht, gibt es noch einen erheblichen Diskussionsbedarf, inwieweit Integration auch etwas mit Vorleistung der Gesellschaft zu tun hat.

Mindestens ein Ausländer ist der deutschen Bundesregierung so herzlich willkommen, dass sie für ihn im Wahlkreis der Bundeskanzlerin eine Grillparty ausrichtet. US-Präsident George W. Bush ist dieser bevorzugte Gast. Auf der Durchreise zum G8-Gipfeltreffen in St. Petersburg schaut er eben kurz bei seiner Freundin Angela vorbei. Harald Ringstorff, Ministerpräsident von Mecklenburg-Vorpommern, macht gute Miene zum teuren Spiel und hofft, dass die rot-rote Landesregierung auf den Kosten von 14,65 Millionen für den Einsatz der Sicherheitskräfte bei der „teuersten Grillparty der Welt" nicht alleine sitzen bleibt.

## August 2006

Bei der SPD weiß man, sie ist in sich selbst schon eine Art große Koalition. Die häufig in ihrer Bedeutung unterschätzte Vielstimmigkeit ist ihr Erfolgsgeheimnis, sofern es immer wieder neu gelingt, die vielen Stimmen in Harmonie zu bringen, für jeden SPD-Parteivorsitzenden eine wahrliche Sisyphusarbeit. Die Unionsparteien funktionieren anders, doch auch sie bilden keinen monolithischen Block. Die ungeliebte Mehrwertsteueranhebung und die unglückliche Gesundheitsreform sind auch bei Unionswählern noch nicht verdaut. Die Demoskopen gießen mit ihrer Monatsbotschaft Öl ins Feuer. Im ARD-Deutschland-Trend sinkt die Zustimmung der Bevölkerung für die Frau an der Regierungs- und CDU-Spitze auf den schlechtesten Wert seit Amtsantritt. Bei der klassischen Sonntagsfrage nach der Wählerneigung verharrt die Union mit 35 Prozent auf dem schlechtesten Stand seit fünf Jahren. Brandenburgs Innenminister Jörg Schönbohm, immer wieder einmal Ausputzer auf dem rechten Flügel seiner Partei, mosert herum, die CDU-Wähler würden ihre Partei nicht wiedererkennen. „Wir verlieren offensichtlich bisherige Stammwähler, ohne neue Wählerschichten zu erschließen." Es sei für die Menschen nicht sichtbar, ob die Partei einer Linie und Überzeugung folge. Da ist er, der „Linienstreit in der Union", so hämt die Konkurrenz von der SPD. Mit unausgegorenen Ideen treibt CDU-Generalsekretär Ronald Pofalla zudem die Hasen in ihre Küche. Er plädiert dafür, Kinder zum Unterhalt ihrer arbeitslosen Eltern zu verpflichten. „Die Familie ist eine Verantwortungsgemeinschaft, das wird in Deutschland eher zu wenig als zu viel betont", sorgt sich Pofalla. In einer Gesellschaft, die tendenziell älter werde, sei es erschreckend, dass der Familienverband nach dem Verständnis der Linken mit der Volljährigkeit ende. „So wie Kinder für ihre Eltern im Falle der Pflegebedürftigkeit ein Stück mit aufkommen, kann dies auch im Falle der Arbeitslosigkeit geschehen." Da Pofalla sicher weiß, dass die Zahl der Millionärssöhne mit Hartz-IV-Empfänger als Väter begrenzt ist und ohne SPD-Einwilligung sein Vorschlag nicht zu realisieren ist, entlarvt sich seine Intervention schnell als Duftmarke für Parteifreunde, die konservative Fanfarenstöße gerne hören. Von der anderen CDU-Seite meldet sich Jürgen Rüttgers, nach eigenem Selbstverständnis der Mann für das Soziale. Er plädiert für „eine neue Standortdebatte in Deutschland". Die CDU müsse sich über ihre wirtschaftspolitischen Prioritäten klar werden, damit die Wähler wieder wüssten, für was die Partei stehe. Wirtschaftliche Vernunft und soziale Gerechtigkeit gehörten zusammen. „Es sind zwei Seiten einer Medaille, auch wenn so mancher in meiner Partei das offenbar anders sieht", bekräftigt er. Und einmal mehr nennt er es eine „Lebenslüge", dass niedrige Steuern automatisch zu mehr Investitionen und damit zu neuen Arbeitsplätzen führten. In seinem Bundesland sei der Effekt nicht eingetreten. Obwohl die Steuersätze seit 1998 kontinuierlich gesunken seien, sei die Arbeitslosigkeit in dieser Zeit von 856.000 auf über eine Million gestiegen. Der altersweise ehemalige CDU-Generalsekretär Heiner Geißler pflichtet ihm bei: Die CDU habe den „Charakter einer Volkspartei verloren". Mit den Ergebnissen von nur 35 Prozent gehe man in Richtung Klientelpartei. Eine Politik gegen die Arbeitnehmer könne sich die CDU nicht leisten. So etwas zwingt den Unionsfraktionschef Volker Kauder zur Wortmeldung: „Profil gewinnt man nicht durch öffentliche Profilierungsdebatten, sondern durch Mitarbeit in den Gremien und an dem neuen Grundsatzprogramm." Die Debatte dazu läuft gerade. Eine Harmonieveranstaltung ist das aber wohl nicht. Heiner Geißler kritisiert schon die Überschrift zu dieser Debatte: „Mehr Gerechtigkeit durch mehr Freiheit." Das sei falsch: „Wir bekommen keine Gerechtigkeit durch mehr Freiheit. Freiheit haben wir genügend – die Freiheit der großen Konzerne, Riesengewinne zu machen und zehntausende von Menschen auf die Straße zu setzen. Was wir dringend brauchen, ist mehr Verantwortung bei allen, die Macht und Einfluss haben. Es gibt keine Priorität der Grundwerte. Freiheit ist nicht wichtiger als Gerechtigkeit. Beide sind gleichwertig. Ein Arbeiter wird keine guten Autos herstellen, wenn er für einen Hungerlohn arbeiten müsste. Am meisten gefährdet ist heute die Solidarität: zwischen Jungen und Alten, West und Ost, Reich und Arm, Mensch und Natur, Männer und Frauen." Damit hat Heiner Geißler die Spannweite beschrieben, in der sich seine Partei neu verorten muss.

Schon wieder in der Rolle der Kanzlerin aller Deutschen, lobt Angela Merkel ihren Vorgänger Gerhard Schröder. Der Wirtschaftsaufschwung sei nicht allein auf das Wirken ihrer Regierung zurückzuführen. Der sozialdemokratische Kanzler habe sich „um Deutschland verdient gemacht, als er seine Agenda 2010 der Sozialreformen gegen Widerstand durchgesetzt habe". Nur wer die Befindlichkeit der Sozialdemokratie versteht, kann nachfühlen, wieso dieses Kompliment auch ein bisschen vergiftet ist. FDP-Chef Guido Westerwelle hat für solche Spitzfindigkeiten keine Antenne: „Wenn Herr Schröder so toll war, hätte er ja Kanzler bleiben können." Er jedenfalls sei „froh, dass er weg ist".

Wachstums- und Arbeitsmarktaussichten verbessern sich. Während die Kanzlerin signalisiert, es könnten sich Spielräume in den Haushalten ergeben, um rascher Steuermittel an die Krankenkassen für die Kinderversicherung zu geben, widerspricht Vize-Kanzler Franz Müntefering. Bund, Länder und Gemeinden sollten die höheren Steuereinnahmen nutzen, um 2007 nach der Mehrwertsteuererhöhung einen Wachstumseinbruch zu verhindern. Er denkt dabei an ein „fortgesetztes und intensiviertes Programm für die energetische Gebäudesanierung". Bei der Union melden sich pflichtschuldig gleich jene Geister, die stets Veto einlegen, wenn es irgendwie nach einem staatlichen Konjunkturprogramm riecht. Bundesfinanzminister Peer Steinbrück hat eh' andere Sorgen. Er erinnert daran, auf die Menschen kämen höhere Ausgaben zu für Alter, Gesundheit und Pflege. „Das heißt: Wir müssen im Zweifel auf eine Urlaubsreise verzichten, um für später vorzusorgen." Auf eine solche Steilvorlage hat die Presseabteilung von Guido Westerwelle seit Monaten gewartet. Dem Finanzminister bescheinigt er „blanken Zynismus". „Schwarz-Rot will weiter das Geld mit vollen Händen ausgeben, aber die Bürger sollen auf ihren Urlaub verzichten." Das Steinbrück-Umfeld ahnt, welche Lawine der Minister losgetreten hat. Schnell wird hinterher geschoben, er habe die Menschen lediglich auf künftige Belastung hinweisen und vorbereiten wollen. Er sehe es als Aufgabe auch und gerade von Politikern an, mit den Bürgern ehrlich umzugehen. Das wiederum hören die Bürgerinnen und Bürger immer wieder gerne.

Politik kann nicht nur heiße Luft produzieren. Hin und wieder müssen Ergebnisse auf den Tisch. Im August sorgt dafür der Arbeitsminister Franz Müntefering. Das Arbeitnehmer-Entsendegesetz wird auf die Gebäudereinigung ausgeweitet. 850.000 Menschen sind somit nicht mehr vom Lohndumping bedroht. Von der Einführung staatlicher Mindestlöhne, die Müntefering generell vorschlägt, hält die Union wenig. Arbeitsminister Müntefering will trotzdem bis spätestens November Eckpunkte eines Niedriglohnkonzeptes vorlegen.

Glückliche Zufälle hatten am 31. Juli die Explosion von Kofferbomben in zwei verschiedenen Regionalzügen verhindert. Videoaufzeichnungen auf den Bahnsteigen des Kölner Hauptbahnhofes ermöglichen die Identifizierung und Festnahme der beiden Täter. Die Debatte um den Einsatz von Überwachungskameras im öffentlichen Raum erhält dadurch neuen Auftrieb. Pro und Contra folgen dem gewohnten Verteilungsmuster: Während Unionspolitiker sich mit Forderungen nach mehr Videoüberwachung überbieten, lehnen Datenschützer sowie Politiker von FDP, Grünen und Linkspartei den flächendeckenden Einsatz von Überwachungskameras ab. Da die Urheber der misslungenen Bombenanschläge aus dem Libanon stammen, wird davor gewarnt, Muslime unter Generalverdacht einer Kooperation mit dem Terrorismus zu stellen. Gleichwohl nehmen die deutschen Sicherheitsbehörden diesen misslungenen Anschlag nicht auf die leichte Schulter. Nach Bombenanschlägen auf Nahverkehrszüge in Madrid im März 2004 und wiederholten

Anschlägen in Großbritannien, nicht zuletzt die nahezu zeitgleich vereitelten Terrorpläne gegen den Londoner Flughafen Heathrow, steht jetzt fest: Auch in Deutschland gibt es keine absolute Sicherheit vor terroristischen Anschlägen. Das verändert für immer die nationale Sicherheitslage und zwingt zu permanenten Gratwanderungen bei der Abwägung zwischen Bürgerfreiheiten und ihren Rechten auf innere Sicherheit. Dabei prägt sich unter den Parteien allmählich ein unerklärter Konsens aus, die Debatten um notwendige Gegenmaßnahmen mit der gebotenen politischen Sensibilität zu führen.

In der laufenden Debatte um die Gefährlichkeit der Atomkraftnutzung wird wieder kräftiger zugelangt. Ein schwerer Störfall in einem schwedischen Reaktor im Juli hatte die Abschaltung weiterer schwedischer Atomreaktoren erzwungen. Umweltminister Sigmar Gabriel appelliert an die Betreiber deutscher Atommeiler, die älteren früher als vorgesehen abzuschalten. Das aktiviert heftige Gegenreflexe. Neun unionsgeführte Bundesländer erarbeiten ein Positionspapier für den nächsten Energiegipfel der Kanzlerin, bei dem sie eine Abkehr vom Atomausstieg fordern. Das bleibt also Dauerzündstoff für Koalitionsberatungen.

Mit Genugtuung quittieren die Gewerkschaften, dass das Thema Mitbestimmung in dieser Legislaturperiode kein kontroverses Thema mehr zu sein scheint. Zum 30. Jubiläum des Mitbestimmungsgesetzes befindet die Bundeskanzlerin: „Die Mitbestimmung ist ein wesentliches Merkmal der sozialen Marktwirtschaft." Mit ihrem Hinweis, die Unternehmensverfassung müsse an den globalen Wettbewerb angepasst werden, steht sie bei den Gewerkschaften vor einer offenen Tür, sofern das nicht als Vorwand dient, deutsche Mitbestimmungsrechte durch europäische Regelungen zu unterminieren.

Maßgeblich für die Politik der großen Koalition sind gemeinsame Arbeitsprogramme. Bundeskanzlerin und Vizekanzler präsentieren zum Monatsende die nächsten Vorhaben. „Gemeinsam was wuppen", so die Kanzlerin, will die Koalition zum Thema Integration, innere Sicherheit, Mindestlöhne, Unternehmenssteuern und Forschung. Zudem verlangen die Eckpunkte zur Gesundheitsreform ja noch weitere Anstrengungen.

Dass alle gesetzgeberischen Anstrengungen auf das Interesse der Verbände und ihrer Lobbyisten an Mitwirkung treffen, gehört zur Normalität parlamentarischer Demokratien, selbst wenn Lobbyisten keinen guten Leumund haben. Etwas in einem anderen Licht erscheint es, wenn Interessenverbände wie die der Arbeitgeber ihre Lobbyarbeit unter dem Etikett wohlklingender Kampagnen tarnen und für die Bürger nicht erkennbar ist, dass solche Kampagnen von der Wirtschaft bezahlt werden. Eine Untersuchung der gewerkschaftsnahen Hans-Böckler-Stiftung listet eine ganze Reihe solcher Kampagnen auf. Sie nennen sich: „Du bist Deutschland" oder „Deutschland – Land der Ideen". Seit 1998 habe es mehr als dreißig Kampagnen mit dem Ziel gegeben, die öffentliche Meinung auf diese Weise zu beeinflussen.

Die Wirtschaft nutze dazu inzwischen ein breites Repertoire an Instrumenten: Von PR-Agenturen wie der „Initiative Neue Soziale Marktwirtschaft" bis zu Denkfabriken wie die „Stiftung Marktwirtschaft". Für bedenklich wird es gehalten, dass Kampagnen dieser Art politische Anliegen wie Werbebotschaften präsentieren. Negative Konsequenzen für die politische Kultur drohen durch die Vorliebe für Gefühlsbotschaften zum Nachteil von Informationen, die sich an den Verstand richten.

Nach achtwöchigem Streik gibt es einen Tarifabschluss für die rund 70.000 Ärzte an städtischen Kliniken und Kreiskrankenhäusern. Erreicht hat ihn der Marburger Bund. Bemerkenswert sind daran weniger die Arbeitszeitverbesserungen und Gehaltserhöhungen zwischen 1,5 und 13 Prozent. Für die deutsche Tariflandschaft ist es bedeutsam, dass die Standesvertretung einer Berufsgruppe, die auf die Belange anderer Berufsgruppen keine Rücksicht nehmen muss, ihre Tariffähigkeit unter Beweis gestellt hat. Nachteilige Konsequenzen für die Allgemeinheit werden unmittelbar sichtbar: Die Mehrkosten für höhere Arztgehälter werden bei gedeckelten Etats für kommunale Krankenhäuser zu Lasten des weiteren Klinkpersonals und anders verplanter Etats finanziert. Letztendlich droht die Überwälzung der Mehrkosten auf alle Beitragszahler der Krankenversicherungen.

## September 2006

Die Regierungspartner werden nicht froh mit Ihren Eckpunkten zur Gesundheitsreform. Der anhaltende Streit wirft seine Schatten auf die Kommunalwahlen in Niedersachsen sowie die Landtagswahlen in Mecklenburg-Vorpommern und Berlin. Die politischen Kräfteverhältnisse verschieben sich wie folgt:

*Kommunalwahlen Niedersachsen*
CDU 41,3 (-1,3), SPD 36,6 (-2), Grüne 7,8 (+1,1), FDP 6,7 (+0,5). Deutschlands dienstältester Oberbürgermeister Herbert Schmalstieg in Hannover geht in den Ruhestand. Sein Nachfolger ist wieder ein mit absoluter Mehrheit gewählter Sozialdemokrat.

*Landtagswahlen Mecklenburg–Vorpommern*
SPD 30,2 (-10,4), CDU 28,8 (-2,6), Linke/PDS 16,8 (+0,4), FDP 9,6 (+4,9), Grüne 3,4 (+0,8), NPD 7,3 (+6,5).

*Wahl zum Abgeordnetenhaus Berlin*
SPD 30,8 (+1,1), CDU 21,3 (-2,5), Linke/PDS 13,4 (-9,2), Grüne 13,1 (+4), FDP 7,6 (-2,3).

Die Amtsinhaber fühlen sich bestätigt. Mecklenburg-Vorpommerns Ministerpräsident Harald Ringstorff will die Koalition mit der Linkspartei nicht mehr fortsetzen. Sie hätte nur eine Mehrheit von einer Stimme. Er setzt auf die große Koalition mit der CDU. In Berlin hat der Regierende Bürgermeister Klaus Wowereit die Wahl einer erneuten Koalition mit der Linken oder alternativ mit den Grünen. Die in den Jahren bisheriger Zusammenarbeit arg geschrumpfte Linkspartei erscheint der Berliner SPD schließlich als der pflegeleichtere Koalitionspartner. Die beiden Volksparteien dürften mit den Wahlergebnissen kaum zufrieden sein. In Berlin entscheiden sich nur noch 30 Prozent aller Wahlberechtigten für SPD oder CDU. In Mecklenburg-Vorpommern nur noch 34 Prozent. In Berlin wählen 44 Prozent überhaupt nicht mehr, in Mecklenburg-Vorpommern 42 Prozent. Die vertrauten Regierungsspitzen bleiben, doch auch das Misstrauen gegen sie und ihre Parteien. In Mecklenburg-Vorpommern zeigt die Stimmabgabe für die NPD, wie sehr sie als Protestpartei gegen die Etablierten an Boden gewonnen hat. In Berlin lassen zwei Besonderheiten aufhorchen: Nur sechs von hundert Wahlberechtigten im Ostteil der Stadt wählen die CDU. Die PDS als Regierungspartei verliert in ihren Stamm-Wahlkreisen fast fünfzig Prozent ihrer Wähler, während die NPD eigene Hochburgen etabliert (berlinweit 2,6 Prozent, 5,4 in Marzahn/Hellersdorf, 5,1 Prozent in Lichtenberg, 4,6 Prozent in Treptow-Köpenick). Es mag eingeräumt werden, das seien bloß lokale Stimmungstests. Doch wären jetzt Bundestagwahlen, was Gerhard Schröder vor einem Jahr durch seine Entscheidung für vorgezogene Neuwahlen zu verhindern wusste, die SPD läge wenige Zehntelpunkte vor der Union, allerdings bei beidseitig relevanten Verlusten und wohl noch größeren Wahlenthaltungen (Union 29, SPD 30 Prozent). Dies erklärt wachsende Nervosität und Vielstimmigkeit in der Union (Die CSU gegen alle, die Ministerpräsidenten gegen ihre Kanzlerin). Dies nährt eine gewisse Schadenfreude in der SPD, aber auch trügerische Selbstzufriedenheit. Zwei der drei Oppositionsparteien sehen sich in ihrer Hoffnung bestärkt, vielleicht früher als 2009 Juniorpartner beim Mitregieren sein zu dürfen.

Die Kanzlerin handelt. Zunächst nimmt sie Tempo aus dem umstrittenen Gesetzgebungsverfahren zur Gesundheitsreform. Diese soll demnach erst drei Monate später, April 2007 in Kraft treten. Der Sozialdemokratin Ulla Schmidt an der Spitze des Gesundheitsministeriums wird der Vorwurf gemacht, bei der Gesetzgebungsarbeit die Eckpunkte zum Nachteil der Union umzuinterpretieren. In den Eckpunkten heißt es lediglich, Krankenkassen, die künftig mit den Pauschalüberweisungen aus den Gesundheitsfonds nicht auskommen, könnten ihren Versicherten einen Zusatzbeitrag abverlangen. Allerdings dürfe der Beitrag ein Prozent des Haushaltseinkommens nicht überschreiten. Das erscheint den Unionsparteien nunmehr nicht mehr praktikabel. Offenbar hatte man hier die Öffnung für eine „kleine Kopfpauschale" gesehen. Weitere Streitpunkte: die Belastungsobergrenzen für gesetzlich Krankenversicherte sowie der künftige Finanzausgleich zwischen den Krankenkassen. Nicht nur die Bayern, auch Baden-Württemberg, Sachsen, das Saarland und schließlich noch Nordrhein-Westfalen melden über ihre Ministerpräsidenten Korrekturbedarf an. Es kommt zu überraschenden Interessenkoalitionen.

Die Ost-Ministerpräsidenten der CDU unterstützen die SPD bei ihrem Beharren auf den Überforderungsschutz gegen die CDU-West-Ministerpräsidenten. Bundeskanzlerin Merkel macht den (sozialdemokratischen) Vorstoß, Steuermehreinnahmen einzusetzen, um Beitragserhöhungen bei den Krankenkassen abzuwenden. Der sozialdemokratische Finanzminister Peer Steinbrück beharrt nach üblicher Unions-Art auf dem Vorrang der Haushaltskonsolidierung vor neuen Ausgaben. Kurzum: die Sache drängt, aber die Konsenssuche, sie zieht sich.

Schneller ist die Einigung beim Elterngeld da. Zum 1. Januar 2007 kann sie wirksam werden. Zielsetzung ist ein Ausgleich für den Einkommensverlust während der Elternschaft in den ersten 12 Lebensmonaten. Es geht um 67 Prozent des Nettogehalts, mindestens 300 Euro, maximal 1.800 Euro pro Monat. Bleibt der zweite Elternteil mindestens zwei Monate im Elternurlaub, verlängert sich die Bezugszeit der Unterstützung um weitere zwei Monate (Vätermonate). Die Zwistigkeiten zwischen CSU und CDU über moderne Familienpolitik sind damit nicht überwunden. Sie entzünden sich neu am Vorschlag des CDU-Generalsekretärs Ronald Pofalla, das Ehegattensplitting abzuschaffen. Pofalla hat registriert, dass in den neuen Ländern jedes zweite und in den alten Ländern jedes dritte Kind unehelich geboren wird, und verlangt darauf eine Unions-Antwort. Er handelt sich ein strenges Veto des CSU-Vorsitzenden Edmund Stoiber ein, der vor einem Linksruck der CDU warnt.

Was könnte neue Befürchtungen der CSU vor einem Linksrücken der Parteischwester wecken? Vielleicht ist es die öffentliche Kritik der Kanzlerin und des Bundesinnenministers an geheime CIA-Gefängnissen im Ausland sowie am US-Gefangenenlager Guantánamo. Für Merkel ist das ganz klar „nicht vereinbar mit meinem Verständnis von Rechtsstaatlichkeit". Schäuble assistiert ihr mit dem Hinweis, er habe nie einen Grund dafür gesehen, „dass man Terrorverdächtige, wie in Guantánamo, außerhalb der Rechtssprechung amerikanischer Gerichte inhaftiert".

Deutschland bleibt dabei, wenn es um den weltweiten Kampf gegen den Terrorismus geht. Mit großer Mehrheit des Bundestages wird beschlossen, im Rahmen einer UN-Mission eigene Marineeinheiten zum wieder heißen Konfliktherd in den Nahen Osten zu entsenden. Auftrag ist, vereint mit anderen europäischen Marineeinheiten, den Waffenschmuggel auf dem Seeweg für die libanesische Hisbollah zu unterbinden. Auch beim Überwachen des Waffenstillstandes zum Rückzug israelischer Soldaten aus libanesischen Kampfgebieten hatten deutsche Soldaten schon mitgewirkt. Zeitweise hatte es so ausgesehen, als hätte die Bundesregierung die UNO regelrecht genötigt, die Hilfe deutscher Militäreinheiten anzufordern.

Umweltminister Sigmar Gabriel mahnt eine gesetzlich geregelte bundesweite Suche nach Endlagerstandorten für Atommüll an. In Bayern und Baden-Württemberg hört man das nicht gerne. Es soll bei der Fixierung auf eine Endlagerstätte in niedersächsischen Salzstöcken bleiben. Bayerns Ministerpräsident Edmund Stoiber möchte keine ergebnisoffene Suche nach dem „bestgeeigneten" Standort. Das sei

„in der Koalition nicht durchsetzbar". Da ist es wieder, das in der Politik beliebte Spiel: „Heiliger Sankt Florian, verschon´ mein Haus, zünd´ andere an!"

Aus CSU-Sicht vielleicht ein neues Linksrucksignal, für die Bundesregierung allerdings eine unaufschiebbare Notwendigkeit: Bundesinnenminister Wolfgang Schäuble veranstaltet die erste deutsche Islamkonferenz. Dabei geht es um das Erarbeiten von tragfähigen Grundlagen für die Beziehungen von Nicht-Muslimen und Muslimen in Deutschland. Schäuble misst dem mühsam vorbereiteten Treffen historische Bedeutung zu. Man müsse zur Kenntnis nehmen, die drei Millionen Muslime in Deutschland seien Teil der Gegenwart und Zukunft des Landes. In weiteren Gesprächen will er dafür werben, dass die Muslime in Deutschland „deutsche Muslime" werden. Ein klares Bekenntnis zum Grundgesetz ist für den Innenminister die Voraussetzung für einen tragfähigen Dialog mit dem Islam. Wie sehr auch die Mehrheitsseite hinzulernen muss, offenbaren zwei Ereignisse: Zum einen nutzt Papst Benedikt der XVI. seinen Deutschlandbesuch zu einer Verurteilung gewaltsamer Glaubensausbreitung durch den Islam, als wäre der Katholizismus da nicht vergleichbar aktiv gewesen. Zum anderen wird in Berlin übersensibel eine Opernaufführung vorübergehend vom Spielplan genommen, weil sich Muslime irgendwie beleidigt fühlen könnten. Der Papst entschuldigt sich. Die Deutsche Oper zu Berlin gibt die Wiederaufnahme von Idomeneo in den Spielplan bekannt, nachdem die Intendantin davon überzeugt worden war, dass die demokratische Öffentlichkeit diesen Akt von Selbstzensur eher als peinliche Dummköpfigkeit einordnet. Versöhnlicher Schluss: Die Gäste der Islamkonferenz werden sich diese Mozart-Oper gemeinsam anschauen.

## Oktober 2006

Die Gesundheitsreform zählt zu den wichtigsten Projekten der großen Koalition. Beispielhaft lässt sich an diesem Projekt ablesen, was es heißt, einander ausschließende Reformkonzeptionen auf einen gemeinsamen Nenner bringen zu sollen. Die im Juli erarbeiteten Eckpunkte hatten schon keine Begeisterung entfacht. Da wundert es nicht, dass auch der schließlich verabschiedete Kabinettsentwurf von den zentralen Verbänden des Gesundheitswesens sowie von den Wirtschafts- und Sozialverbänden abgelehnt wird. Doch es bleibt dabei, ab Januar 2009 wird es den „Gesundheitsfonds" und einheitliche Mittelzuweisungen an die Kassen geben. Die Krankenversicherungen dürfen von den Versicherten einen Zusatzbeitrag verlangen. Er darf aber ein Prozent des beitragspflichtigen Einkommens nicht übersteigen. Bei Zusatzbeiträgen bis zu acht Euro soll auf die individuelle Einkommensüberprüfung verzichtet werden dürfen. Im Nebeneffekt werden dadurch Versicherte mit weniger als 800 Euro Einkommen unverhältnismäßig belastet. Offen bleibt, was vom gemeinsamen Wille zum Risikostrukturausgleich unter den Kassen wirklich übrig bleibt, solange nicht alle relevanten Krankheiten zur Grundlage des Ausgleiches gemacht werden. Die findigen privaten Krankenversicherungen könnten neu geöffnete Türen nutzen, um die Rückverlagerung der Altersrisiken an die gesetzlichen Krankenversicherungen zu organisieren. Die Privilegierung der privaten Krankenversicherungen wird dank besonderer Interventionen der CSU weiter zementiert. Es fehlt der Druck auf die Kassen, ihre Effizienzreserven zu nutzen, weil Mehrkosten relativ leicht auf die Patienten überwälzt werden können. Man kann das Ganze schon „Gesundheitsreform" nennen, doch ist eigentlich jetzt schon klar, dass erst die nächste Bundestagswahl darüber entscheidet, ob und in welche Richtung die vielen Formelkompromisse aufgelöst werden. Ob und inwieweit die vereinbarten Vorhaben einen Gebrauchswert haben, wird strittig beurteilt. Einig sind sich die meisten Kommentatoren, die Regierung der großen Koalition hat auf dem drängenden Feld einer Gesundheitsreform kein Meisterstück abgeliefert. Im Gegenteil besteht die Gefahr, dem modischen Überdruss an der Politik im Allgemeinen und am Agieren einer großen Koalition im Besonderen neuen Auftrieb verschafft zu haben.

Nicht zuletzt, um der diffusen Kritik an unzulänglicher Regierungspolitik eine Kontur zu geben und allgemeiner Politikverdrossenheit entgegenzuarbeiten, veranstalten die Gewerkschaften am 21. Oktober in Berlin, Frankfurt, Dortmund, München und Stuttgart Demonstrationen mit Kundgebungen, an denen sich bundesweit 220.000 Menschen beteiligen. Das Kundgebungs-Motto hat eine doppelte Stoßrichtung: „Das geht besser, aber nicht von allein!". Der großen Koalition wird damit Protest signalisiert, den Protestierenden wird in Erinnerung gerufen, dass ihre bloße Kritik an schlechter Politik nur eine begrenzte Wirkung hat, wenn sie nicht mit eigenem Engagement verbunden wird. Nachdenklichen Beobachtern sollte aufgefallen sein, wie sehr die gewerkschaftliche Kritik an unzulänglicher Regierungsarbeit inzwischen öffentlichen Rückhalt aus der Mitte der Gesellschaft gefunden hat. Besonders heftig abgelehnt werden die schwarz-rote Gesundheitsreform und die Rente mit 67, die der DGB-Vorsitzende Michael Sommer für ein „zynisches Rentenkürzungsprogramm" hält. Alternativen – nicht nur aus den Reihen der Gewerkschaften – gibt es zu allen strittigen Politikfeldern, obwohl CDU-Generalsekretär Ronald Pofalla dem DGB vorwirft, er habe keinen einzigen Vorschlag gemacht, um die Reformvorhaben der vergangenen zwölf Monate gerechter zu gestalten. In ähnlicher Weise hatte schon die Vorgänger-Regierung vergeblich versucht, das eigene Rumwurschteln als Optimum von Regierungsarbeit zu verklären. Es scheint das Elend von Regierungspolitikern zu sein, sich die Welt immer schöner zu malen als sie ist und Kritik als Nörgelei zu missdeuten.

Es gehört zur Tagespolitik, über die Weitsichtigkeit von Regierungshandeln und Reichweiten von Oppositionsbegehren zu streiten. Selten genug entzünden sich Debatten über sozialwissenschaftliche Studien oder empirische Erhebungen zu den aufgelaufenen sozialen Problemen. Der SPD-nahen Friedrich-Ebert-Stiftung ist es gelungen, mit einer solchen Studie eine öffentliche Debatte auszulösen. Acht Prozent der Menschen in Deutschland, in Ostdeutschland sogar 20 Prozent, leben in einer abgehängten Situation, die sich als „Prekariat" bezeichnen lässt. Das sind 6,5 Millionen Menschen mit unsicheren Arbeitsverhältnissen, niedrigem Einkommen und sozialer Lethargie. Der SPD-Vorsitzende Kurt Beck greift das auf, spricht von einer neuen „Unterschicht". Seine Partei fordert er auf, sich mehr auf die Menschen zu beziehen, die den Mut zum Auflehnen gegen ihre soziale Ausgrenzung schon verloren haben, und jene stärker zu beachten, die das Abrutschen nach unten befürchten. Franz Müntefering, Vizekanzler und Arbeitsminister, findet das nicht hilfreich. Er warnt eindringlich vor jeglicher Unterschichtendebatte, wohl nicht zuletzt, weil er die Gegenfrage fürchtet, was die SPD in der Zeit ihrer Regierungsverantwortung unternommen habe, um das Abrutschen ins Prekariat zu verhindern. Der machtlogisch nachvollziehbare Unwillen des Vizekanzlers, sich mit den sozialen Folgen der eigenen Arbeit auseinanderzusetzen, offenbart ein Dilemma der SPD: Ohne die Bereitschaft, aus unzulänglicher eigener Politik für zukünftige bessere Arbeit lernen zu wollen, kann sie Glaubwürdigkeitsverluste nicht eindämmen oder ausräumen, sondern leitet Wasser auf die Mühlen ihrer Kritiker von links. Kurt Beck scheint das verstanden zu haben und möchte es durch die SPD bearbeitet sehen. Konfliktfrei lässt sich dieses Ansinnen wohl nicht realisieren. Daran erinnert ihn sein Parteigenosse, der zum Politikrentner degradierte Ex-Superminister Wolfgang Clement. Er warnt vor einem Irrweg, den Kurs der Agenda 2010 nicht mehr mit der Konsequenz zu verfolgen, wie sie angelegt gewesen sei. Zudem beklagt Clement, das Denken vom „vermeintlich starken Staat" dominiere wieder. Sein Abwatschen der eigenen Partei per Zeitungsmeldung garniert er mit dem Wunsch an die Kanzlerin Angela Merkel, sie möge sagen: „Der Atomausstieg findet mit mir nicht statt." Einmal mehr dürfte Kurt Beck ahnen, auf was er sich mit der Übernahme des Amtes eines SPD-Parteivorsitzenden eingelassen hat.

Das Land Berlin scheitert vor dem Bundesverfassungsgericht mit seiner Klage auf höhere Entschuldungshilfe des Bundes. Das Land sei nicht in seiner Existenz bedroht, denn die Haushaltsprobleme lägen nicht auf der Einnahme-, sondern auf der Ausgabenseite, urteilen die Verfassungsrichter in seltener Einstimmigkeit. Den Berlinern wird vorgehalten, im Vergleich etwa zu Hamburg seien die Ausgaben für Hochschulen und Kultur unverhältnismäßig hoch. Berlin könne schließlich auch die Gewerbesteuer erhöhen oder Wohnungen verkaufen. Alle Verweise auf die Schuldenpolitik vergangener Jahre und die besondere Hauptstadtfunktion Berlins haben diese Entscheidungslage nicht verändert. Es bleiben zwei Auswege: Wenn eine Verschuldung von 61,6 Milliarden Euro noch nicht als „extreme Haushaltsnotlage" gilt, könnte Berlin sich eben noch höher verschulden oder durch weitere Sparanstrengungen zu Lasten seiner Bürger und der Hauptstadtfunktion die Schuldenlasten weiter reduzieren. Der Bundesfinanzminister kann nur vorübergehend aufatmen. Weitere Kläger wie Bremen und das Saarland könnten bei dieser Entscheidungslogik des Bundesverfassungsgerichtes sicherlich noch Wege finden, ihre Bedürftigkeit drastischer zu unterstreichen, als es den Berlinern gelungen ist. Bund und Länder werden sich entscheiden müssen, ob es perspektivreich ist, die Neuordnung ihrer Finanzbeziehungen Bundesverfassungsgerichtsurteilen zu überlassen.

Fotos in der BILD-Zeitung von deutschen Soldaten, die in Afghanistan mit aufgefundenem Totenschädel posieren, diskreditieren die Entscheidung für den deutschen Militäreinsatz in Afghanistan. Mangelt es jungen Soldaten schon an der geistigen Reife bei der Entscheidung für Anstand und Pietät, wie kann man ihnen da zutrauen, in militärischen Konfliktlagen mit Umsicht deeskalierend zu agieren. Alle Verzögerungen im zivilen Wiederaufbau des Landes bergen neue Risiken, in den Sog einer Eskalation militärischer Auseinandersetzungen zu geraten.

## November 2006

Die große Koalition vollendet ihr erstes Amtsjahr. Die Bürgerinnen und Bürger wissen jetzt, es geht auf Filzpantoffeln vorwärts und nicht mit Siebenmeilenstiefeln. Kanzlerin und Vizekanzler geben sich so, als seien sie ein altes Ehepaar. Der Zauber des Neuen ist dahin, Routinearbeit dominiert. Gesundheitsreform? Die ist unter einem notdürftig geflickten Dach und in einem zusammengeschusterten Fach. Doch die Lage auf dem Arbeitsmarkt kann sich sehen lassen. Erstmals seit vier Jahren ist die Zahl der registrierten Arbeitslosen unter die Vier-Millionen-Grenze gesunken. Die abgelösten Rot-Grünen hätten so etwas gerne in eigener Amtszeit erreicht. Nun verspricht Schwarz-Rot an dieser Front noch bessere Ergebnisse. Auch die Steuereinnahmen sprudeln wieder. Wie zu seiner Zeit Hans Eichel lässt Peer Steinbrück nicht dementieren, dass er der Herr der verbesserten Zahlen und Aussichten auf ausgeglichene Haushalte sei. Gerne führt er die Gefechte an, ob es jetzt Zeit sei, versäumte Investitionen in öffentliche Infrastruktur nachzuholen. Wie Vorgänger Hans geriert sich jetzt der Peer als „Sparbrötchen". Die Gilde der deutschen Mainstream-Ökonomen spendet ihm Beifall. Auch die Nichtwähler der Sozialdemokraten zollen ihm Respekt. Ihnen erscheint es immer noch dringlicher, den neuen Reichtum des Staates für ein Absenken der Sozialversicherungsbeiträge zu verwenden, statt ihn für Zukunftsinvestitionen zu nutzen. Ein bislang noch unterschätztes Problem verfolgt die Regierungskoalition in ihre nächsten Amtsjahre: Die Deutschen fühlen sich nur noch zu 40 Prozent als „Gewinner der gesellschaftlichen Entwicklung". Das waren einst unter der Regierung Schröder 2002 noch 61 Prozent. Fast jeder Dritte sieht sich auf einer Verliererstraße. Nur noch 27 Prozent der Bürgerinnen und Bürger empfinden die Republik als „eher gerecht". Fein raus ist die Bundeskanzlerin, ihr vertrauen 45 Prozent, den Kirchen 38 Prozent, dem Bundestag

33 Prozent, der Bundesregierung 28 Prozent, den Gewerkschaften 26 Prozent und den Großunternehmen 14 Prozent. Auf mehr bringen es auch die politischen Parteien nicht. Die beiden größten könnten trotzdem zufrieden sein: Ein Jahr gemeinsam im Amt, und jeweils 31 Prozent der Befragten würden sich wieder für die Roten und die Schwarzen entscheiden. Das sind zwar gut drei bis vier Prozent weniger als bei der letzten richtigen Wahl, aber zusammen würde es ja wieder reichen.

Ein paar Monate war Sendepause um den Arbeiterführer zwischen Rhein und Ruhr Jürgen Rüttgers. Nun sieht man ihn an der Spitze einer Riege von CDU-Ministerpräsidenten, die sich dafür stark macht, die Bezugsdauer des Arbeitslosengeldes an die Zahl der Beitragsjahre zu koppeln. Ältere Arbeitslose würden dann etwas später auf die Rutsche in die Armut zu Hartz IV gesetzt. Einen Pferdefuß hat Rüttgers Vorstoß: Was ältere Arbeitslose mehr bekommen, soll den Jüngeren abgezogen werden. In der grobgestrickten weiteren Debatte empören sich über dieses Detail nur die Wenigsten. Der große Rest bevorzugt die Argumentationskeule, hier gehe es um eine prinzipielle Abkehr von der tollen Reformarbeit, wie sie unter dem Logo „Agenda 2010" unter großen Opfern der SPD an Wählergunst und Mitgliedern realisiert worden war. Der Vizekanzler fordert ein Machtwort der Kanzlerin. „Vor einem Jahr machte die Union noch voll auf Westerwelle – und wir mussten verhindern, dass die aus dem Sozialstaat Kleinholz machen", ereifert sich Müntefering über den Linksüberholer von Rechts. Während es Applaus von der CSU gibt, spitzt die Vorsitzende der CDU ihren Mund für ein Zurückpfeifen. Die Rüttgers-Initiative rückt sie in die Reihe mit Anträgen für den Abbau von Kündigungsschutzrechten und für betriebliche Bündnisse für Arbeit. Solche Forderungen scheitern am Widerstand der SPD und stünden zudem nicht im Koalitionsvertrag, befindet Angela Merkel. Welch eine Vorlage für aufklärende Sortierarbeit durch die SPD. Aber verwandelt wird sie nicht. Bundespräsident Horst Köhler legt nach. Ungewöhnlich genug, mischt er sich in die Debatte der Partei, die ihn ins Amt gebracht hatte. Der Vorschlag, den Arbeitslosengeldbezugsanspruch nach Beitragsjahren zu staffeln, schwäche „das Versicherungsprinzip und damit eine zentrale zivilisatorische und soziale Errungenschaft zur Schaffung von Sicherheit in modernen Gesellschaften". Die Arbeitslosenversicherung sei kein Sparvertrag, sondern eine Risikoversicherung. Der Kurswechsel der Regierung Schröder in Sachen Arbeitslosenversicherung dürfe nicht rückgängig gemacht werden. Rüttgers gibt trotzdem nicht klein bei, sondern schiebt nach: Es sei eine „Lebenslüge" der CDU, dass weniger Unternehmenssteuern zu mehr Arbeitsplätzen führten. Sein niedersächsischer Amtsbruder Christian Wulff schickt als Retourkutsche die Mahnung nach Düsseldorf, eine „Linksverschiebung der Union" sei mit ihm nicht zu machen. Kurz vor dem CDU-Bundesparteitag erinnert Wulff: „Opportunismus und Populismus wird vom Wähler immer bestraft." Von der Waterkant meldet sich der Regierende Bürgermeister Ole von Beust, der Vorschlag aus NRW sei „populär aber trotzdem falsch". Wie peinlich, dass der CDU-

Parteitag in Dresden diesen populären, aber falschen Vorschlag nicht abschmettern mag. Wenn Ältere länger, Jüngere kürzer Arbeitslosengeld erhalten, die CDU ist jetzt dafür und auch Christian Wulff nicht mehr dagegen. Zugleich bekräftigt die CDU in Dresden ihre Forderung nach betrieblichen Bündnissen für Arbeit und weniger Kündigungsschutz. Der soziale Rumstänkerer aus NRW, Jürgen Rüttgers, erhält seine Quittung bei der Stellvertreterwahl. Hinter Annette Schavan (78,5), Roland Koch (68,2), Christian Wulff (66,7) gewinnt er nur 57,7 Prozent der Delegiertenstimmen. Angela Merkel ist mit 93,1 Prozent die erwartete Stimmenkönigin.

SPD-Vorsitzender Kurt Beck stielt der Konkurrenz-Volkspartei mit einem neuen Vorschlag für einen Investivlohn den Bonus des Wachküssers dieser alten Idee. Die CDU beschließt es später auf ihrem Parteitag. Die Koalitionäre erhalten wieder ein neues Thema für anregende Streitgespräche am Kabinettstisch. Um Gottes willen, denken die Arbeitgeber. Warum nicht, wenn es das obendrauf gibt, signalisieren die Gewerkschaften.

Ist ja doch nicht alles so Gold mit der sicheren Energieversorgung. Selbst bei ungestörter Zufuhr von Öl und Gas und bei sicher laufenden Atomkraftwerken gehen plötzlich erst in Deutschland und dann im Dominoeffekt in weiteren Nachbarländern vorübergehend alle Lichter aus. Auslöser für diese Kettenreaktion: ein Abschaltfehler im niedersächsischen Leitungsnetz. Für ein paar Tage wird in Konsequenz darüber diskutiert, ob die Energiekonzerne genug in die Leistungsfähigkeit der Stromnetze investiert haben. Da aber schnell wieder alle Lichter brennen, verliert sich rasch das aufgeblitzte Interesse an neue Investitionen in die Zukunftstauglichkeit bisheriger Versorgungssicherheiten. In dieser Beziehung soll bei der Bahn jetzt alles besser werden, könnte es nur endlich zum Börsengang kommen. Die Bahn-Privatisierung ist ja längst Geschichte. Ob und wie der Börsengang folgen soll, bleibt der Koalition als Streitthema für die nächsten drei Viertel der Legislaturperiode.

Hessische Landtagswahlen stehen erst im Januar 2008 auf dem Spielplan. Doch Hessens Ministerpräsident Roland Koch denkt voraus. Da soll er doch den hauptsächlich kommunalpolitisch aktiven Freien Wählern Geld geboten haben, wenn diese im Gegenzug bei der Landtagswahl nicht antreten. Empört weist der „brutalstmöglichste Aufklärer" – so die Selbst-Charakterisierung im legendären hessischen CDU-Spendenskandal um vorgebliche jüdische Vermächtnisse – jeden Bestechungsvorwurf zurück. Seine Gesprächspartner von den Freien Wählern müssen da irgendetwas missverstanden haben.

## Dezember 2006

Das mit der Gesundheitsreform hat doch nicht so gut geklappt. Neues Ungemach drohen mehrere Ministerpräsidenten unionsregierter Länder an, vorab der bayerische. Sorgen machen ihnen die finanziellen Auswirkungen des geplanten

Gesundheitsfonds auf die Länderhaushalte. Um der Volksgesundheit nachhaltiger zu dienen, präsentiert die Koalition Überlegungen, das Rauchen in öffentlichen Einrichtungen, Restaurants und Diskotheken zu verbieten. Mit ein paar Tagen Verzögerung fällt ihnen dann auf, dass sie für eine solche Initiative in Konsequenz der Föderalismusreform I gar keine eigene Zuständigkeit mehr haben. Kanzlerin Angela Merkel will sich deshalb um eine einheitliche Regelung mit den Ländern bemühen, und das dauert vorerst. Bundespräsident Horst Köhler liefert den Regierenden einen zusätzlichen Anstoß, die Konsequenzen der Föderalismusreform gründlicher zu beachten. Nachdem er schon das Gesetz über die Privatisierung der Flugsicherung als vermeintlich verfassungswidrig nicht unterzeichnet hatte, stoppt er nun das Verbraucherinformationsgesetz, weil dafür jetzt die Länder zuständig seien. Die Koalitionsspitzen sind mit ihm dabei nicht einig, aber umstimmen können sie das Staatsoberhaupt in diesen strittigen Punkten nicht.

Es ist das undankbare Los des SPD-Vorsitzenden Kurt Beck, mit jeder eigenen Intervention eine Lawine von Beckmesser- und Besserwissereien loszutreten. Ruhige Tage unter dem Weihnachtsbaum in der pfälzischen Heimat hat sich der wackere Kurt auf diese Weise sauer verdient. Zuerst setzt er sich für eine Lohnpolitik ein, „die den Arbeitnehmern angemessene Lohnerhöhungen zubilligt". Angela Merkel lässt im Gegenzug die Öffentlichkeit wissen, bei den Tarifabschlüssen müsse Rücksicht auf nicht so starke Betriebe genommen werden. Spielraum für Lohnerhöhungen sehe sie nur in erfolgreichen Branchen. Ihr zur Seite und Beck in den Rücken springt EZB-Chef Jean-Claude Trichet. Gerade hat die EZB erst wieder aus Sorge vor einer Inflation den Leitzins um 1,5 Prozentpunkte auf 3,5 Prozent angehoben und damit der Konjunktur einen neuen Bärendienst erwiesen, da wird nachgeschoben: „Die Tarifpartner sollten nicht vergessen, dass sich die Arbeitslosigkeit in Europa auf zu hohem Niveau bewegt." Ja, hat das Kurt Beck übersehen? Nicht übersehen hat er einen arbeitslosen Hartz-IV-Empfänger, der ihn auf dem Wiesbadener Weihnachtsmarkt beschimpft und irgendwie genervt haben muss. „Wenn Sie sich waschen und rasieren, haben Sie in drei Wochen einen Job", zeigt sich Beck überzeugt. In der Tat: gewaschen, rasiert, und ohne Piercing – der Mann kann sich von mehreren angebotenen Jobs einen bei einer freien Rundfunkanstalt aussuchen. Kurt Beck antwortet es aus der ganzen Republik, so etwas funktioniere doch nur im Einzelfall und sei keine Lösung für alle Hartz-IV-Bezieher. Über die Feiertage wird er wohl zu grübeln haben, wieso er den Eindruck erweckt haben könnte, es verhielte sich anders. Angela Merkel darf salbungsvolle Worte zum Jahreswechsel über die öffentlich-rechtlichen Rundfunkanstalten verkünden. Das ist Amtsprivileg. Kurt Beck meldet sich auf den üblichen Wegen parteipolitischer Öffentlichkeitsarbeit mit der Mahnung, die Koalition habe mit ihren Reformvorhaben die „Grenze der Zumutbarkeit" erreicht, und sticht erneut in ein Wespennest. Widerspruch gibt es prompt wieder von der Kanzlerin: Die Arbeit an notwendigen Reformprojekten werde 2007 „unvermindert weitergehen". „Der größte Teil der Wegstrecke liegt noch vor uns." Auch Bundespräsident Horst Köhler belehrt: „Die notwendige grundlegende Erneuerung Deutschlands haben wir noch nicht geschafft. Da stehen wir erst am Anfang." Becks Kritiker ignorieren, dass er gar nicht von einem Reformstopp gesprochen hatte, sondern das Augenmerk auf Belastungsgrenzen zu richten versuchte. Ohne Gegenwind keine Profilbildung, mag sich Kurt Beck trösten, aber wie lange hält er das aus?

Lawinen entstehen über ein erstes leichtes Steinerollen. Die Öffentlichkeit erfährt zum ersten Mal etwas über Gabriele Pauli, CSU-Landrätin in Fürth. Die allmächtige Staatskanzlei des bayerischen Ministerpräsidenten Stoiber soll ihr privates Umfeld ausspioniert haben, weil die couragierte Dame als Stoiber-Kritikerin gilt. Wo Rauch ist, gab es tatsächlich auch Feuer. Ein paar Tage später muss sich Edmund Stoiber von seinem für diese Spitzelei verantwortlichen Bürochef trennen. Ein Sieg für die politische Hygiene, aber irgendwie doch nur eine Zwischenstation für weiteres Rumsägen am Amtssessel des etwas schlapp wirkenden bayerischen Löwen.

Eine bislang nur in der hessischen Landespolitik bekannte couragierte Frau, Andrea Ypsilanti, beginnt mit der Nominierung zur Herausforderin des Ministerpräsidenten Roland Koch einen Weg, auf dem sie noch beispiellose Unterstützung wie persönliche Anfeindung erleben wird. Sie gilt als aufrechte Kritikerin der Fehler aus der Schröder-Regierungszeit, verheimlicht nicht, die SPD als „linke Volkspartei" zu sehen, und will auf den Themenfeldern Bildungschancen, Toleranz und erneuerbare Energien in den 13 Monaten bis zur Wahl das Profil der Hessen-SPD schärfen. Auch der Amtsinhaber Roland Koch sorgt sich um das Profil seiner Partei. Ihm sei von Anfang an klar gewesen, dass eine große Koalition nur in kleinen Schritten vorankommen werde. Die Union und auch er selbst hätten sich jedoch geirrt in der Frage, „wie weit wir mit den Sozialdemokraten in der Gesundheitsreform kommen können". Besser soll alles in der nächsten Legislaturperiode werden. Roland Koch sieht voraus, es gehe dann um „mehr Flexibilität in unserer Gesellschaft in den Kernbereichen Arbeitsmarkt, Steuerrecht und Gesundheitspolitik". Die Nominierung der SPD-Spitzenkandidatin Andrea Ypsilanti nimmt er als Zeichen, es werde bei der Wahl einen Rot-Grünen Block geben. „Oberhalb der Kommunalpolitik wird es noch eine Reihe von Jahren dauern", bis die CDU an eine Koalition mit den Grünen denken könne. Kann man daran denken, dass dies so etwas wie ein „Wahlversprechen" bezüglich zukünftiger Koalitionen ist?

Wird die Welt 2007 eine bessere? Wer kann das schon wissen, aber auf der Liste der Weltschurken gibt es bis zum Jahresende drei prominente Abgänge: Slobodan Milošević, seit 2002 wegen Verbrechen gegen die Menschlichkeit, Kriegsverbrechen in Bosnien-Herzegowina, Kroatien und im Kosovo sowie wegen Völkermord inhaftiert, stirbt an einem Herzinfarkt (März). Kurz vor dem Jahreswechsel folgt ihm der chilenische Diktator Augusto Pinochet, verantwortlich für den Staatsstreich gegen Salvador Allende, massive Menschenrechtsverletzungen, politische Morde und 17-jähriger Unterdrückung der Freiheitsrechte in Chile. Der 91-jährige stirbt in seinem Bett. Der 69-jährige frühere irakische Staatschef Saddam Hussein stirbt am vorletzten Tag des Jahres am Galgen. Ein irakisches Sondertribunal hatte gegen ihn die Todesstrafe verhängt und ihm damit die Möglichkeit verweigert, bis zu einem natürlichen Lebensende über seine Schandtaten nachzudenken.

# Das Jahr 2007 – Probleme lösen oder aussitzen?

*EU- und G8-Profilierungschancen für die Klima-Kanzlerin – Pfusch auf der Baustelle Gesundheitsreform – Dauerzoff um Niedriglohn-Regulierung – Palastrevolte in der CSU – Kurs auf Rente mit 67 – Familienpolitik im Widerstreit – Eine globale Finanzkrise zieht herauf – Bremen: Die Linke im Parlament – Pflegeversicherung stabilisiert – Bürgerfreiheiten versus innere Sicherheit – Kanzlerin ohne Führungskraft – Meseberg-Klausur – Die SPD findet sich – Länger ALG I für ältere Arbeitslose – Beck is back – Koch ist jäck*

## Januar 2007

Für beide Regierungsparteien ist 2007 ein Entscheidungsjahr. Die Kanzlerin hat mit der EU-Ratspräsidentschaft und G8-Präsidentschaft beste Profilierungsmöglichkeiten im Parteienwettstreit. Seit Wochen rangiert die Union vor der SPD (aktuell 36 Prozent für die Union, 30 für die SPD, Grüne 11, FDP 11, Linke 8). Für die eigene Profilbildung ist die SPD auf Regierungserfolge angewiesen, gleichzeitig bleibt sie in Mithaftung für unzureichende Regierungsarbeit. Angela Merkel setzt in ihrer Neujahrsansprache gegen SPD-Chef Kurt Beck einmal mehr einen Nadelstich. Es solle weitergehen mit dem, was sie unter Reformen versteht. Die Menschen sollten sich 2007 nach dem Beginn der wirtschaftlichen Erholung nicht mit den ersten Erfolgen zufrieden geben. Der Aufschwung zeige, dass sich die Anstrengungen und Härten von Reformen nach einiger Zeit auszahlten. Kurt Beck mahnt als rheinland-pfälzischer Regierungschef in einer eigenen Neujahrsansprache, es komme darauf an, „die vorhandene wirtschaftliche Dynamik mit sozialer Verantwortung zu verknüpfen". „Jede und jeder in unserem Land – gleich welcher sozialen Herkunft – muss die Chance erhalten, am gemeinsam erarbeiteten Wohlstand teilzuhaben." Insbesondere dürfe die Chance zum Bildungserwerb nicht vom Geldbeutel der Eltern abhängen.

Regierungserfolge, die gibt es schon, wenn man sie an den Arbeitsmarktdaten 2006 festmachen will: Die Zahl der Arbeitslosen ist im Jahresdurchschnitt auf 4,49 Millionen gefallen, 374.000 weniger als 2005. 39,1 Millionen Menschen sind erwerbstätig, ein Plus von 258.000. Allerdings zählen dazu 4,9 Millionen Mini-Jobber (+ 107.000), 293.900 Ein-Euro-Jobs (+ 92.700), und rund 500.000 Zeitarbeiter (+ 100.000). Das Bruttoinlandsprodukt übertrifft um 2,5 Prozent den Vorjahresstand.

Allerdings sanken die Reallöhne 2006 um rund zwei Prozent, während die Einkommen aus Unternehmertätigkeit und Vermögen um 6,9 Prozent anstiegen. Die Frage, wer denn bislang vom Aufschwung besonders profitiert habe, ließe sich mit Bezug auf diese Fakten plausibel beantworten. Die Gewerkschaften jedenfalls ziehen daraus die Schlussfolgerung, einen Kurs expansiver Lohnpolitik einzuschlagen. Unklar bleibt, wie sich die zum 1. Januar wirksam werdende Erhöhung der Mehrwertsteuer von 16 auf 19 Prozent auf Wachstum und Arbeitsmarkt auswirken wird.

Nun schon zum dritten Mal meldet die Koalition, alles klar bei der Gesundheitsreform. Im dritten Anlauf habe man nun auch den Widerstand der CSU ausräumen können. Er hatte sich an der verhältnismäßig höheren Belastung Bayerns bei der Einzahlung in den geplanten Gesundheitsfonds gerichtet. Der letzte Stand: Es bleibt bei der Versicherungspflicht für alle. Der Versicherungswechsel wird erleichtert. Es gibt einen um eine Milliarde erhöhten Steuermittelzuschuss. Er gleicht aber noch nicht einmal den Verlust der Mittel aus, die bislang aus der Tabaksteuererhöhung in das Gesundheitssystem geflossen sind. Ansonsten bleibt es bei der Fülle von Regelungen, die eigentlich keiner so recht will und die nur einen fragwürdigen Nutzen stiften. Die Anbieter von Gesundheitsleistungen geraten nicht unter Spardruck. Beitragserhöhungen bleiben möglich. Probeabstimmungen in den Regierungsfraktionen zeigen, 50 bis 60 Abgeordnete wollen bei der endgültigen Verabschiedung im Bundestag Anfang Februar mit einem Nein votieren.

Unter keinem guten Stern stehen Koalitionsgespräche zur Niedriglohn-Beschäftigung. Die Union setzt auf Kopplungsgeschäfte und favorisiert Kombilöhne statt Mindestlöhne. Die SPD bringt ein Beschäftigungsprogramm für 100.000 Langzeitarbeitslose in die Debatte, findet für solche Ideen aber kein Echo. Schließlich lässt Kanzlerin Angela Merkel beim festgelaufenen Thema Mindestlöhne doch eine Offenheit für eine branchenbezogene Lösung erkennen. Arbeitsminister Müntefering hatte ein solches Konzept vorgestellt. Es sieht vor, auf Basis von allgemein verbindlich erklärten Tarifverträgen Mindestlöhne für einzelne Branchen einzuführen. Laut Müntefering könnten davon 4,4 Millionen Beschäftige profitieren.

Der am häufigsten genannte Name in der deutschen Politik ist im Januar der des ehemaligen Guantanamo-Häftlings Murat Kurnaz. Eindringlich berichtet er vor dem BND-Untersuchungsausschuss des Bundestages über Folterungen und Demütigungen, die er im rechtsfreien Raum dieses US-Lagers für mutmaßliche Terroristen erleiden musste. Die vormalige Regierung und der damalige Kanzleramtschef und jetzige Bundesaußenminister Frank-Walter Steinmeier sehen sich mit dem Vorwurf konfrontiert, seine Leidenszeit unnötig verlängert zu haben. Nach windigen Behauptungen aus Geheimdienstkreisen hätte der aus Bremen stammende Türke schon 2002 statt erst 2006 seine Freiheit wiedererlangen können, wäre ihm die Ausreise nach Deutschland erlaubt worden. Strittig wird beurteilt, ob die damaligen deutschen Verantwortungsträger zu Recht die Wiedereinreise des unter

Terrorverdacht stehenden Kurnaz verweigert haben. Der bedrängte Steinmeier verteidigt die Entscheidung „vor dem Hintergrund der damals vorhandenen Informationen". Die moralisch aufgeladene Debatte klammert nahezu einmütig die Frage aus, wieso und unter welchen Umständen ein Bremer Bürger Ende 2001 in Pakistan unter Terrorismusverdacht geraten konnte und festgenommen worden war. Ist er vielleicht nur aus Versehen bei botanischen oder kulturhistorischen Studien zwischen die Fronten der Taliban-Fanatiker und der US-Truppen in Gefangenschaft geraten? War er nicht irgendwie Kombattant? Sollte er selbst ein sogenannter „Glaubenskrieger" gewesen sein, rechtfertigt das zwar in keinster Weise seine erlittenen Misshandlungen, wirft aber ein anderes Licht auf die Entscheidungslage der damaligen Bundesregierung. Steinmeier insistiert zudem darauf, ein offizielles Freilassungsangebot der US-Regierung hätte niemals vorgelegen.

Ein neuer Silberstreif für die Staatskassen: Das Bundesverfassungsgericht erklärt die Ungleichbehandlung von Immobilien- und Geldvermögen bei der Erbschaftssteuer für verfassungswidrig. Häuser und Grundstücke müssen demnach im Erbschaftsfall spätestens von 2009 an nach ihrem realistischen Marktwert besteuert werden. Der Streit um die Konsequenzen in der Koalition beginnt bereits nach dem Urteilsspruch. Die SPD-Seite votiert für höhere Freibeträge, damit normale Einfamilienhäuser weiterhin steuerfrei vererbt werden können. Die Union meldet sich als Anwalt für vererbbares Firmenvermögen und bestätigt die Vermutung, die Koalition habe ein neues Feld für Profilierungsgefechte gewonnen, wobei der Fiskus sich wohl nicht mehr lange über zusätzliche Einnahmen freuen sollte.

Parteipolitik kann ja so gemein sein. Mit einem Teilsieg bei den Gefechten um die Gesundheitsreform im Gepäck reist Bayerns Ministerpräsident und CSU-Vorsitzender Edmund Stoiber zum jährlichen Treffen mit den Seinen nach Wildbad Kreuth. Angeschlagen ist er trotzdem. Die einen wollen ihn schon jetzt zum Spitzenkandidaten bei der Landtagswahl 2008 ausrufen, viele andere kungeln um Alternativen, während die Fürther Landrätin Gabriele Pauli schnörkelfrei nach einer personellen Veränderung an der Spitze ruft. Der Rest ist Theater. Die Koalition aus Heckenschützen, Thronerben, verborgenen und offenen Kritikern nehmen den „bayerischen Löwen" mehr und mehr in die Zange. Unhaltbar gerät seine Bekundung, bis 2013 regieren zu wollen. Die persönliche Popularität und die Umfragewerte der CSU brechen ein. Das war es dann. Tage später sieht es Edmund Stoiber ein: Sein Abgang von der Bühne ist unvermeidbar, soll aber erst mit einer Schonfrist bis zum 30. September vollzogen werden. Beim Diadochenstreit will schon keiner mehr auf ihn hören. Innenminister Günther Beckstein wird unangefochtener Erbe des Regierungsamtes. Um die Nachfolge an der Parteispitze rangeln weiter Bundesverbraucherschutzminister Horst Seehofer und der bayerische Wirtschaftsminister Erwin Huber. Wie unter Parteifreunden nicht unüblich, ist dabei alles erlaubt. Seehofers außereheliche Liebesaffäre mit Vaterschaftsfolgen gerät zum

Boulevardthema. Die respektlose Stoiber-Kritikerin Gabriele Pauli inszeniert sich als Femme fatale, verliert den öffentlichen Respekt, behält aber das Verdienst, die versteinerten CSU-Verhältnisse richtig zum Tanzen gebracht zu haben.

## Februar 2007

Die Streiter sind müde. Es gibt keine neue Schlacht um die Gesundheitsreform mehr. Bundestag und Bundesrat erteilen ihren Segen. 23 Unions-Abgeordnete und 20 Sozialdemokraten sagen zum Finale noch einmal tapfer Nein. Bei einer internen SPD-Fraktionsabstimmung hatte es noch 30 Neinsager gegeben. Wolfgang Zöller, Gesundheitsexperte der Union, spricht wohl allen aus der Seele: „Nehmen Sie mir ab, dass ich froh bin, wenn die Debatte heute zu Ende ist." Gesundheitsministerin Ulla Schmidt kann nur wenig Abgeordnete finden, die hinterher bei Schnittchen und Sekt feiern wollen, was die Ursprungserwartung so gründlich ruiniert hat, große Koalitionen könnten große Reformwerke hervorbringen. Immerhin, den Enttäuschten auf beiden Seiten bleibt die Hoffnung, das gemeinsame Werk unter veränderten Mehrheiten der nächsten Legislaturperiode nach eigenen Vorlieben korrigieren zu können.

Beide Koalitionsparteien wissen, die Hoffnung auf andere Mehrheiten kann aktuelle Gesetzgebungsarbeit nicht erübrigen. In der Pipeline ist die Unternehmenssteuerreform. Aber hat der Staat wirklich schon wieder so große Spendierhosen an, dass dabei für 2008 Steuerausfälle von acht Milliarden Euro verkraftet werden könnten. In den Folgejahren 2009 und 2010 wären Mindereinnahmen von 6,9 und 6,6 Milliarden hinzunehmen. Im Koalitionsausschuss war man ursprünglich noch davon ausgegangen, die Einnahmeausfälle auf fünf Milliarden Euro zu begrenzen. Weitere Konflikte sind vorprogrammiert.

Auch wenn in der öffentlichen Wahrnehmung von Politik Harmonie mehr geschätzt wird als der Streit, er macht doch das Wesen der Demokratie aus. Politiker der großen Koalition und ihre Interpreten verzichten allzu häufig darauf, diese Selbstverständlichkeit offensiv zu erläutern und zu verteidigen. So hat es oft den Anschein, Regierungsarbeit der großen Koalition erschöpfe sich darin, dass jeweils die eine Seite verwehrt, was die andere erwünscht. Klärungen dann im Tauschhandel, wobei die Kanzlerin versucht, es möglichst allen recht zu machen. Beispiele dafür gibt es genug. Aktuell sind es Kontroversen um ärztlich kontrollierte Heroinvergabe sowie um ein Rauchverbot in öffentlichen Räumen und in Kneipen. Gestritten wird ferner, inwieweit der Staat intervenieren kann und soll, um dem deutsch-französischen Flugzeugbauer Airbus dem Abbau von 3.700 Arbeitsplätzen auszureden oder zu verteuern. Auf der Wartebank liegt das Vorhaben, die Kfz-Steuer nach Schadstoffausstoß neu zu bemessen. Bund und Länder müssten sich einigen. Das bedeutet Sonderschichten für die Lobbyisten deutscher

Edelkarossenproduzenten. Die Ursula von der Leyen bringt wieder einmal die eigenen Reihen gegen sich auf. So plant die Ministerin 500.000 neue Plätze für Kinderbetreuung. Sie will dafür jährlich drei Milliarden Euro investieren, damit bis 2013 für 35 Prozent der Kinder unter drei Jahren Plätze in Krippen oder bei Tagesmüttern geschaffen werden können. Derzeit werden nicht einmal die Hälfte der Kleinkinder entsprechend betreut, was der konservative Parteiflügel der Union offenbar für völlig in Ordnung hält. Aus ihren bayerischen und baden-württembergischen Parteikreisen hört die Ministerin, sie dürfe die Traditionswähler nicht verschrecken und es sei falsch, das Familienmodell berufstätiger Mütter ins Zentrum politischer Aufmerksamkeit zu stellen. So etwas schreibt ihr sogar Unions-Fraktionschef Volker Kauder ins Pflichtenheft. Der selbe Volker Kauder springt der IG-Metall in der angelaufenen Tarifauseinandersetzung nach Art paradoxer Intervention mit der Mahnung zur Seite: „Nach Jahren der Lohnzurückhaltung sollten die Arbeitgeber in der Metallindustrie jetzt genau prüfen, was möglich ist." Und weiter: „Wir mischen uns nicht in Tarifverhandlungen ein, aber richtig ist schon: Dort, wo es möglich ist, muss der Spielraum für Lohnerhöhungen genutzt werden." Das alles ist Februar-Politik im Merkel-Land. Da wundert es nicht, dass ein prominenter Fähnleinführer des Neoliberalismus in der Union keine Lust mehr hat. Friedrich Merz will ab der nächsten Legislaturperiode nicht mehr dabei sein. Nicht nur beim politischen Gegner, sondern auch in den eigenen Reihen hält sich die Trauer in Grenzen. Entschieden widerspricht Merz aber einem Anfangsverdacht, eine eigene Partei gründen zu wollen. Wenn ihm schon die Karriere in der Merkel-CDU verwehrt bleibt, kann ihn auch in Zukunft niemand daran hindern, dem „Lockruf des Goldes" weiter zu folgen und als Mann der Wirtschaft in der Wirtschaft seinen privaten Reichtum zu mehren.

Reichtum zu mehren, das ist systematisches Anliegen der Deutschen Bank. Noch nie war ein Jahr so golden wie das abgelaufene 2006. Der Gewinn vor Steuern kletterte um ein Drittel auf 8,1 Milliarden Euro. Hatte Josef Ackermann, der Mann an der Spitze, noch heftige Schelte dafür einstecken müssen, ein Gewinnziel von 25 Prozent auf das eingesetzte Kapital proklamiert zu haben, sind es jetzt sogar 31 Prozent geworden. Entgegen ursprünglicher Ankündigungen, ist die Zahl der Beschäftigten doch noch leicht gestiegen. Den Finanzämtern kann Ackermann 2,2 Milliarden Euro überweisen. Könnte es immer so sein, wünschen sich Fiskus, Beschäftigte, Aktionäre und Josef Ackermann. Doch ist das realistisch? Immer mehr drängt sich die Frage auf, zu wessen Lasten Profitmargen in diesen Dimensionen erwirtschaftet werden. Wer will schon genau hinschauen, mit welchen Produkten in der Finanzwelt solche großen Räder in Schwung gehalten werden? Immerhin hat das nahezu unkontrollierte Agieren der Hedgefonds das Misstrauen der Bundesregierung geweckt. Es scheint, als hätten die schlechten Erfahrungen mit Heuschrecken-Überfällen und mit dem Ausweiden einstmals florierender mittelständischer Unternehmen sowie die gewerkschaftlichen Mahnrufe für eine Kontrolle der Finanzmärkte endlich einen Resonanzboden gefunden. Finanzminister Peer Steinbrück bringt das Problem auf die Tagesordnung der G-7-Staaten. Er erhofft sich dort zunächst einmal mehr Sensibilität für eine Bestandsaufnahme der Risiken. Steinbrück befürchtet, der Zusammenbruch von Hedgefonds könne eine „saftige Finanzkrise" auslösen. So steht es jedenfalls auf den hinteren Seiten der Zeitungen. Auf der ersten Seite gibt es die Beruhigungspille, Deutschland habe zum vierten Mal in Folge den Titel des „Exportweltmeisters" verteidigt. Die deutschen Exportleistungen 2006 summieren sich auf 894 Milliarden Euro, eine Steigerung um 14 Prozent. Wer in dieser Euphorie nicht schon den nächsten Rekordtitel anpeilt, sondern auf die Achillesferse der deutschen Wirtschaft – die schwache Binnenkonjunktur – verweist, muss sich wie ein Rufer in der Wüste fühlen.

## März 2007

Sacheinwände haben keine Chance mehr. Die Koalitionsregierung beschließt die Einführung der Rente mit 67, eines der unpopulärsten Vorhaben dieser Legislaturperiode. Volkes Wille ist das nicht. Drei Viertel sind gegen eine solche Veränderung. Nicht einmal die Hälfte der Erwerbstätigen kann heute bis 65 arbeiten, wie sollen dann zukünftig alle bis 67 in Arbeit bleiben oder Arbeit finden. Die Politiker sind zu ihrem Volk nicht ehrlich. Es geht offensichtlich mehr um die Kürzung der Rentenanwartschaften und um ein Dämpfen des Anstiegs der Rentenversicherungsbeiträge als um bessere Chancen für Ältere im Arbeitsleben. Das gleichzeitig beschlossene Programm Initiative 50-Plus wird als weiße Salbe empfunden. Besorgnisse der Bürgerinnen und Bürger, wie sie vor der Abstimmung erneut von den Gewerkschaften und den Sozialverbänden artikuliert worden waren, bleiben unberücksichtigt. Doch gibt es eine Revisionsklausel 2010. Im Lichte der dann verfügbaren Einsichten und Entwicklungen auf dem Arbeitsmarkt könnte dann die Dynamik gestoppt werde, die – beginnend 2012 mit dem Geburtsjahrgang 1947 – Zug um Zug die Lebensarbeitszeit bis 2029 auf 67 Jahre verlängert. Früherer Rentenbezug bleibt möglich, sofern Abschläge hingenommen werden. Nur wer 45 Jahre lang Rentenversicherungsbeiträge gezahlt hat, könnte abschlagfrei mit 65 Jahren sein Arbeitsleben beenden. Aktuell gehen Männer durchschnittlich mit 63,1 Jahren in den Ruhestand, Frauen mit 63,2 Jahren. Bemerkenswert ist, mehr Koalitionsabgeordnete stimmen gegen den Einsatz deutscher Tornados in Afghanistan als gegen die Rente mit 67.

Es ist der Monat der unpopulären Entscheidungen. Die Bundesregierung bringt die Unternehmenssteuerreform auf den Weg. Bis zum Sommer soll das Gesetzgebungsverfahren abgeschlossen sein. Kern ist die Reduzierung der regulären Steuerlast der Kapitalgesellschaften von jetzt 38,7 auf 29,8 Prozent. Kalkuliert werden Einnahmeausfälle bis 2011 in Höhe von 25 Milliarden Euro. Finanzminister Peer Steinbrück erwartet im parlamentarischen Verfahren noch ein Nachjustieren, verspricht sich nach einigen Jahren sogar Mehreinnahmen für den Fiskus. Seine Hoffnung gründet er auf die obligatorische Abgeltungssteuer von 25 Prozent auf Kapitaleinnahmen. Sie soll direkt von den Banken eingezogen werden und der Mentalität zur Steuerflucht entgegenwirken. Steinbrücks immer wieder verteidigte Handlungslogik: „25 Prozent auf X sind besser als 42 Prozent auf Nix". Die gutverdienenden ehrlichen Kapitalbesitzer müssen schon jetzt mit dem Spitzensteuersatz von 42 Prozent die staatlichen Kassen an den eigenen Kapitalgewinnen beteiligen. Folgt man dem Finanzminister, soll also mit der Wurst nach der Speckseite geworfen werden. Wie dumm nur, dass nicht alle Kritiker die Genialität seines Schachzuges anerkennen. Sie halten ihm vor, alle müssten höhere Mehrwertsteuern bezahlen, während Unternehmer und Kapitaleigner sich auf weitere Steuerentlastungen freuen dürfen.

Freude müsste im Konrad-Adenauer-Haus herrschen. Dank Familienministerin Ursula von der Leyen kümmert sich die CDU nach Ansicht der Wähler inzwischen mehr um Familien als die sozialdemokratische Konkurrenz. Das Problem der Union: Der Zuspruch für ihre Ministerin beruht auf ihrer sozialdemokratisch gefärbten Politik, die Vereinbarkeit von Familie und Beruf nachhaltig zu verbessern. Die konservative Stammklientel der Union hat mit diesem Anliegen immer noch ihr Problem. Der Koalitionsvertrag sieht vor, bis 2010 soll es 230.000 neue Betreuungsplätze für Kleinkinder geben. Die Familienministerin prescht mit dem Ziel vor, die Zahl der Krippenplätze bis 2013 auf 750.000 zu verdreifachen. Das geht ihren Parteifreunden zu weit. Kommando zurück auf das weniger ehrgeizige Ziel im Koalitionsvertrag. Wie soll Deutschland so den europäischen Schnitt erreichen? Für jedes dritte Kleinkind gehört ein Betreuungsplatz zum europäischen Standard. In den alten Bundesländern erreicht das bisherige Angebot gerade einmal acht Prozent.

Die SPD lässt nicht locker. Arbeitsminister Franz Müntefering drängt auf eine Regulierung des Niedriglohnsektors. Unions-Politiker wie Roland Koch und Günther Oettinger widersprechen seiner Absicht, gesetzlich gegen Löhne einzuschreiten, die mehr als 30 Prozent unter Branchen- oder Ortstarif liegen. Koch ist sich sicher, hier sei „jede staatliche Aktivität eher eine Arbeitsplatzvernichtung als eine Hilfe". Erstaunlich, mit welcher Kaltschnäuzigkeit Armutslöhne christdemokratische Verteidiger finden. Franz Müntefering will im nächsten Koalitionsausschuss eine Einigung suchen. CDU-Generalsekretär Ronald Pofalla signalisiert ihm, beide Seiten könnten sich doch darauf verständigen, solche Löhne gesetzlich für sittenwidrig zu erklären, die um ein Drittel unter orts- oder branchenüblichen Tarifen lägen. Nur ein scheinbares Zugeständnis. In manchen Branchen und Regionen wären nach dieser Regel selbst Stundenlöhne unter fünf Euro noch sittenkonform.

Welch ein Triumph der Reformbereitschaft im Föderalismus: Die Ministerpräsidenten der 16 Bundesländer wollen den Nichtraucherschutz ausdehnen. Alle ziehen noch an einem Strang bei öffentlichen Räumen, Krankenhäusern, Schulen und Kultureinrichtungen. In der Gastronomie reservieren sich die Niedersachsen Ausnahmen vom allgemeinen Rauchverbot. Verbraucherschutzminister Horst Seehofer beharrt darauf, tausende Menschen würden jedes Jahr an den Folgen des Passivrauchens sterben: „Da kann es keinen Kompromiss geben." Seine in Bayern regierenden Parteifreunde wollen mit einer restriktiven Landesregelung voranschreiten.

Besonders unangenehm ist den Bayern ein erneuter Vorstoß des Bundesumweltministers Sigmar Gabriel. Er will Alternativstandorte für ein Atomendlager suchen, um die Fixierung auf ein Endlager im niedersächsischen Gorleben zu durchbrechen. Ritualgemäß widerspricht Wirtschaftsminister Michael Glos (CSU) am lautesten. Was Laufzeitverlängerungen für Atomkraftwerke angehe, reklamiert der Wirtschaftsminister die eigene Mitsprache und ärgert damit im Gegenzug seinen SPD-Amtskollegen.

Die Europäische Union feiert den 50. Jahrestag der Römischen Verträge, die Geburtsurkunde des gemeinsamen Europa. Unter deutscher EU-Ratspräsidentschaft wird eine „Berliner Erklärung" verabschiedet. Bis zu den Wahlen zum EU-Parlament 2009 will man die Grundlage der Zusammenarbeit nach dem vorläufig gescheiterten Verfassungsentwurf auf eine neue Vertragsgrundlage bringen. Die Gewerkschaften drängen auf ihrem Europäischen Sozialstaatskongress in Berlin auf ein gemeinsames europäisches Sozialmodell. DGB-Vorsitzender Michael Sommer mahnt, die große Mehrheit der Bürger erwarte ein soziales Europa und keine europäische Union des Lohndumpings und der Steuerflucht. Soziale Grundrechte müssten in einer EU-Verfassung verankert werden und nicht nur Verfahrensregeln für zügigere Entscheidungen.

Für neuen Zoff im Beziehungsgebälk der beiden EU-Nachbarn Deutschland und Polen sorgt klischeegerecht einmal mehr die Unions-Abgeordnete und Vertriebenen-Präsidentin Erika Steinbach. Sichtlich getroffen von den nicht immer netten kontinuierlichen polnischen Vorbehalten gegenüber ihrer Person, kontert sie: „Die Parteien, die in Polen regieren, sind mit den deutschen Parteien, Republikaner, DVU und NPD vergleichbar. Da kann man nicht allzuviel erwarten." Was Erika Steinbach bezweckt, gelingt ihr auch: Sie verfestigt ihre Sonderrolle auf dem national-konservativen Flügel ihrer Partei und bindet das für solche Duftmarken empfängliche Stammpublikum der Union.

## April 2007

Regieren Union und SPD wirklich gemeinsam? Es wird gestritten, als ginge es schon jetzt um Geländegewinne zu Wahlzeiten. Doch ist noch nicht einmal Halbzeit. Dass Innenminister Wolfgang Schäuble ein Freund verschärfter Sicherheitsgesetze ist, die ihm die Justizministerin Brigitte Zypries stets eifrig verweigert, gehört zum

Klassiker im Koalitionsstreit. Aktuell geht es um Pläne, die Einschränkungen für Rasterfahndungen aufzuheben, heimliche Online-Durchsuchungen von Computern zu legalisieren, die LKW-Maut-Daten für die Verbrechensbekämpfung zu nutzen und sogenannte Lauschangriffe zu erleichtern. Schließlich möchte Schäuble noch Fingerabdrücke auf dem Reisepass und bei den Meldebehörden speichern lassen. Stoff genug für wochenlangen Streit mit den SPD-Rechtspolitikern.

Wirtschaftsminister Michael Glos stört den Koalitionsfrieden mit Steuersenkungsvorschlägen, obwohl die gar nicht im Koalitionsvertrag stehen. Auf Zurechtweisungen des Koalitionspartners grummelt er: „Ich muss ja meinen wirtschafts- und finanzpolitischen Sachverstand nicht an der Garderobe abgeben, nur weil ich Mitglied im Kabinett bin." Eine pikante Bemerkung, nicht viele vermuten beim Wirtschaftsminister so etwas wie Sachverstand. Immerhin reicht es, um die Sozen kontinuierlich zu ärgern.

Nicht nur die Inflation törichter Einlassungen aus der Union gegen eine Regulierung des Niedriglohns lässt schließlich den SPD-Geduldsfaden reißen, sondern die aus der Unionsfraktion öffentlich geäußerte alte Liebe für ein Land ohne Erbschaftssteuer. Für Kurt Beck „der casus belli" (Kriegsfall). Die SPD will jetzt beim Thema Regulierung und Begrenzung der Niedriglöhne die Union durch eine Unterschriftenaktion unter Druck setzen. Als der Plakatkünstler Klaus Staeck in den siebziger Jahren höhnte, die SPD werde den Arbeitern ihre Villen im Tessin wegnehmen, ging ein kollektives Schmunzeln und Erkennen durch die Republik. Wenn CDU-Generalsekretär Ronald Pofalla einen gesetzlichen Mindestlohn zum „süßen Gift" erklärt, das Arbeitsplätze zerstören werde, ist vielleicht zu erwarten, eine Unterschriftenaktion der SPD könnte Anstöße geben, um ähnliche kollektive Erkenntnisgewinne auszulösen. Die gesetzlichen Mindestlöhne für Notare, Rechtsanwälte, Architekten usw. haben jedenfalls deren Arbeitsplätze noch nicht in Gefahr gebracht.

Mit zwiespältiger Sympathie begleiten die Sozialdemokraten die Familienpolitik der christdemokratischen Ministerin Ursula von der Leyen. Ihren Kurs, einen Krippenplatz für jedes dritte Kind, trägt die SPD mit. Doch beim Thema Finanzierung hört die Unterstützung auf. Im Streit um die Kostenaufteilung zwischen Bund, Ländern und Kommunen bleibt der schwarze Peter vorerst bei der Kanzlerin. Angela Merkel funkt zum Ärger der konservativen Traditionswähler in familienpolitischen Fragen auf gleicher Wellenlänge mit der Familienministerin. Welche Spannungen sie in der eigenen Partei aushalten müssen, verdeutlicht exemplarisch ein Zwischenruf zur laufenden Debatte des Augsburger Bischofs Walter Mixa. In der außerfamiliären Betreuung von Kleinkindern befürchtet er die „Wiederkehr der DDR-Verhältnisse". Von der Leyens Politik hält er für „zutiefst unsozial und familienfeindlich". Der CDU-Politikerin wirft er vor, veraltete feministische Forderungen zu bedienen, wenn sie die Berufstätigkeit von Müttern forciere. Ursula von der Leyen will sich dennoch nicht unterkriegen lassen. Die Medien lassen es sich nicht entgehen, dies mit dem aktuellen Stilwechsel ihrer Haarfrisur zu illustrieren, von gouvernantenhaft-streng zu modern-locker.

Vielleicht liegen in der Koalition deshalb die Nerven blank, weil der SPD-Vorsitzende Kurt Beck sicherlich nicht gerne gelesen hatte, dass laut Forsa-Umfrage die SPD in der Wählergunst weiter hinter der Union rangiert. Die Union liegt bei 37 Prozent, die SPD verharrt auf 26. Schlimmer noch: 39 Prozent der SPD-Anhänger würden in einer Direktwahl lieber Angela Merkel ins Kanzleramt wählen als ihren eigenen Parteivorsitzenden (35 Prozent). Erklärt wird das mit dem Vorteil der internationalen Auftritte der Kanzlerin, während der biedere rheinland-pfälzische Landesvater Kurt Beck besonders bei der großstädtischen und weiblichen Wählerschaft Charismaprobleme nicht überwinden kann.

Günther Oettinger, Ministerpräsident in Baden-Württemberg, setzt sich schwer in die Nesseln. Bei der Trauerfeier für den verstorbenen früheren Regierungschef Hans Filbinger stellt er abenteuerliche Behauptungen auf. Demnach wäre Filbinger kein Nationalsozialist gewesen: „Er war ein Gegner des NS-Regimes. Allerdings konnte er sich den Zwängen des Regimes ebenso wenig entziehen, wie Millionen andere (...) es gibt kein Urteil von Hans Filbinger, durch das ein Mensch sein Leben verloren hätte." Oettingers Versuch, mit dieser Geschichtsklitterung dem rechten Flügel seiner Partei die Trauerarbeit um einen seiner Protagonisten zu erleichtern, missglückt völlig. Historisch gesichert ist Filbingers Mitgliedschaft in der NS-Kampforganisation Sturmabteilung (SA). In allen Archiven lässt sich außerdem nachlesen, der von 1966 bis 1978 in Baden-Württemberg regierende Hans Filbinger musste zurücktreten, nachdem bekannt geworden war, dass er als NS-Marine-Richter gegen Ende des zweiten Weltkriegs an mehreren Todesurteilen gegen Deserteure mitgewirkt hatte. Filbinger posthum zum Nazi-Gegner zu machen, ist nicht nur kontrafaktisch, sondern frech. Erst Parteichefin Angela Merkel kann Günther Oettinger zwingen, historische Tatsachen nicht länger zu leugnen. Auf dem Bürgersteig vor der CDU-Zentrale spricht er kleinlaut in die Kameras und Mikrofone: „Ich halte meine Formulierung nicht aufrecht, sondern distanziere mich davon". Damit herrscht wieder Ruhe im Unions-Laden, aber eine Freundschaft zwischen Oettinger und Merkel wird wohl nicht mehr entstehen.

Die Chaos-Theorie lehrt: Selbst der Flügelschlag eines Kolibri könnte zum Auslöser einer Katastrophe werden. Erste Zeitungsmeldungen beschäftigen sich mit einem erstaunlichen Phänomen: Rund 70 Prozent der US-Amerikaner wohnen inzwischen im eigenen Heim. Anschaffungskredite sind für jedermann problemlos zu haben. Heute für 100.000 Dollar gekauft, werde das eigene Heim im nächsten Jahr bereits im Wert erheblich steigen, so dass die Kreditrückzahlung risikolos erscheint. Der Boom hält an. Die Eigenheimfinanzierer entwickeln immer neue Strategien, die Rückzahlungsrisiken in der internationalen Finanzwelt breit zu streuen. Bisher läuft das alles noch prima.

## Mai 2007

Die einzige Landtagswahl im Jahr 2007 findet im kleinsten Bundesland Bremen statt. SPD-Bürgermeister Jens Böhrnsen hatte vom Amtsvorgänger Henning Scherf eine große Koalition geerbt und muss sie jetzt nicht mehr weiterführen. Die neuen Kräfteverhältnisse in der Bremer Bürgerschaft: SPD 36,8 (-5,5), CDU 25,6 (-4,1), B90/ Die Grünen 16,4 (+3,6), Die Linke 8,4 (PDS 2003: 1,6), FDP 5,9 (+1,7). Der Wähler mag die Großkoalitionäre nicht, obwohl sie konfliktarm und effizient regiert hatten. Die Grünen erreichen ein Spitzenergebnis. Die Linkspartei zieht trotz unattraktiven Personalangebotes erstmals in ein westdeutsches Landesparlament ein. Wähler haben sie von allen Parteien abgeworben. Es ist ihnen zudem erheblich gelungen, vormalige Nichtwähler zu aktivieren. Und sie konnten auch von der Protesthaltung früherer Rechts-Außen-Wähler profitieren. So sagen es die Wahlforscher. Die Wahlbeteiligung sinkt um 3,8 auf 57,6 Prozent, was die Nicht-Wähler zur stärksten Gruppierung wachsen lässt. Schnell ist klar, Rot-Grün will eine neue Chance nutzen. Selbst auf Bundesebene sind schwarz-gelbe Mehrheiten keineswegs zwangsläufig. „BILD am Sonntag" titelt: „Umfragesensation. Deutschland kippt nach links." Doch, man weiß es ja, Stimmungsmehrheiten sind noch lange keine Gestaltungsmehrheiten.

Die gegenwärtig in Berlin regierende Gestaltungsmehrheit quält sich über den sogenannten „Krippen-Gipfel". Nach monatelangem Streit ist man sich einig. Ab 2013 gibt es einen Rechtsanspruch auf einen Platz in der Kinderkrippe oder bei Tagesmüttern. Brief und Siegel gibt es zugleich für Ursula von der Leyens Zielvorgabe, bis dahin die Krippenplätze auf 750.000 zu verdreifachen. Der Bund ist mit einem Drittel der Investitions- und Betriebskosten beteiligt. Ob die Einigung einschließt, dass für Eltern, die ihre Kinder zu Hause erziehen, ein Betreuungsgeld gezahlt wird, beurteilen die Koalitionslager uneinheitlich. Was für die einen eine Art „Herdprämie" ist, die Frauen vom Wiedereinstieg in den Beruf abhalten könnte, erfreut die Anhänger konservativer Familientraditionen. Die Berliner Gestaltungsmehrheit bekommt im Mai auch noch die Unternehmenssteuerreform durch den Bundestag. Ab 2008 nimmt der Staat dadurch jährlich etwa 30 Milliarden Euro weniger ein. Er will aber durch Wegfall von Steuervergünstigungen und das weitere Versperren von sogenannten Steuerschlupflöchern das Minus in den Grenzen von fünf Milliarden Euro halten.

Alles neu macht der Mai. Jedenfalls sinkt die Zahl der Erwerbslosen auf den niedrigsten Stand seit November 2001. 732.000 Menschen sind weniger arbeitslos als im Mai 2006. Jetzt müssten die Menschen endlich durch höhere Löhne am konjunkturellen Aufschwung teilhaben, fordern die Gewerkschaften zum Tag der Arbeit unter dem Motto „Du hast mehr verdient!".

Ob auch RAF-Terroristen, die verquast politisch motiviert gemordet hatten, im deutschen Rechtssystem nach langer Haftzeit Anspruch auf Begnadigung haben, wird tagelang strittig beurteilt. Wie schon zu den furchtbaren Zeiten des aktiven RAF-Terrors profiliert sich die CSU als Feste Burg des Law and Order. CSU-Generalsekretär Markus Söder droht dem Bundespräsidenten Horst Köhler, eine Begnadigung des Terroristen Christian Klar sei eine „schwere Hypothek" für seine Wiederwahl. Alle, die dem Bundespräsidenten Ähnliches auch weniger plump signalisiert hatten, haben ihm geschadet. Köhlers Entscheidung gegen eine Begnadigung bleibt unter Verdacht, nicht unbeeinflusst getroffen worden zu sein.

## Juni 2007

Das Halbjahr der deutschen G8- und EU-Ratspräsidentschaft geht zu Ende. Drei Tage lang beraten die Staats- und Regierungschefs der G8-Runde im Ostseebad Heiligendamm, wie es weitergehen soll mit Klimaschutz, internationaler Zusammenarbeit mit den Schwellenländern und der Weltwirtschaft. Nicht einmal US-Präsident George W. Bush will beim Fassen guter Vorsätze Spielverderber sein. Bis 2050 sollen die weltweiten $CO_2$-Emmissionen halbiert werden, die USA und Russland widersprechen nicht. Die Perspektiven für ein Nachfolgeabkommen zum 2012 endenden Kyoto-Protokoll sind besser geworden. Der Dialog mit Schwellenländern wie Brasilien, China, Indien, Mexiko und Südafrika wird am letzten Verhandlungstag schon praktiziert. Die deutsche Verhandlungsleitung zeigt sich besonders stolz, weil es ihr gelungen ist, das Geschäftsgebaren der Hedge-Fonds auf die Tagesordnung der Beratungen zu setzen.

G8-Gipfeltreffen sind schon lange ein Magnet für breite Protestbewegungen der Globalisierungskritiker. Das ist auszuhalten, obwohl sich auch diesmal Polit-Hooligans unter die Protestierer mengen, um kräftig aufzumischen. Besonders besonnen reagieren die deutschen Polizeikräfte darauf nicht. Der Schutz eines breiten Absperrzaunes rings um Heiligendamm gerät mitunter zum Selbstzweck. Die Staatsmacht begegnet den Demonstranten völlig überzogen mit Tornadoüberflügen, Panzerspähwagen und demonstrativ zur Schau gestellter Waffengewalt.

Die EU-Ratspräsidentschaft endet für Angela Merkel nach harten Verhandlungen in Brüssel mit einem neuen Reformvertrag für die EU. Einzelheiten sollen bis Ende des Jahres ausgearbeitet werden. Nach dem Scheitern einer gemeinsamen EU-Verfassung haben die 27 Staats- und Regierungschefs der Europäischen Union ihren Willen bekräftigt, die Handlungsfähigkeit der EU-Gremien zu stärken. Es wird Angela Merkel persönlich zu Gute gehalten, polnische wie britische Widerstände ausgeräumt oder mit Kompromissvorschlägen aufgefangen zu haben.

Das erfolgreiche Agieren in der Arena der internationalen und der europäischen Politik erspart der Kanzlerin nicht das Wiedereintauchen in die nationalen Problemfelder. Auf den zwei Dauerbaustellen Pflegeversicherung und Niedriglohnregulierung werden neue Wegweisungen vom Koalitionsausschuss erwartet. Was

die Pflegeversicherung betrifft, kann das Thema tatsächlich für diese Legislaturperiode abgehakt werden. Es gibt kein vorgezogenes Experiment mit einer Kopfpauschale, wie sie die Union für den gesamten Gesundheitsbereich favorisiert und
die SPD entschieden ablehnt. Erreicht ist eine Anpassung bei der Finanzstruktur
der Pflegeversicherung. Die Beiträge steigen ab 2008 um 0,25 Prozent. Im Gegenzug soll es zu einem Absenken des Arbeitslosenbeitrages um 0,3 Prozent kommen.
Neu ist, auch Demenzkranke haben nunmehr Anspruch auf Pflegeversicherungs-
leistungen. Die Koalitionspartner geben sich überzeugt, mit diesen Vereinbarungen bis 2009 über die Runden zu kommen.

Anders sieht die Situation beim gesetzlichen Mindestlohn aus. Definitiv steht
fest: Die Union will nicht. Arbeitsminister Franz Müntefering reagiert empört. Er
muss wohl damit gerechnet haben, die Kanzlerin werde ihm im Gegenzug zu seiner
Eilfertigkeit bei der Rente mit 67 in der Frage der gesetzlichen Niedriglohnabsiche-
rung entgegenkommen. Die Kanzlerin zahlt diesen Preis nicht. Ihr Zugeständnis
erstreckt sich auf das Ausweiten des Entsendegesetzes über Branchen, bei denen
es eine Tarifmächtigkeit gibt. In den anderen Beschäftigungssegmenten sollen
mit einem novellierten Gesetz für Mindestarbeitsbedingungen Armutslöhne verhindert werden. Nach nervender Nachtsitzung kommentiert der höchst verärgerte
Müntefering die Trennlinie in der Regierung: „Die Lehre daraus ist, dass man den
Mindestlohn nicht mit der Union machen kann, sondern gegen sie machen muss."
Der Vizekanzler wirft der Kanzlerin vor, die Politik des Arbeitgeberverbandes BDA
zu exekutieren. Wieder findet sich ein Politikfeld, auf dem sich Grenzverschiebun-
gen erst nach der nächsten Bundestagswahl erreichen lassen.

Bis zur nächsten Bundestagswahl wollen sich Linkspartei, ehemals PDS, und
die Wahlalternative Arbeit und soziale Gerechtigkeit (WASG) schon längst zu
einer neuen Partei unter der Bezeichnung „Die Linke" zusammengeschlossen haben. Die Hochzeit wird jetzt vollzogen. Die WASG bringt ihre 11.000 Mitglieder
in die nun rund 72.000 Mitglieder starke neue Partei ein, die damit ihr ersehntes
West-Brüderchen bekommt. Raider heißt jetzt Twix, aber ansonsten ändert sich
nix. So hatten die Werbetexter in den Achtzigern für einen umdesignten Schoko-
riegel geworben. Die PDS heißt jetzt „Die Linke", aber was ändert sich? Lothar
Bisky und Oskar Lafontaine werden zu gleichberechtigten Frontmännern gewählt.
Was die SPD hinter sich hat, damit muss jetzt „Die Linke" irgendwie zurecht-
kommen. Als Erben der SED – rund 50.000 Mitglieder waren zuvor Mitglied der
DDR-Staatspartei – hat man noch hinreichende Erfahrung, vor einem Saarländer
zu kuschen. Größte Lernaufgabe der neuen Lafontaine-Bisky-Partei dürfte sein,
in den politischen Alltagsauseinandersetzungen immer wieder erkennen zu müssen, dass man sich zwar „Die Linke" nennen kann, trotzdem mit diesem Anspruch
immer nur einen Teil der politischen Linken repräsentiert, und wohl auch nur den
deutlich kleineren.

# Juli 2007

Die Regierung der großen Koalition bleibt um das Wohl der Bürgerinnen und Bürger besorgt, selbst wenn das keine großen Schlagzeilen wirft. Es sind nicht mehr die internationalen Gipfeltreffen, die Ruhm versprechen. Ihren Ruf als Klimakanzlerin verteidigt Angela Merkel couragiert auf dem heimischen Energiegipfel mit Vertretern der Wirtschaft, Umwelt- und Verbraucherverbänden. Ein Weiter-so könne es nicht geben. So lässt sich die Kanzlerin zitieren, was ihr immer noch jedes Tor offen lässt. Die Vertreter der Energiewirtschaft mäkeln erneut gegen den Ausstieg aus der Atomenergie. Von einer Laufzeitverlängerung bestehender Atomkraftwerke versprechen sie sich anspruchsvollere Klimaschutzziele, mehr Versorgungssicherheit und niedrigere Strompreise. Aktuelle Störfälle im Atomkraftwerk Krümmel passen gerade nicht in die Argumentationslandschaft. Das Streit-Duo Michael Glos/ Sigmar Gabriel darf mit widersprüchlichen Empfehlungen die Bälle ins jeweils andere Spielfeld treiben.

Das andere routinierte Streit-Duo Wolfgang Schäuble/ Brigitte Zypries bekriegt sich auf dem Feld der inneren Sicherheit. Schäuble legt neu vor mit Spekulationen über rechtliche Probleme bei der hypothetischen Tötung von Terroristen. Es sei dabei doch nur um eine Fallkonstruktion und nicht um eine generelle Regelung gegangen, gegen terrorverdächtige Personen durch gezielte Tötungen vorzugehen, lässt er später klarstellen. Findige Journalisten haben längst die Masche des Innenministers durchschaut. Die Frankfurter Rundschau dokumentiert, wie der Bundesinnenminister in einer Abfolge von Interviews immer neue Ideen für schärfere Sicherheitsgesetze auf den Markt wirft. Dabei geht es um den Abschuss von Passagiermaschinen, noch engere Rasterfahndungen, zentrale Fingerabdruckdateien, noch größere Lauschangriffe und die Online-Durchsuchung. Die Justizministerin eilt ihm hinterher, um die Tassen wieder zurechtzurücken. Öffentliche Empörung quittiere Schäuble „erstaunt", „überrascht", „verärgert" oder kontert sie mit dem Hinweis, er sei falsch verstanden worden. Im aktuellen Fall sieht sich sogar Bundespräsident Horst Köhler herausgefordert, dem Innenminister zu widersprechen. Es sei nicht optimal, wie dieser stakkatohaft neue Vorschläge zur inneren Sicherheit vorlege. Überlegungen zur gezielten Tötung von Terroristen kommentiert er in einem ZDF-Interview: „Ich selber habe so meine Zweifel, ob man zum Beispiel Dinge wie die Tötung eines vermeintlichen Terroristen ohne Gerichtsurteil so von der leichten Hand machen kann." Wolfgang Bosbach, CDU-Innenexperte und immer bei der Hand, wenn sich Schäuble in Schwierigkeiten gebracht hat, rüffelt zurück, der Innenminister mache nicht ständig neue Vorschläge, sondern „seine Arbeit", wenn er versuche, die Sicherheitslücken zu schließen, wobei sich der Koalitionspartner verweigere.

Familienministerin Ursula von der Leyen ruht sich nicht lange auf den Lorbeeren des erfolgreich absolvierten „Krippengipfels" aus. Als neue Zielsetzung formuliert sie die Erhöhung des Kindergeldes ab 2009, wobei beim zweiten, dritten und vierten Kind jeweils mehr Kindergeld gezahlt werden solle. Erfahrungsgemäß fallen jedoch beim ersten Kind und nicht erst bei allen folgenden überproportionale Kosten an, ohne dass dies bislang bei der Kindergeldhöhe entsprechend berücksichtigt worden wäre. Einen entsprechenden Reformbedarf ignoriert die Ministerin und siebenfache Mutter.

Beim Sortieren zwischen sinnig und unsinnig zu helfen, das ist nicht das vorrangige Anliegen der Kanzlerin. „Jeder führt auf seine Weise." „Führung führt nicht dazu, Meinungsunterschiede zu überbrücken." So lauten zwei Kernsätze der Kanzlerin vor der Bundespressekonferenz zum Thema „Bilanz und Ausblick". Kein Wunder, dass sich auch SPD-Chef Kurt Beck um einen eigenen Ausblick bemüht. Der allgemeine Stimmungstrend ist kein Genosse mehr. Wäre schon Wahltermin, käme die SPD auf 28, die Union auf 38 Prozent. Mit den Grünen, sie werden auf zehn Prozent gehandelt, reicht es auch nicht. Die Linke (elf Prozent) scheidet aus. Bleibt nur noch die Ampelkoalition mit der FDP (zehn Prozent). Beck: „Ich glaube, es gibt für uns ausreichend Schnittmengen, um sowohl mit der FDP als auch mit den Grünen zusammenarbeiten zu können." In der Regenbogenpresse und im politischen Sommerloch ist die Spekulation „Wer mit Wem?" äußerst beliebt. Fritz Kuhn von den Grünen bereichert das Beziehungsgeflüster mit Skepsis gegen die Jamaika-Gelüste aus CDU-Kreisen: „Die verbalen Annäherungen sind größer geworden. Die Sonntagspredigt ist angegrünt. Werktags passiert genau das Gegenteil. Im CDU-Programm steht das Wort Integrationsland und im selben Moment verschärft die Union das Zuwanderungsgesetz. Verteilungsgerechtigkeit spielt in dem ganzen Programm gar keine Rolle. Und die Ökologisierung der CDU ist absolut oberflächlich." Er antwortet so auf ein Liebeswerben von Wolfgang Schäuble, der schwarz-grün für eine Option erklärt hatte. Was für Kuhn nicht geht: „Rot-Rot-Grün ist kein Projekt, das wir anstreben sollten. Aus meiner Sicht kann es das 2009 und darüber hinaus nicht geben. So wie sich die Linken derzeit programmatisch und im Bundestag aufstellen, sind sie nicht koalitionsfähig – weder außen- noch innenpolitisch." Was bleibt, da funkt Kuhn auf gleicher Wellenlänge wie der SPD-Vorsitzende: „Wer Rot-Grün gemacht hat, traut sich auch eine Ampel zu. Zugleich spüre ich bei unseren Wählern und Mitgliedern eine deutliche emotionale Abwehr gegen die FDP. Auch in einer Jamaika-Koalition wäre deshalb nicht die CDU das Hauptproblem, sondern die FDP. Insofern werden Dreierbündnisse schwierig, aber wir haben gelernt, schwierige Situationen zu meistern." Kurt Beck, der in der rheinland-pfälzischen Landespolitik gelernt hat, eine schwierige FDP zu meistern, traut sich das auch auf Bundesebene zu, bleibt sich jedoch bewusst, erst einmal das Bundestagswahlergebnis 2005 von 34,2 Prozent übertreffen zu müssen. Immer wieder dazu genötigt, lehnt er ein vorzeitiges Ausrufen eines Kanzlerkandidaten ab und beweist damit mehr politische Klugheit als seine Kritiker wahrnehmen wollen.

Verbraucherschutzminister Horst Seehofer lässt im Hinblick auf seinen Ehrgeiz, CSU-Chef zu werden, die ganze Republik an der Entscheidung teilhaben, er werde bei seiner Familie bleiben und nicht zur Berliner Geliebten wechseln. Die wird seine außereheliche Tochter alleine aufzieht. Gabriele Pauli, Fürther CSU-Landrätin und derzeit bekannteste CSU-Frau, nutzt ihre Chance, nach ein paar Wochen Sendepause wieder Schlagzeilenruhm zu ernten. Im September will sie Edmund Stoiber nicht nur zur Strecke gebracht haben, sondern in Konkurrenz zu Horst Seehofer und Erwin Huber auch selber beerben.

Der Deutsche Aktienindex (DAX) übertrifft mit 8151 Punkten das letzte Allzeithoch vom Januar 2000. Auch der Dow-Jones-Index klettert auf den höchsten Stand seiner Geschichte. An asiatischen Aktienmärkten herrscht Kaufrausch. Alles bestens? Es gibt Marktbeobachter, die sprechen trotzdem von einer drohenden Rezession mit weltweiten Auswirkungen. Die Häuserpreise in den USA sinken, während Hypothekenzinsen steigen und immer mehr Kunden der Hypotheken-Finanzierer ihre Schulden nicht mehr bedienen können. Kann das die weltweiten Kursfeuerwerke auf den Aktienmärkten erschüttern?

## August 2007

Im politischen Sommerloch entsteht diesmal kein Sturm. Nicht einmal laue Winde trüben den Urlaubsgenuss der Spitzenpolitiker. Kurt Beck bringt sich durch eine Sommerreise an die Küste dem Wahlvolk in Erinnerung. Angela Merkel absolviert zusammen mit ihrem diskreten Ehepartner Joachim Sauer Opernbesuche in Bayreuth und Salzburg. Für eine Stippvisite nach Grönland zum Fototermin vor Eisbergen, die vom Klimawandel bedroht werden, nimmt sie allerdings ihren Umweltminister Sigmar Gabriel mit. Der nutzt die Gelegenheit gerne, sich mit rotem Anorak und der Kanzlerin zu präsentieren, denn er besitzt als Pate des neuen Berlin-Lieblings Eisbärbaby Knut bereits einschlägige PR-Routine.

Schon die Ouvertüre zur zweiten Halbzeit der Regierungskoalition enthält schräge Töne. Fordern Unionspolitiker eine Erhöhung der Hartz-IV-Sätze, kontern Franz Müntefering und Peer Steinbrück mit dem Hinweis, dies sei nur in Verbindung mit der Einführung eines Mindestlohns finanzierbar. Mit einer schönen Vorlage für die zweitägige Halbzeitklausur der Koalitionsparteien in Meseberg empfiehlt sich SPD-Vize und Finanzminister Peer Steinbrück. Ihm ist aufgefallen: „Den Leuten kommen wir im Moment wie eine Heulsuse vor: Wir ziehen einen Flunsch wegen der Popularität der Kanzlerin. Wir gucken verkniffen auf das Phänomen der Linkspartei. Wir klagen darüber, dass die Globalisierung uns erwischt, obwohl Deutschland davon profitiert. Wir heulen, weil wir Reformpolitik machen müssen. Wir heulen ein bisschen über Hartz IV und über die Agenda 2010. Da sagen die Menschen: Wenn die sich nicht vertrauen, warum soll ich ihnen vertrauen?" Auf solche SPD-Befindlichkeiten nimmt die Koalitionsrunde in ihren Klausurberatungen keine Rücksicht. Demonstrative Harmonie steht auf dem Spielplan, da mag es die SPD noch so sehr ärgern, dass viele Vorhaben auf ihrem Mist gewachsen sind, der Union dennoch mehr genutzt haben. Die Union könne sich in der Koalition stärker durchsetzen als die SPD, antworten bei einer Befragung 71,8 Prozent. 41 Prozent sind überzeugt, die Regierung habe die Situation in Deutschland in den vergangenen zwei Jahren „etwas verbessert". Drei Prozent halten die Lage für „sehr verbessert". Für knapp 36 Prozent erscheint sie unverändert. „Etwas verschlechtert" oder „sehr verschlechtert", meinen elf bzw. 7,5 Prozent. Die SPD bleibt im Stimmungstief (26 Prozent, Union 38 Prozent), doch so richtig freuen kann sich in der Union eigentlich auch niemand. Trotz verbesserter ökonomischer Situation, trotz hoher internationaler Reputation der Kanzlerin, trotz einer SPD im Meinungs-Tief, die Union hat ihre Wählerunterstützung früherer Jahre mit Werten über 40 Prozent verloren. Selbst für Schwarz-Gelb gibt es keine Regierungsperspektive. Bei vielen Kernthemen der Regierung (Renten mit 67, gesetzlicher Mindestlohn, Atomausstieg, innere Sicherheit) kann die Union sich nicht auf eine gesellschaftliche Mehrheit berufen. Das Problem der SPD: Die sozialdemokratisch geprägte Themen-Hegemonie wirkt sich (noch) nicht politikbestimmend aus.

Die Meseberger Koalitionsvorhaben lesen sich nicht schlecht. Sigmar Gabriel verbucht als Erfolg, der Ausstoß des Treibhausgases Kohlendioxid soll bis 2020 um rund 36 Prozent gegenüber 1990 gesenkt werden. Es soll vorangehen mit den erneuerbaren Energien. Ihr Anteil an der Stromversorgung soll bis 2020 auf 25 bis 30 Prozent steigen. Die KfZ-Steuer soll zu Lasten von Autos mit hohem Verbrauch verändert werden. Einig wird man sich, dem Fachkräftemangel durch erleichterte Zuwanderung ausländischer Fachkräfte zu begegnen. Für Geringverdiener soll der Kinderzuschlag weiterentwickelt werden. Die eigene Industrie soll vor dem Einfluss staatlich gelenkter ausländischer Fonds besser geschützt werden. Schließlich signalisiert die Union, im Gegenzug zur Aufgabe des SPD-Widerstandes gegen das geplante Auslaufen des Post-Briefmonopols werde man durch eine Aufnahme der Postbranche in das Entsendegesetz die Einführung eines Mindestlohns akzeptieren. Damit steht ein Rahmen für die zweite Spielhälfte der großen Koalition. Probleme lösen oder ausklammern? Das bleibt vage. Soll es zur Sicherung von existenzsichernden Einkommen staatliche Hilfen geben, oder sind dafür die Arbeitgeber verantwortlich? Für die Union bleibt dies eine peinliche Frage. Sie setzt auf staatliche Ergänzungen für schlechte Löhne, obwohl sie ansonsten den Staat aus der Wirtschaft heraushalten will, die Überforderung des Sozialstaates kritisiert und Subsidiarität als Monstranz vor sich herträgt. Offen ist zudem, wieviele Bürgerfreiheiten für ein vorgebliches Mehr an innerer Sicherheit geopfert werden sollen. Wie lange können sich die Neo-Nazis der NPD aus staatlichen Töpfen finanzieren? Auch dies ist eine Frage für gemeinsame Regierungsarbeit in den noch verbleibenden zwei Jahren. Bleibt es beim Reden, kommt es zum Handeln? Testfälle dafür bietet der Klimaschutz, der Aufbau einer modernen Bildungslandschaft, die Förderung von Innovationen. Unklar ist zudem, was gemeint ist, wenn die Bundesregierung sich dafür einsetzen will, die europäische Union sozial zu entwickeln. Jede Regierung wird gemessen an Arbeitsmarkterfolgen. Verfestigte Langzeitarbeitslosigkeit mindert diesen Erfolg. In der konkreten weiteren Regierungsarbeit wird sich herausstellen, ob eine Politik Zugkraft entfalten kann, die zu Lasten von Zukunftsaufgaben und Ursachenbekämpfung Sparpolitik zur Krone von Staatskunst verklärt. Soll die Legislaturperiode nach der Meseberg-Klausur nicht nur irgendwie abgeschlossen werden, dann dürfte in den folgenden Monaten schnell erkennbar werden, was die Koalition sich wirklich noch zutraut.

Die weltweite Finanzkrise lässt die deutsche Politik nicht ungestört. Faule US-Kredite zeigen Spuren in der deutschen Bankenlandschaft. Die Sächsische Landesbank wird quasi über Nacht an die Landesbank Baden-Württemberg verscherbelt, um sie vor einer unmittelbaren Pleite zu retten. Den Freistaat Sachsen kostet das Milliarden, seinem CDU-Finanzminister das Amt. Viele Verantwortungsträger in den anderen deutschen Landesbanken und Chefsesseln der Privatbanken schlafen fortan wohl weniger gut.

## September 2007

Es ist in diesen Tagen nicht leicht, den Vorsitz einer der im Bundestag vertretenen Parteien inne zu haben. Der einzig Glückliche in dieser Funktion ist scheinbar Guido Westerwelle. Niemand von Rang widerspricht ihm, wenn er auftritt, als sei er die Partei selbst und nicht nur ihr Frontmann. Ungemütlicher hat es Oskar Lafontaine, Co-Vorsitzender von „Die Linke". Landauf, landab muss er den Seinen erläutern, wieso die etwas altbackenen Familienvorstellungen seiner Frau nicht identisch sind mit den eigenen und den Forderungen seiner Partei.

Das Spitzenduo von Bündnis 90/ Die Grünen, Claudia Roth und Reinhard Bütikofer, erlebt ein neues Waterloo auf dem Sonderparteitag in Göttingen. Die stets aufgeweckte Basis zeigt es ihren Oberen aus Partei und Fraktion einmal mehr: Mit großer Mehrheit wird der Bundestagsfraktion untersagt, einer Mandatsverlängerung für den Bundeswehreinsatz in Afghanistan zuzustimmen. Joschka Fischer, zu seiner Zeit als Außenminister noch so etwas wie der Übervater aller Grünen, ahnt die Konsequenzen: Nach dem Afghanistan-Parteitag, so orakelt er, seien die Wettchancen auf den Fortbestand der großen Koalition nach 2009 und grüne Nicht-Regierungsbeteiligung gestiegen. „Illusionäre oder radikale Beschlüsse" hätten seine Partei stets ins Abseits geführt.

Was sind die Sorgen von Oppositionsparteiführern gegen die Sorgen an der Spitze der Regierungsparteien? Für Angela Merkel kommt es wieder knüppeldick. Alle

Welt, mindestens aber der Koalitionspartner, verlangt ihr Machtwort zu immer neuen Schnapsideen von prominenten Parteifreunden. Der letzte Amoklauf an einer Erfurter Schule liegt fünf Jahre zurück, da macht sich Innenminister Wolfgang Schäuble dafür stark, dass nicht erst Einundzwanzigjährige Sportwaffen kaufen dürfen, sondern auch schon Achtzehnjährige. Ein stilles Kanzlerinnenmachtwort oder eigene Einsicht? Der Vorschlag jedenfalls wird nach wenigen Tagen beerdigt. Verteidigungsminister Franz-Josef Jung präsentiert die nächste Wahnsinnsidee. Er werde notfalls ohne gesetzliche Grundlage ein entführtes Flugzeug abschießen lassen. Hat denn der auf die Verfassung vereidigte Minister nicht mitbekommen, dass das Bundesverfassungsgericht so etwas nicht erlaubt? Angela Merkel müsste es ihm noch einmal erklären, macht es aber nicht (öffentlich). Dass die deutschen Sicherheitsbehörden in der Lage sind, rechtsstaatlich einwandfrei einer Terrorgefahr entgegenzuwirken, beweist die Festnahme von drei Verdächtigen im Sauerland, die offensichtlich – von islamistischen Terrororganisationen inspiriert – Bombenanschläge in Deutschland geplant hatten. Schäubles Minenhund, Wolfgang Bosbach, schießt erneut übers Ziel hinaus. Er regt an, alle Islam-Konvertiten in Deutschland zu erfassen. Im Lichte der deutschen Tradition mit Registrierung und späterer Verfolgung der jüdischen Bürgerschaft, ein Vorschlag von nicht unerheblicher Brisanz. Bosbach stellt klar, eine Speicherung aller, die den Islam als Religion annehmen, sei „sinnvoll, denn wir wissen, dass sich einige nach dem Übertritt radikalisieren lassen. Das ist kein Generalverdacht, sondern eine Gefahrenabwehr." Damit so etwas nicht zur Gefahr für den Zusammenhalt der Regierung wird, muss Angela Merkel sich einmal mehr als stille Diplomatin beweisen, obwohl die SPD ein vernehmbares Auf-den-Tisch-Hauen erwartet. Aber wo sollte sie da aufhören? Kurs halten will sie in der Klimapolitik, auch wenn sie aus der Wirtschaft anders bedrängt werde. Zugleich widerspricht sie dem Vorschlag ihres Umweltministers, die älteren Atomkraftwerke vorzeitig vom Netz zu nehmen. In Meseberg hatte sie zugestimmt, Postzusteller sollten einen Mindestlohn bekommen. Ihre Hintersassen führen dazu jetzt das Rückzugsgefecht um die Frage, was eigentlich alles „Postzusteller" seien. Die Branche privater Postdienstleister, zählt sie dazu? Sie lebt und wächst über Dumping-Löhne. Vom Vize-Kanzler lässt sich die Kanzlerin nicht dazu drängen, ihre schützende Hand über deren Geschäftspraxis zurückzuziehen. Neuer Ärger droht. Die Sozialausschüsse sind für den Mindestlohn in der gesamten Branche, der Wirtschaftsflügel wendet sich gegen einen „Verordnungsfreifahrtsschein für den Bundesarbeitsminister". Angela Merkel ahnt, man kann es nicht beiden Seiten recht machen. Entscheidungsmut übt sie zum großen Missfallen der chinesischen Regierung und zum kleineren des eigenen Außenministers bei einem „privaten Gedankenaustausch" im Kanzleramt mit dem Dalai Lama. Courage an den Grenzlinien der Diplomatie, die ist also vorhanden. Das lässt hoffen, die Feigheit vor den eigenen (Partei-) Freunden beruht auf Opportunitätskalkülen und nicht auf Prinzipien.

Feind, großer Feind, Parteifreund – auch im SPD-Parteivorsitz kann man ein Lied davon singen. Dem amtierenden SPD-Vorsitzenden Kurt Beck platzt jetzt der Geduldsfaden. Im Parteirat beschwert er sich über „einige Leute in der dritten und vierten Reihe", „die hinter Büschen sitzen und mehr oder weniger Intelligentes erzählen". Er wolle sich weitere „Querschüsse" nicht gefallen lassen. Der SPD-Parteitag steht vor der Tür und da finden es die Genossinnen und Genossen gut, dass Beck einmal gezeigt habe, „wo der Hammer hängt". Viele, zumal die in der ersten und zweiten Reihe, sind froh, dass ihr Vorsitzender nur die Unfreundlichkeiten aus den hinteren Rängen kritisiert. Aus den vorderen Reihen sieht sich Beck mit dem seltsamen Eifer konfrontiert, die Agenda 2010 des Ex-Kanzlers Gerhard Schröder heilig sprechen zu sollen. Wobei in der SPD das beliebte Verwirrspiel eine Fortsetzung findet. Mit der Chiffre „Agenda 2010" wird wieder alles Mögliche in Erinnerung gerufen, den nötigen wie den blinden Reformeifer, das vergiftete Lob der politischen Gegner und die Serie von Landtagsniederlagen und Parteiaustritten. Kurt Beck erweist sich klug genug, einfache Bekenntnisse zu verweigern. Er steht zur Regierungsarbeit unter Gerhard Schröder und räumt zugleich ein: „Bei alledem bin ich nicht auf jede einzelne Entscheidung stolz." An rückwärtsgewandten Diskussionen ist er nicht interessiert: „Wir blicken nach vorn. Wir entwickeln unsere Politik weiter, etwa mit dem Kampf gegen die Kinderarmut. Der Mindestlohn und Arbeitnehmerbeteiligungen gehören dazu." Kurt Beck weiß: „Die unverzichtbaren Reformen haben unseren Wählern teilweise auch weh getan. Nun geht es darum, die Menschen an den Erfolgen des Aufschwungs zu beteiligen. Wenn Frau Merkel nun das Motto ‚Aufschwung für alle' übernimmt, freut uns das. Auf Dauer aber werden die Wähler das Original von Lippenbekenntnissen unterscheiden können."

Obwohl ein Parteivorsitz so viel Ärger einträgt, streiten sich in der CSU Erwin Huber, Horst Seehofer und Gabriele Pauli um dieses Amt. Letztere bringt sich mit der Idee, Ehen auf sieben Jahre zu befristen, schon vorab aus dem Rennen um Platz 1. Es gewinnt mit einer Zustimmungsrate von 58,2 Prozent Erwin Huber gegen den unberechenbaren Quertreiber Horst Seehofer (39,1). Der aus dem Amt gemobbte Edmund Stoiber darf noch einmal den Delegierten so richtig aus dem Herzen sprechen und einige Tage später sein Ministerpräsidentenamt verabredungsgemäß an Günther Beckstein übergeben. Wenn schon Edmund Stoiber nicht mehr das Programm der CSU ist und seine beiden Erben das Vakuum wohl nicht füllen können, benötigt die CSU ein neues Grundsatzprogramm. In den Maßen, wie sich der Wechsel vom 67 Jahre alten Edmund Stoiber zum 64jährigen Günther Beckstein als Verjüngung auswirkt, modernisiert die CSU ihr Grundsatzprogramm. Nach der Lektüre weiß man zwar, wie heimatverbunden die CSU ist, dass sie die Türkei nicht in der EU haben mag und wie wichtig das Kruzifix im Klassenzimmer ist. Wer dem Grundsatzprogramm entnehmen will, wie die Lebens- und Arbeitsprobleme der Menschen angegangen werden sollen, wird mit Plattitüden erschlagen oder ratlos gehalten. Immerhin, die CSU plädiert für Vollbeschäftigung und deutlicher als die große Schwester auch für Tarifautonomie. Sie kokettiert aber trotzdem mit „betrieblichen Bündnissen für Arbeit". Sie glaubt an die Segenswirkungen von weniger Kündigungsschutz und findet staatliche Politik als Grenzzieher wichtiger, wenn es um innere Sicherheit geht als um die Sicherheiten in einer Arbeitswelt des Wandels. Mit der Verabschiedung eigener Grundsatzprogramme wollen es die SPD im Oktober und die große Schwester CDU im Dezember besser machen als die bayerische Auch-Volkspartei.

## Oktober 2007

Die SPD beherrscht die Schlagzeilen des ganzen Monats. Schreckensfasziniert verfolgen Freund und Feind, wie sich zwei Lager über Wochen auf eine Art Parteitags-Showdown am Monatsende vorbereiten. Die eine Seite, repräsentiert vom Vizekanzler und Arbeitsminister Franz Müntefering, stemmt sich vehement gegen ein Vorhaben des Parteivorsitzenden Kurt Beck, älteren Arbeitslosen nach Vorstellungen, wie sie von den Gewerkschaften entwickelt worden waren, die Bezugsdauer von Arbeitslosengeld I zu verlängern. Unter den verbesserten konjunkturellen Ausgangslagen fällt es inzwischen auch älteren Arbeitslosen leichter, wieder eine Beschäftigung zu finden. Doch was ist mit denen, die trotzdem länger brauchen, als es der ALG I-Rahmen erlaubt? Höchst umstritten wird beurteilt, ob sich die Arbeitsmarktperspektiven trotz oder durch die erheblichern Verschlechterungen der Lebensbedingungen von Arbeitslosen verbessern. In der Debatte trennen sich wieder Böcke und Schafe. Die eine Seite argumentiert nach dem Muster: Den Arbeitslosen muss man den Brotkorb höher hängen, dann nehmen sie jede Mist-Arbeit an. Die anderen setzen darauf, dass Menschen lieber arbeiten wollen, als sich alimentieren zu lassen. Kurt Beck will die SPD wieder unzweideutig zum Fürsprecher der Ausgegrenzten machen. Es ist ja nicht der Zwang, sondern die bessere Konjunktur, die das Einstellungsverhalten der Arbeitgeber verändert und mehr Älteren den Wiedereinstieg ins Erwerbsleben ermöglicht. Die Befürworter verlängerter Bezugszeiten für Arbeitslosengeld sehen darin keinen Anreiz für längeres Verharren in Arbeitslosigkeit, sondern ein Stückchen zusätzliche Hilfe für ältere Arbeitslose, deren Reintegration in den Arbeitsmarkt derzeit immer noch größere Probleme aufwirft. Nicht alle erinnern sich an die Ansprüche der ursprünglichen Hartz-Reformen. Hartz-Kommission und rot-grüne Regierung hatten sich in Kombination aller Veränderungsvorschläge zugetraut, in den allermeisten Fällen die individuelle Dauer von Arbeitslosigkeit auf deutlich unter ein Jahr zu reduzieren. Das ist misslungen. Wäre es geschafft, hätte die aktuell so heiß diskutierte Frage der Bezugsdauer von Arbeitslosengeld über ein Jahr hinaus keine praktische Bedeutung. Der Bundesparteitag der SPD zieht nahezu einstimmig den Schlussstrich unter die innerparteiliche Debatte. Ältere Arbeitslose ab 45 sollen stufenweise nicht nur zwölf, sondern differenziert nach Lebensalter und Versicherungszeit zwischen 18 und 24 Monate Arbeitslosengeld I beziehen dürfen. Im Unterschied zu entsprechenden Forderungen und Beschlüssen des Koalitionspartners soll im Gegenzug die Arbeitslosenunterstützung für Jüngere nicht gekürzt werden. Die Sozialdemokraten stellen klar, dass es ihr vorrangiges Ziel bleibt, Ältere rasch wieder in Arbeit zu bringen, ohne dies über das Androhen ihrer materiellen Verelendung bewirken zu wollen. Arbeitsminister Franz Müntefering hatte vor dem Hamburger Parteitagsbeschluss kaum eine Gelegenheit ausgelassen, seinen Unmut gegen diese Mehrheitsentscheidung des Parteivorstandes zu artikulieren. Gerhard Schröder versucht in seiner Grußrede auf dem Parteitag, die Wogen zu glätten. Die Agenda 2010 solle man doch nicht wie Moses die Gesetzestafeln vor sich hertragen, rät er. Den Feinschmeckern unter den Genossinnen und Genossen liefert er die listige Relativierung, die Agenda 2010 sei nie Ziel seiner Politik gewesen, sondern lediglich Mittel. Und für Mittel gelte: „Das Bessere ist des Guten Feind." Aber: „Eben nur das Bessere – nicht das Populärere." Agenda-Bewunderer, die sich nicht auf das Weiterentwickeln einlassen wollen, bleibt der müßige Streit, wieso das Populärere nicht auch das Bessere ist. Wobei es eigentümlich anmutet, wollten Politiker das Populärere per se mit dem Schlechteren identifizieren. Jedenfalls ist auch das der Stoff, aus dem weitere Wahlkampfauseinandersetzungen gespeist werden.

Ansonsten stiftet der SPD-Parteitag die Harmonie, die sich alle Parteitags-Regisseure wünschen. Kurt Beck hält eine wenig glanzvolle Rede, wird trotzdem mit einem Zuspruch von 95,5 Prozent als Vorsitzender bestätigt. Der Kreis von bislang fünf Stellvertretern wird auf drei reduziert. Stimmenkönig ist dabei Frank-Walter Steinmeier (85,5 Prozent), Peer Steinbrück und Andrea Nahles erhalten 75,4 bzw. 74,8 Prozent Unterstützung. Eine Reihe von Sachentscheidungen liefert den SPD-Mitgliedern das Gefühl, mit ihrer Partei wieder auf der richtigen Seite zu stehen. Da ist nicht nur die Verlängerung von ALG I. Die Steuervorteile für Dienstwagen sollen entfallen. Man beschließt eine „freiwillige Wehrpflicht", ein Tempolimit von 130 km/h auf deutschen Autobahnen, beitragsfreie Kindertagesstätten, unentgeltliche Schulspeisung, einen bezahlten 10-tägigen Pflegeurlaub und ein gebührenfreies Erststudium. Zudem stellt sich die Basis quer gegen den Bahn-Börsengang. Verabschiedet wird das neue Grundsatzprogramm. Was die Aufregung um „Tempo 130" betrifft, ältere Parteimitglieder wissen, dies ist nunmehr zum dritten Mal beschlossen worden. Noch ältere können sich sogar an einen Beschluss für Tempo 100 erinnern. In der Praxis hatte man stets erfolgreich versucht, das Autofahren durch begleitende Initiativen sicherer zu machen, und dabei das Tempolimit selektiv eingesetzt. Mit ihrer Skepsis gegenüber einem Börsengang der Bahn beugt sich die SPD nicht nur einer zufälligen Parteitagsmehrheit. Sie vertritt mit ihrer Entscheidung eine Grundüberzeugung, die von einer Mehrheit aller Bürger geteilt wird. Sie alle erwarten unabhängig von der Eigentümerstruktur der Bahn AG verbesserte Mobilitätsdienstleistungen und schätzen weniger die beim Börsengang verheißene Vorrangstellung im internationalen Wettbewerb der Logistik-Anbieter.

Nach achtjähriger Diskussion und vierfachem Wechsel an der Parteispitze hat die SPD ihr altes Berliner Grundsatzprogramm durch ein „Hamburger Programm" ersetzt. Unverändert bleibt die Verankerung auf die Grundwerte Freiheit, Gerechtigkeit und Solidarität. Anders als die Union sieht die SPD keine Notwendigkeit, diese Grundwerte in eine Rangordnung zu zwingen. Die SPD versteht sich weiter „seit dem Godesberger Programm von 1959 als linke Volkspartei, die ihre Wurzeln im Judentum und Christentum, Humanismus und Aufklärung, marxistischer Gesellschaftsanalyse und den Erfahrungen der Arbeiterbewegung hat". Weder wohlmeinende noch übelwollende Kritik hatte die SPD davon abhalten können, sich erneut auf „die Idee des demokratischen Sozialismus" zu berufen. Ihre neue Wertefundierung liest sich jetzt zeitgemäßer. Den eigentlichen Auftrag ihrer Grundsatzdebatte sieht die Parteiführung erfüllt. Das sozialdemokratische Wollen hat einen modernen Ausdruck bekommen, der die identifizierten Zukunftsherausforderungen berücksichtigt.

Ein SPD-Parteivorsitzender, der sich ohne rhetorischen Glanz in der Sache gegen den weitaus eloquenteren Vizekanzler Franz Müntefering durchsetzt und seine Partei neues Selbstbewusstsein tanken lässt, das beschäftigt nicht nur die politischen Kommentatoren, das wird auch in den Feuilletons bedacht. Dabei zeigt sich eine alte Vergiftung der politischen Kultur in neuem Gewand: Standesdünkel und Klassen-Arroganz sind immer noch lebendig. Wer am wenigsten Sorge hat, selbst arbeitslos werden zu können, zieht am kräftigsten gegen eine bessere Unterstützung für Arbeitslose zu Felde. Und warum bloß drängt es so viele Edelfedern des deutschen Journalismus zum Abwatschen des amtierenden SPD-Vorsitzenden? Folgt man ihren Kommentierungen, ist Beck das „Grauen vom Lande" (FAZ). Weil Kurt Beck Pfälzer Weine lieber mag als die edleren Gesöffe, mit denen sich seine Kritiker den Mut für ihre Politikerverrisse antrinken? Man mag es nicht, wenn Kurt Beck mehr Schachtelsätze konstruiert, als man es in der Volksschule Sauerland lernen kann. Einen potenziellen Kanzler scheint es besonders zu disqualifizieren, dass er sich lieber von seiner Frau als von Udo Walz die Haare schneiden lässt. Irgendwie ist der Mann an der Spitze der Sozialdemokratie eben nicht zu Hause in der Welt, in der sich Feuilleton-Schreiber deutscher Leitmedien so daheim fühlen wie Kurt Beck in seinem Steinfeld in der Pfalz.

In diesem Monat hätte eigentlich ein anderer Sozialdemokrat mehr Kritik verdient als der Vorsitzende aller Sozialdemokraten. Es ist der ehemalige rheinland-pfälzische Sozialminister Florian Gerster, der seinen einstigen guten Ruf in seiner Rolle als selbstverliebter Chef an der Spitze der Bundesagentur für Arbeit gründlich verdorben hatte. Aktuell verdient Gerster sein Geld als Präsident des neugegründeten Arbeitgeberverbandes Neue Brief- und Zustellerdienste. In dieser Funktion hat er jetzt auch seine eigene Gewerkschaft aus der Taufe gehoben: Die „Gewerkschaft der Neuen Brief- und Zustellerdienste". Einziger Zweck dieser Pseudo-Gewerkschaft ist es, Dumpingtarifverträge abschließen zu sollen. Fußballfreunde kennen noch den genialen Nationalspieler Horst Szymaniak, einen der ersten Italien-Legionäre. Von ihm wird berichtet, er sei mit der Aufstockung seines Gehaltes um ein Drittel nicht einverstanden gewesen, weil er stattdessen ein Viertel mehr haben wollte. Gersters traurige Truppe tritt nach diesem Muster plakativ mit der Forderung an die Öffentlichkeit: „Neun Euro sind zuviel". Über Horst Szymaniak weiß man noch, was der nicht im Kopf hatte, das hatte er in den Beinen. Bei Florian Gerster weiß man jetzt noch sicherer, dass er sein Geld auch im neuen Job nicht wert ist. Wieso eine neue Dumping-Gewerkschaft gründen? Es gibt doch schon eine Christengewerkschaft, die es auch für zwanzig Silberlinge weniger macht, als Judas sie seinerzeit bekommen hatte.

Als sei ein neuer Kontinent entdeckt worden, als sei etwas ganz wundersames plötzlich auf die Erde gefallen, so reagiert die veröffentlichte Meinung auf die schlichte Information, dass viele Lokführer nicht einmal 1.500 Euro im Monat verdienen. Was glaubt man denn, verdienen Postboten, Krankenschwestern, Polizisten?

Das durchschnittliche Einkommen eines Vorstandsvorsitzenden einer im DAX notierten Aktiengesellschaft, soviel weiß man schon länger, liegt im Durchschnitt bei 5,1 Millionen Euro (3,9 Millionen im Vorjahr). Das durchschnittliche Nettoeinkommen der abhängig Beschäftigten ist im Jahr 2006 auf 15.845 Euro gefallen. 1992 hatte es noch bei 17.251 Euro gelegen. So steht es jedenfalls im Bericht des Bundesarbeitsministeriums. Die Einkommen stagnieren. In Westeuropa ist Deutschland inzwischen eine Lohndumpingzone. In der öffentlichen Wahrnehmung haben die streikenden Lokführer vielleicht deshalb die Sympathie der Bürgerinnen und Bürger. Streikbedingte Störungen im Nah- und Fernverkehr werden mit einer Gelassenheit hingenommen, als handele es sich um Launen des Wetters oder um jahrzehntelange Übung mit „italienischen Verhältnissen". Doch nicht alle, die jetzt niedrige Einkommen skandalisieren, wollen höhere Einkommen für möglichst viele. Vielen geht es um eine neue Runde für Steuerentlastungen. Ein Steuerstaat, der über Steuern manchmal doch noch politisch steuert, bleibt ein Dorn im Auge des Marktradikalismus.

## November 2007

Der Frühling der großen Koalition, der ist schon längst vorbei. Auch der Sommer ist absolviert. Die Herbstphase beginnt. Eine Menge Zündstoff hatte sich angesammelt. Mitgeschleppt wird das ungelöste Problem der Mindestlohngrenzen. Die

SPD drängt massiv auf eine Entscheidung bei den Postzustellern. Es geht nicht voran im Streit über die Abgabe von Heroin-Ersatz für schwer Drogenabhängige. Innenminister Wolfgang Schäuble, jüngst wieder einmal hervorgetreten mit ominösen Warnungen vor nuklearverseuchtem Bombenmaterial im Einsatz durch Terroristen, torkelt weiter über die Spannungsfelder zwischen Freiheitsrechten und innerer Sicherheit. Die Erbschaftssteuer hat die letzte Kurve noch nicht genommen. Die deutsche Industriepolitik hat ihre eigenen Möglichkeiten längst nicht ausgeschöpft, oft noch gar nicht erkannt. Deutsche, europäische, internationale Finanzmarktregulierungen sind erst angedacht. Das Runterbuchstabieren von Klimaschutzbekenntnissen steht aus. Wie kann der Bund aus seiner bildungspolitischen Selbstkastration durch die Föderalismusreform I herausfinden? Nicht zuletzt gibt es das Fingerhakeln in der Außenpolitik zwischen ökonomischen Interessen und ethischen Prinzipien. Alles das sind Prüfsteine für die Sinnhaftigkeit einer großen Koalition. Auf jedem Feld stellt sich die Daseinsberechtigung und damit die Weiche für eine Politik über 2009 hinaus.

In zwei neuen Runden des Koalitionsausschusses gelingt immerhin schon eine Verständigung auf einen längeren Arbeitslosengeldbezug für ältere Arbeitslose, ohne dass bei jüngeren gekürzt wird, wie das die Union verlangt hatte. 50-jährige können künftig 15 Monate ALG I beziehen, über 55-jährige 18 Monate. Arbeitslose über 58 Jahre können zwei Jahre lang Unterstützung erwarten, sofern sie in den letzten fünf Jahren 48 Monate arbeiteten. Die SPD honoriert diese Zugeständnisse mit ihrer Bereitschaft zur Beitragsreduzierung bei der Arbeitslosenversicherung von 4,2 auf 3,3 Prozent. Der Streit über den Post-Mindestlohn wird nicht beigelegt. Ein oppositioneller Beobachter wie Fritz Kuhn, Fraktionschef der Grünen, kann darüber nur den Kopf schütteln: „Ich halte den Streit in der Koalition für müßig. Man kann doch empirisch klären, ob der bestehende Tarifvertrag für 50 Prozent der Arbeitnehmer gilt. Wen rechnet man dazu? Was sind überwiegende Postdienstleistungen? Das sind doch Sachfragen! An diesem Beispiel sieht man wieder: Die Regierungsparteien betrügen sich gegenseitig. Sie schließen auf ihrer Klausur im Sommer eine vage Vereinbarung. Und dann streiten sie monatelang über deren Interpretation – anstatt präzise zu entscheiden, was sie wollen und wie es umzusetzen ist. Sie lassen sich treiben, statt zu regieren." Vielleicht klappt es dennoch, zum Monatsende jedenfalls präsentiert die Gewerkschaft ver.di eine neue Kompromissbrücke.

Mit ziemlicher Überraschung registriert das politische Berlin nur wenige Stunden nach den Rangeleien im Koalitionsausschuss den Rücktritt von Franz Müntefering vom Amt des Arbeitsministers und Vizekanzlers. Das eigentlich übliche tagelange Aufspüren unterschwelliger Motive unterbleibt aus Respekt, den Müntefering über alle Parteigrenzen hinweg genießt. Sein Rücktritt hat erklärtermaßen rein persönliche Gründe. Er will seiner schwer an Krebs erkrankten Ehefrau fortan ohne politische Verpflichtungen zur Seite stehen. Über die Nachfolge wird schnell entschieden. Olaf

Scholz, der bisherige parlamentarische Geschäftsführer der SPD-Fraktion, wird neuer Arbeitsminister. Außenminister Frank-Walter Steinmeier wird Vizekanzler. Münteferings Staatssekretär Heinrich Tiemann – routinierter Politikvorbereiter schon in den gemeinsamen Zeiten mit Frank-Walter Steinmeier, als der noch Chef des Kanzleramtes war – wechselt als Staatssekretär ins Außenministerium. Nur wenige Tage nach dem SPD-Parteitag hat sich damit die Architektur im Machtgefüge der SPD entscheidend verändert. Die Wahlberechtigten haben ihren Frieden mit der neuen SPD noch nicht gemacht. Seit Wochen rangiert sie SPD in der Wählergunst unter der Dreißig-Prozent-Marke, während die Union der Vierzig-Prozent-Linie zustrebt. Die Kanzlerin regiert schon längst nicht mehr mit, sondern zwischen Union und SPD. Sie kann sich unbekümmert auf die zweite Spielhälfte ihrer Regierungszeit freuen.

## Dezember 2007

Es ist noch nicht Weihnachten, die Union lässt sich trotzdem milde stimmen und gibt ihren Widerstand gegen einen Post-Mindestlohn auf. Eine Präzisierung der Tarifvertragsparteien ermöglicht eine differenzierte Lösung. Wer überwiegend Briefe zustellt, der ist jetzt dabei. Das Entsendegesetz kann ihm ein Existenz sicherndes Einkommen garantieren. Die Kanzlerinnen-Partei muss fortan erklären, warum Briefzusteller Anspruch auf Existenz sicherndes Einkommen haben, Zeitungs-, Blumen- oder sonstige Zusteller aber weiterhin zu Armutslöhnen beschäftigt werden dürfen. Was ist mit den anderen Branchen, z. B. die Wachdienste, Schlachtereien, die Gastronomie? Die SPD will dafür sorgen, dass die Kanzlerin mit dieser Frage weiterhin konfrontiert bleibt. Die Union wird nur schwer erklären können, wie ein Wettbewerb, der nur durch Hungerlöhne möglich wird, in die soziale Marktwirtschaft passt. Genug mit den Weihnachtsgaben, mag sich die Unions-Fraktion gedacht haben. Jedenfalls stellt sie sich quer, als es darauf ankommt, durch eine rasche Beschlussfassung die verlängerten Bezugszeiten für ältere Arbeitslose schon zum Jahresanfang in Kraft zu setzen. „Wir haben die Diätenerhöhung in zwei Wochen durch das Parlament gebracht. Dass wir das beim ALG I nicht hinbekommen sollen, glaubt uns kein Mensch", empört sich die Sozialdemokratin Andrea Nahles. Volker Kauder, Fraktionschef der anderen Seite, keilt zurück, die Zwei-Drittel-Mehrheit der Koalition sei kein Grund, Gesetze im Schweinsgalopp durch das Parlament zu peitschen. Und vom CSU Landesgruppenchef Peter Ramsauer hört man, man dürfe dem „Verdauungsapparat Fraktion" nicht zuviel zumuten.

Verträglich mit der Marktwirtschaft ist für die Union das immer ungenierte Abkassieren von Managementgehältern. Dass dabei vieles aus dem Ruder gelaufen ist, räumt die Kanzlerin immerhin ein. Eine gesetzliche Begrenzung, wie sie von der SPD gefordert wird, die ist aber mit ihrer Partei nicht zu machen. Der hessische Ministerpräsident Roland Koch bekräftigt: „Ich glaube, dass Politiker nicht jedes Mal, wenn sie einen gesellschaftlichen Zustand kritisieren, Gesetze machen müssen." Die Begrenzung der Summen sei „nur zu regeln durch Einsicht und Vernunft der jeweils Beteiligten".

Wenigstens bei ihrem vermeintlichen Herzensanliegen des Klimaschutzes kann Angela Merkel noch vor dem Jahreswechsel einen Erfolg verbuchen. Um bei der bevorstehenden Weltklimakonferenz auf Bali besser dazustehen, beschließt die Bundesregierung ein Bündel aus 29 Einzelmaßnahmen, um so andere Länder unter Zugzwang zu setzen. Bundesumweltminister Sigmar Gabriel ist optimistisch, mit diesem „Riesenschritt nach vorn" könne Deutschland bis 2020 im Vergleich zu 1990 vierzig Prozent der Treibhausgase einsparen.

Ihre Weihnachtsruhe muss sich die Kanzlerin auf dem CDU-Bundesparteitag verdienen. Vorsichtig rangiert sie mit ihren inhaltlichen Aussagen zwischen Signalen an die Traditionskompanie der Konservativen, Botschaften für den Wirtschaftsflügel der Partei und an alle, die es gerne ein wenig aufgeklärter-fortschrittlicher hätten. So gibt es Bekenntnisse zum Betreuungsgeld für Eltern von Kleinkindern, die lieber daheim betreuen als ihre Lieben in Obhut anderer zu geben. Die Verkaufsformel für diese „Herdprämie" (so die Kritiker) lautet, es werde „Wahlfreiheit" sichergestellt. Mutig operiert Angela Merkel mit dem umstrittenen Begriff der „Leitkultur". Als sei es irgendwie bestritten, fordert sie, Kinder müssten auch vor der Schule deutsch sprechen. In ihrer Rede ermüdet sie viele Zuhörer mit dem inflationären Gebrauch von Bekenntnissen zur „Mitte" und erfreut alle, die so etwas hören wollen, mit der Klarstellung, Moscheen dürften „nicht demonstrativ höher gebaut werden als Kirchtürme". Nach CSU und SPD ist es sich jetzt die Union schuldig, zum Abschluss einer längeren Diskussion der Parteigliederungen ein neues Grundsatzprogramm zu verabschieden. Was für die CDU ein Riesenschritt sein mag, ist für die politische Debattenkultur nur ein kleiner. Die Union verordnet sich eine Modernisierungskur bei der Familienpolitik, beim Frauenbild und bei Antworten auf ökologische Herausforderungen. Nicht untypisch für Grundsatzprogramme triumphiert Doppelbödigkeit: Man ist für Tarifautonomie und für betriebliche Bündnisse. Man ist für Vollbeschäftigung, will aber weiter den Kündigungsschutz verändern. Die Risiken internationaler Finanzmärkte werden gesehen, trotzdem vertraue man auf die Einsichtskraft der Unternehmer. Man misstraut staatlicher Politik, ahnt aber, dass es Regulierungsnotwendigkeiten irgendwie doch geben muss. Insgesamt ist es ein Sowohl-als-auch-Programm, dem die Konkretisierungen eigener Gestaltungsoptionen für die Gesellschaft von heute und morgen fehlen. Es fällt auf: Arbeitsweltprobleme, Gewerkschaften, Personal- und Betriebsräte haben im CDU-Grundsatzprogramm keine strategische Bedeutung. Das mag nicht einmal bös gemeint sein. Trotz aller Selbststilisierung als politische Mitte hat die CDU so etwas einfach nicht auf dem Schirm ihrer Wahrnehmung, was Bände über die tatsächliche gesellschaftspolitische Verortung spricht.

Noch wenige Tage, dann ist es soweit: In Hessen darf gewählt werden. Noch rangiert der Amtsinhaber Roland Koch vor seiner Herausforderin Andrea Ypsilanti. Doch sie hat aufgeholt. Eine strahlende Verteidigung der absoluten CDU-Mehrheit scheint nahezu unmöglich. Roland Koch sucht nach einem Last-Minute-Thema. Geliefert wird es ihm und allen Fernsehzuschauern vier Tage vor dem Heiligen Abend. Die Beobachtungskamera im Münchner U-Bahnhof zeichnet auf, wie zwei junge Männer – einer ein Grieche, einer ein Türke – mit erschreckender Brutalität einen Rentner verprügeln. Das Entsetzen in der Öffentlichkeit ist ungeteilt. Was aber reitet Roland Koch, mit diesem Entsetzen Wahlkampf zu betreiben? Tag für Tag scheint er unter Beweis stellen zu wollen, mit welch harter Hand und kalter Schnauze er in Hessen weiterregieren möchte. Gedroht wird kriminellen jungen Ausländern mit der raschen Abschiebung. Die Strafen können ihm gar nicht hart genug sein. Die Floskel von „Null Toleranz" wird inflationär bemüht. Als sei ein Damm gebrochen, wird gefaselt vom Warnschuss-Arrest, von mehr Videoüberwachung, Erziehungscamps, höhere Jugendstrafen schon für 14-jährige. Allen Eiferern entgleitet mehr und mehr die Wahrnehmung, dass die hessische Wählerschaft zu differenzieren vermag zwischen verständlicher Empörung über eine Untat mitten im Herzen des CSU-regierten Bayern und den tatsächlichen Herausforderungen an die hessische Landespolitik.

# Das Jahr 2008 – Gratwanderung zwischen Wollen und Müssen

*Realitäten im Schatten wirtschaftlicher Erfolge – Landtagswahlen Niedersachsen und Hessen – Verlierer Koch wird zum Gewinner – Schwarz-Grün in Hamburg – Wirtschaftseliten im Selbstbedienerrausch – Das undankbare Volk murrt – Umstrittenes Trostpflaster für Rentner – Steuerentlastungswettkämpfe – Monster auf den Finanzmärkten – Beck-Bashing – Talfahrten für beide Volksparteien – Koalitionskompromisse demonstrieren Arbeitsfähigkeit – Anhaltende Befindlichkeitsstörungen – Neue Liebe für alte Atomtechnologie – Sommerloch-Stürmchen – Banken in Not – Beck ist weg, Münte wieder da – CSU entzaubert – Casinokapitalismus am Ende – 500 Milliarden-Rettungsring für Banken – Alle für Regulierung – Realwirtschaft im Regen – Der Staat ist zurück – SPD vor neuen Ufern – Seehofer neuer Merkel-Quälgeist – Hessen-SPD in der Zwickmühle – Angela Merkel Madame No in Europa – Rückzugsgefechte des Marktradikalismus – Zahnloser Tiger Erbschaftssteuer – Krisengipfel im Kanzleramt – SPD trägt Kanzlerin zum Jagen*

## Januar 2008

Die ökonomischen Grunddaten des abgelaufenen Jahres werden ambivalent diskutiert. Das Aufschwungtempo hat sich verlangsamt. Nach 2,9 Prozent 2006 wuchs die Wirtschaft 2007 um 2,5 Prozent. Verarbeitet werden musste die Mehrwertsteuererhöhung und ein steigender Ölpreis. Da rechnen selbst die Optimisten für 2008 nicht mit höheren Wachstumzahlen, sollte es bei der schwachen Binnenkonjunktur bleiben. Ansonsten lässt sich die amtierende Regierung gerne wieder einen Exportüberschuss auf neuem Rekordniveau als Leistung zurechnen. Die Beschäftigung stieg um 1,7 Prozent. 39,7 Millionen Menschen gehen einer Erwerbstätigkeit nach, auch das ein Rekord. Gegenüber dem Vorjahr sind 600.000 zusätzliche sozialversicherungspflichtige Arbeitsverhältnisse entstanden. Im Jahresdurchschnitt blieben 3,7 Millionen Menschen ohne Arbeit, immerhin der niedrigste Stand seit 15 Jahren. Zu Recht freut man sich über solche Erfolge, doch haben diese auch eine Schattenseite: Mehr Menschen als je zuvor – 1,3 Millionen – gehen zwar einer sozial versicherten – oftmals vollzeitnahen – Beschäftigung nach, können von ihrem Einkommen aber den eigenen Lebensunterhalt nicht bestreiten. Nur mit Aufstockungen aus Hartz-IV-Mitteln kommen sie über die Runden. Ob es bei dieser Entwicklung bleiben soll oder existenzsichernde Mindestlöhne obligatorisch werden müssen, das bleibt kontroverses Thema der Regierungsarbeit. Zudem schleppt sich noch das Problem mit, dass besonders abhängig Beschäftigte und Rentenbezieher das Gefühl haben, an den Segenswirkungen ökonomischer Erfolge nicht oder völlig unzureichend beteiligt zu sein. Bei der Lohnentwicklung der Industrienationen liegt Deutschland mit einem Plus von 1,1 Prozent auf dem vorletzten Rang vor Spanien (-0,3). Im Jahr 2007 betrug der Anteil der Arbeitnehmerentgelte am Volkseinkommen nur noch 64,6 Prozent. Die reale Kaufkraft der Nettoverdienste aller Arbeitnehmer lag um 3,2 Prozent unter dem Niveau des Jahres 2000. Die Arbeitskosten für Unternehmen sind 2007 nur moderat gestiegen. Im Schnitt um 0,9 Prozent nach 1,3 im Jahr 2006 (EU-Durchschnitt 3,7 Prozent). Maßgeblich für den langsameren Anstieg waren niedrige Sozialbeiträge. Sie verringerten sich trotz einer Steigerung für die gesetzliche Kranken- und Rentenversicherung um 0,5 Prozent, weil gleichzeitig der Beitragssatz für die Arbeitslosenversicherung deutlich sank. Glücklich, wer sein Einkommen als Vorstandsmitglied eines DAX-Unternehmens verdient. Solche Bezüge haben sich gegenüber dem Vorjahr um 17,5 Prozent erhöht. In dieser Relation erscheint es dann schon wieder bescheiden, wenn nach monatelangen Arbeitskampfaktionen nunmehr feststeht, dass die Lokführer der Bahn AG in Kombination von Einkommens- und Strukturverbesserungen elf Prozent mehr bekommen sollen.

Dass ökonomischer Erfolg kein Garant für soziales Verhalten ist, diese Lektion erteilt der finnische Handy-Konzern Nokia der Öffentlichkeit und seinen deutschen Mitarbeitern am Standort Bochum. Selbst über die Weihnachtstage wurde noch kräftig rangeklotzt. Unter Umgehung aller Mitbestimmungsrechte und guter Sitten erfahren die 2300 Beschäftigten trotzdem, sie passten nicht mehr in das neue Wettbewerbskonzept der Konzernspitze. Die Arbeitsplätze sollen ins kostengünstigere Rumänien verlagert werden. Politiker sind betroffen bis empört, wollen ihre Nokia-Handys nicht mehr weiter benutzen. Brüssel bestreitet, die Produktionsverlagerung nach Rumänien finanziell gefördert zu haben, man habe nur allgemein Infrastruktureinrichtungen aus Fördergeldern der EU unterstützt. Eine Woche nach dem verkündeten Aus für Bochum meldet der Nokia-Konzern einen Rekordgewinn von 7,2 Milliarden Euro. Der Marktanteil des Handyherstellers ließ sich auf 40 Prozent schrauben. Für die Beschäftigten im Bochumer Werk ändert sich dadurch nur die Aussicht auf eine bessere Entlassungsabfindung. Es knackt lauter im Gebälk der Geschäfte mit Milliarden auf den internationalen Finanzmärkten. Die Bugwelle leichtfertiger Hypothekenkreditvergabe in den USA und der globale Handel mit darauf basierenden Spekulationspapieren drückt die Börsenkurse weltweit nach unten. Der DAX stürzt am 21. Januar zeitweise um 7,6 Prozent ab und schafft einen neuen Rekord für die verringerten Halbwertzeiten positiver Prognosen zum Jahresanfang. Was im aktuellen Casino-Kapitalismus alles möglich ist, demonstriert zeitgleich ein einziger Aktienhändler der französischen Großbank Société Générale. Ihm allein soll es gelungen sein, im Windschatten aller Aufsichtsregeln 4,9 Milliarden Euro seiner Bank zu verzocken. Schöne Aussichten für alle, die sich auch in Deutschland verleiten ließen, nicht allein auf die gesetzliche Rente zu vertrauen, sondern auf Rückflüsse aus ergänzenden privaten Finanzanlagen zu setzen.

So rasch wie die sozioökonomischen Perspektiven verändert sich gleich zum Jahreseinstieg auch die politische Performance. Der politische Testlauf am 27. Januar bei Landtagswahlen in Hessen und Niedersachsen schien seit Wochen nur eine Frage leicht geminderter Bestätigung der Amtsinhaber. Jedoch wendet sich in Hessen die politische Stimmungslage Tag um Tag zum Nachteil der CDU. Ohne erkennbare Not hatte Roland Koch zum Jahreswechsel auf die für ihn eigentlich immer erfolgreiche Karte des Polarisierers gesetzt. Als Vehikel zum sicheren Wahlsieg wählte er das politische Eindreschen auf kriminelle Jugendliche mit Migrationshintergrund. Brachte eine Kampagne gegen die doppelte Staatsbürgerschaft der Hessen-CDU im Januar 1999 noch den nötigen Auftrieb für einen Wahlsieg, treibt der neuerliche Wahl-Populismus Roland Koch in eine für CDU-Verhältnisse beispiellose Niederlage. Ein genaues Betrachten von hessenspezifischen Fakten attestiert der Regierungszeit Koch ein eklatantes Versagen in der Auseinandersetzung mit Jugendkriminalität. Die einschlägigen Gerichtsverfahren dauern in Hessen länger als in den meisten anderen Bundesländern. Soziale Einrichtungen zur Kriminalitätsprävention mussten in Hessen schon seit Jahren auf Sparflamme kochen. Die hessische Polizei- und Justizausstattung weist Mängel auf, die nicht zum Selbstbild der Koch-Regierung als Law-and-order-Dreamteam passen. Spätestens beim Koch-Vorschlag, das Jugendstrafrecht in Einzelfällen auch auf Kinder anzuwenden, hätten besonnene CDU-Teile eigentlich die Notbremse ziehen müssen. Kanzlerin und CDU-Präsidium gehen in dieser Detailfrage zwar vorsichtig auf Distanz, identifizieren sich aber mit der groben Stoßrichtung ihrer hessischen Parteifreunde. Der Hessen-Separatismus im Umgang mit den Landesbediensteten und die frustrierende Alltagserfahrung von Eltern schulpflichtiger Kinder vermischen sich zu einer politischen Stimmungslage, die den Machtwechsel ermöglicht. Kochs SPD-Konkurrentin Andrea Ypsilanti punktet mit alternativen Vorstellungen zur Schulpolitik und mit Ideen für das stärkere Setzen auf regenerative Energien. Das trägt ihr die Blutgrätsche des jetzt politisch arbeitslosen ehemaligen SPD-Wirtschafts- und Arbeitsministers Wolfgang Clement ein. Als neuer Lobbyist der Energiewirtschaft warnt er vor der Stimmabgabe für die Hessen-SPD. Ihm droht deshalb die rote Karte des Parteiausschlusses.

Am Wahlabend die Sensation: CDU 36,8 (-12), SPD 36,7 (+7,6), FDP 9,4 (+1,5), Bündnis90/Die Grünen 7,5 (-2,6), Linke 5,1. Trostpflaster für die so arg gebeutelte CDU: Zur letzten Stimmauszählung steht fest, sie bleibt mit dem Vorsprung von 3595 Stimmen ganz knapp die stärkste Partei in Hessen. Die Konsequenz dieses Schönheitsfehlers will in der SPD im Überschwang des überraschenden Erfolges noch niemand bedenken. Selbst der soeben erreichte Einzug der ungeliebten Links-Konkurrenz trübt noch nicht die Vorfreude auf eine Regierungsübernahme. Mit der Linken wolle man nichts zu tun haben, hatte es bislang immer geheißen. Wenn es ein Kalkül war, auf diese Weise Wähler von ihrer Stimmabgabe für die Linke abzuhalten, ist es misslungen. Weitere Pläne sind nicht aufgegangen: Weder reicht es für eine CDU-FDP-Koalition, noch für eine Mehrheit der deutlich gestärkten SPD mit den geschwächten Grünen. Wie deren Stimmergebnisse aus Frankfurt zeigen, hat die dort praktizierte schwarz-grüne kommunalpolitische Zusammenarbeit frühere Wähler verschreckt oder in die Arme der dunkelroten Konkurrenz getrieben. Die berühmte Frage „Was tun?" beschäftigt fortan nicht nur die hessischen Politiker. Die bundespolitischen Parteifreunde, nicht nur die ersten Ränge, sondern auch die Hintersassen, die Schar der politischen Kommentatoren und Talkrunden sowie alle einschlägigen Besserwisser sehen ihre Stunde gekommen. Munter wie selten zuvor wird spekuliert über mögliche große Koalitionen, auch mit ganz neuen Spitzenrepräsentanten, sowie über Jamaika- oder Ampel-Koalitionen. Die parlamentarischen Schmuddelkinder, die Linken, rücken immer stärker ins Rampenlicht als Mehrheitsbeschaffer oder -verhinderer.

Wie beruhigend dagegen das niedersächsische Wahlergebnis: CDU 42,5 (-5,8), SPD 30,3 (-3,1), Bündnis90/Die Grünen 8 (+0,4), FDP 8,2 (+0,1), Linke 7,1. Als strahlender Sieger wird Deutschlands Lieblings-Schwiegersohn Christian Wulff präsentiert. Er ist im gesamten Wahlkampf seinem charismafreien Herausforderer Wolfgang Jüttner davongeeilt. Polarisierende Zuspitzungen, selbst auf dem SPD-Themenfeld des gesetzlichen Mindestlohnes, hatte Christian Wulff vermieden. Nicht einmal das Schwängern einer anderen als der Ehefrau, Scheidung und angesagte Neuvermählung mit der Kindesmutter schmälern sein Sunnyboy-Image. Ausgemacht ist die Fortsetzung der Koalition mit der FDP. Im Windschatten der politischen Wirbelwinde aus Hessen will tagelang überhaupt niemand erörtern, inwieweit ein Minus von 5,8 Prozent noch eine Empfehlung für höhere Aufgaben sein kann. Noch deutlicher als in Hessen wird die Linke mit elf Abgeordneten zur Parlamentspartei, obwohl es – wie sich später entpuppt – in ihren Reihen erheblich wirrköpfiger zugeht als in der hessischen Sechser-Fraktion.

Für die Bundespolitik bringen die beiden Landtagswahlen wichtige Erkenntnisse: So scheint das parlamentarische Mit-, Gegen- und Nebeneinander von fünf Parteien im Bundestag nach dem Einzug der Linken in Parlamente von Bremen, Hessen und Niedersachsen von der Ausnahme zur Regel zu werden. Eine gut beratene Angela Merkel dürfte künftig noch weniger Neigung verspüren, sich auf polarisierende Hau-Drauf-Wahlkämpfe einzulassen. In der SPD wird man zu überlegen haben, ob die Stigmatisierung einer Stimmabgabe für die neue Mischung aus alter PDS mit Abtrünnigen vom eigenen Stamme und der notorisch heimatlosen Gefühlslinken die Rolle als Juniorpartner großer Koalitionen nicht noch befestigt. Einzig FDP und Grüne dürfen sich freuen, jetzt in beiden Lagern als Mehrheitsbeschaffer für Dreier-Koalitionen umworben zu sein. Die politische Kultur hat vielleicht ein wenig gewonnen – durch den brutalstmöglichen Absturz für brutalstmöglichen Koch-Populismus.

## Februar 2008

Der Wähler, dieser unsichere Kantonist, hat am 24. Februar schon wieder das Wort, diesmal bei der Bürgerschaftswahl in Hamburg. Dabei ist noch völlig ungeklärt, wie es im neuen hessischen Fünf-Parteien-Parlament weitergehen soll und wie schnell es für Roland Koch Zeit wird, sich auf neue Aufgaben einzustellen. Zunächst zieht seine Wahlniederlage die bundesweiten Umfragewerte von Union und Kanzlerin nach unten. Ole von Beust, alleinregierender Bürgermeister der Hansestadt, hat schon einen Plan B, wenn es für das favorisierte Bündnis mit der FDP nicht reichen sollte. Die hanseatischen Grünen werden ihm immer sympathischer. Diese fühlen sich gerne umschmeichelt, setzen allerdings noch auf ein Bündnis mit der SPD. Michael Naumann, kurzzeitig Staatsminister für Kultur und Medien im Kanzleramt unter Gerhard Schröder, erwidert diese Zuneigung. Er hatte sich in der zerstrittenen Hamburger SPD zur Spitzenkandidatur bereit erklärt und seiner lange dahinsiechenden Partei wieder Siegeswillen eingehaucht. So einer hat immer nur einen Plan A. Anders der hessische Politik-Fuchs Roland Koch: Schwarz-Gelb allein geht nicht mehr, deshalb rückt das Werben um eine Jamaika-Koalition mit den zu Wahlzeiten heftigst angefeindeten Grünen auf seine Tagesordnung. Die FDP, in Hessen schon lange unbeirrt auf Koch-Gefolgschaftskurs, möchte nur die grüne Kröte auf dem Weg zur Regierungspartei schlucken, reagiert deshalb beleidigend genervt, auf das wiederholte Anbieten einer Ampel-Koalition durch die Sozialdemokraten. Die sechs Neu-Parlamentarier der Linken lassen wissen, sie würden sich der Abwahl von Roland Koch nicht verweigern. Wie staatstragend die allseitig geschmähte Linkspartei sein kann, demonstriert der rasche Ausschluss einer DKP-Frau aus den Reihen ihrer niedersächsischen Parlamentsfraktion. Die auf der Wahlliste noch erwünschte Alt-Kommunistin hatte peinlichen Unsinn über DDR, Mauer und Stasi in eine Fernsehkamera geplappert. Fernwirkungen auf Hessen hat das nicht. Für die Hessen-SPD bleibt bis zur Hamburg-Wahl verschärftes Buhlen um die Gunst der FDP auf dem Spielplan. Vier Tage vorher meldet sich Kurt Beck aus einem Hintergrundgespräch mit Journalisten zur weiteren Regie. In vertrauter Runde sinniert der SPD-Chef, es sei nicht vermittelbar, wenn Andrea Ypsilanti nicht für das Amt der Ministerpräsidentin kandidiere. Warum sollte Ministerpräsident Roland Koch weiter geschäftsführend im Amt bleiben? Und bei aller Abneigung der Linkspartei gegenüber Sozialdemokraten, warum sollte diese ausgerechnet durch Stimmenverweigerung für Andrea Ypsilanti dem noch verpönten Roland Koch nützen wollen? Kurt Beck soll nach Auskunft einer Plaudertasche aus dieser Runde daran erinnert haben, man könne bei geheimer Wahl eines Ministerpräsidenten die Stimmen nie eindeutig einer Partei zuordnen. Er selbst sei als rheinland-pfälzischer Ministerpräsident von mehr Abgeordneten gewählt worden als seine Partei Sitze im Landtag habe. Zur richtigen Zeit gewinnen selbst politische Binsenweisheiten dieser Art die Anmutung des Sensationellen. Jedenfalls rauscht es kräftig im Blätterwald veröffentlichter Meinungen. Das Wort vom „Wortbruch" ist geboren und bleibt auf Wochen an Kurt Beck und seiner Partei kleben.

Die Bürgerschaftswahlen in Hamburg bringen keine anderen Ergebnisse als die von den Spatzen der Demoskopie von allen Dächern vorab gezwitscherten: Die CDU mit einem höchst beliebten Bürgermeister Ole von Beust verliert trotzdem ihre absolute Mehrheit. Die SPD kann ihre empfindlichen Verluste aus dem Jahr 2004 deutlich aufholen. Die Linke schafft den Einzug in die Bürgerschaft. Die Grünen bleiben unter ihrem vormaligen Spitzenergebnis. Und die FDP ist wieder vergeblich gegen die Fünf-Prozent-Hürde angerannt. Im Einzelnen: CDU 42,6 (-4,6), SPD 34,1 (+3,6), Bündnis 90/Grüne 9,6 (-2,7), Linke 6,4, FDP 4,7 (+1,9). Um 2001 erstmalig Bürgermeister zu werden, war sich Ole von Beust für ein Bündnis mit der rechtslastigen Schill-Partei nicht zu schade. Niemand empfindet es deshalb als wunderlich, dass er es nun mit einem Schwarz-Grünen-Bündnis bleiben möchte, zumal die Zusammenarbeit mit den Grünen in der Hamburger Kommunalpolitik vereinzelt schon Praxis ist. Rot-Grün reicht nicht. Ein Tolerieren durch die acht Neu-Parlamentarier der Linken, darunter auch Implantate der immer noch orthodox-kommunistischen DKP, ist für alle Beteiligten völlig undenkbar. Die Vorliebe für eine große Koalition hält sich durch Erfahrungen mit der Bundesregierung bei den politischen Akteuren und Wählern gleichermaßen in Grenzen. Zwei Beleidigte bleiben zurück: Die FDP und Michael Naumann. Die CDU muss mit dem Vorwurf des Möchte-Gerne-Koalitionspartners leben, für ein Schwarz-Gelbes-Bündnis bei den Wählern nicht offensiv genug um Stimmen für die FDP geworben zu haben. Der erkrankte Kurt Beck muss in einem Brief von Michael Naumann lesen, dieser habe sich auf der Überholspur befunden, aber dann sei ihm ein Lastwagen aus Mainz entgegengekommen. Kurt Beck ist zu höflich, um öffentlich zurück zu fragen, ob nicht Naumanns Blackout in einem Live-Fernsehduell mit Hamburgs Erstem Bürgermeister Ole von Beust und sein stotternder Abgang vor laufenden Kameras dem Überholmanöver doch etwas mehr geschadet haben könnte.

Im immerwährenden Kampf gegen Steuerhinterzieher statuiert der oft als lahm gescholtene öffentliche Aufklärer ein Exempel: Es trifft Klaus Zumwinkel, den eher still, doch erfolgreich agierenden Chef des weltweit tätigen Dax-Konzerns Deutsche Post. Vor laufenden Fernsehkameras wird er zur Vernehmung abgeführt. Über die Steueroase in Liechtenstein soll er eine Million Steuern hinterzogen haben. Die Ermittler sprechen von tausend weiteren Verdächtigen und einer Schadenssumme von über drei Milliarden Euro. Dem ohnehin lädiertem Ansehen der deutschen Wirtschaftseliten versetzt es einen neuen Tiefschlag. Was nur Insider wussten, steht nun im öffentlichen Scheinwerferlicht: Liechtenstein ist ein Eldorado für Steuerflüchtlinge und entzieht sich systematisch der Kooperation mit ausländischen Steuerbehörden. Aus deutscher Sicht besonders ärgerlich: Transparenzregeln, die Liechtenstein mit den USA gelten lässt, werden im Umgang mit EU-Ländern bislang ignoriert. Dass die deutsche Steuerfahndung sich bei ihren Aufklärungsbemühungen auf gekaufte, in Liechtenstein zuvor geklaute Daten stützt, finden die Liechtensteiner Verantwortungsträger empörender als ihre fortdauernde Beihilfe zur systematischen Steuerhinterziehung.

Statt sich auf das Versorgen des deutschen Mittestandes mit Krediten und Bürgschaften zu konzentrieren, hat sich auch das öffentlich-rechtliche Bankensystem beim „Laufen mit den großen Hunden" auf dem internationalen Kapitalmarkt kräftig verspekuliert. Öffentliche Gelder der Kreditanstalt für Wiederaufbau müssen die angeschlagene Mittelstandsbank IKB retten. Neue Skandalnudel nach Sachsen-LB und West-LB: die Bayerische Landesbank. Bayerns Finanzminister und CSU-Vorsitzender Erwin Huber wiegelt Fragen nach seiner Mitverantwortung für Millionenverluste durch Nicht-Genaues-Hinsehen routiniert ab.

Genaues Hinsehen, wenn es um staatliches Misstrauen gegen die Bürger geht, kennt verfassungsrechtliche Grenzen. Die heimliche Online-Durchsuchung zur Terroristenabwehr wird dem nordrhein-westfälischen Verfassungsschutz vom Bundesverfassungsgericht untersagt. Der Bundesinnenminister wird bei seinen eigenen Vorhaben nach dieser Entscheidung nunmehr zu berücksichtigen haben, dass Kernbereiche der privaten Lebensgestaltung vor dem neugierigen Zugriff des Staates geschützter sind als ihm lieb sein mag.

Die Kindermorde von Bethlehem erscheinen jetzt im neuen Licht. War Herodes bloß Opfer einer kommunistischen Erziehungsdiktatur? Man muss das ernsthaft prüfen, will man den CDU-Politiker und Ministerpräsidenten von Sachsen-Anhalt, Wolfgang Böhmer, ernst nehmen. Er sieht in der Serie von Kindestötungen in Ostdeutschland eine Ursache nachwirkender DDR-Mentalität: „Ich erkläre mir das vor allem mit einer leichtfertigeren Einstellung zu werdendem Leben in den neuen Ländern." Wolfgang Böhmer, vor seiner politischen Karriere tätig als Gynäkologe, erzählt im Focus-Interview, ihm komme es so vor, als ob Kindestötungen von Neugeborenen „für manche ein Mittel der Familienplanung" sei.

## März 2008

Die Entrüstungsstürme in den Wassergläsern der Republik beruhigen sich etwas. Die Neu-Parlamentarier der Linken im hessischen Parlament müssen sich vorerst noch nicht entscheiden, was schwerer wiegt, ihre Abneigung gegen den amtierenden Ministerpräsidenten Roland Koch oder die Genugtuung, sich für die oft sehr schrof

fe Ablehnung aus der SPD durch eigene Stimmenthaltung bei der Ministerpräsidentenwahl zu revanchieren. Andrea Ypsilanti und selbst der traditionsbewusste Hes-
sen-Nord-Teil der Sozialdemokratie hatten es eigentlich darauf ankommen lassen
wollen, nachdem alle Ampel-Wunschträume schon seit längerem geplatzt waren.
Die Bundes-SPD bestätigt ihre jahrzehntelang übliche Praxis, Koalitionsbildungen
auf Länderebene den jeweiligen Landesverbänden zu überlassen. Alle machen ihre
Rechnung aber ohne Dagmar Metzger. Wer ist diese Dame? Ehefrau oder Zwil-
lingsschwester des als Selbstdarsteller einschlägig berüchtigten Oswald Metzger?
Nein, sie mag seine Schwester im Geiste sein, ist aber keine Verwandte. Dagmar
Metzger, von der Frankfurter Rundschau „Ypsilantis Albtraum" tituliert, ist direkt
gewählte SPD-Landtagsabgeordnete aus Darmstadt. Aus ihrem Skiurlaub lässt sie
die Favoritin ihrer Partei für den angekündigten Machtwechsel in Hessen per auf-
gezeichnetem Telefonanruf wissen, sie könne dabei nicht mitwirken, weil bei den
Mehrheitsverhältnissen auch mit Zustimmung aus der Linkspartei kalkuliert werden
müsse. In nachfolgenden Interviews variiert sie zur Rechtfertigung Geschichten
von ihren durch die Berliner Mauer getrennten Großeltern. Und schließlich sei es
ein Wahlversprechen, nicht mit den Linken zusammenzuarbeiten. Die BILD-Zeitung
ruft sie zur ehrlichsten Politikerin Deutschlands aus, während Andrea Ypsilanti als
„Lügelanti" angerempelt wird. Die öffentliche Meinung polarisiert sich. Für die
einen ist Dagmar Metzger eine moderne Jeanne d'Arc, die in letzter Sekunde verhindert, dass Hessen in den Abgrund des Bösen stürzt. Für die anderen ist sie ein
Neuzugang bei jener Schar von Politikaktivisten, die ihr Ego und Bekanntheitsgrad
durch kunstvolles Spielen auf das eigene Tor vergrößern. Bei dieser Gemengelage
erscheint Ypsilantis erklärter Verzicht auf eine frühestmögliche Kandidatur gegen
Koch als einer der klügeren Schachzüge der letzten Wochen.

Das Hessen-Wirrwarr hat bundespolitische Kollateralschäden. Zum Sündenbock
für alles wird Kurt Beck gestempelt. Eine vierzehntägige Krankheit – eine tatsächliche und keine politische – erspart ihm ein wenig die direkte Konfrontation mit
innerparteilichen und parteiischen externen Besserwissern. Das Ausmaß der Häme
– auch aus den eigenen Reihen – dürfte seinem Genesungsprozess nicht förderlich
gewesen sein. Da wird seine Eignung als Parteiführer in Abrede gestellt. Die Fähigkeit zu einer respektablen Kanzlerkandidatur spricht man dem gelernten Elek-
tromechaniker sogar mangels Weltläufigkeit und guter Englischkenntnisse ab. Der
SPD wird angedient, sie solle über die Kanzlerkandidatur die Mitglieder abstimmen
lassen. Kabarettisten ermuntern SPD-Mitglieder zum Parteiaustritt und stempeln
Kurt Beck zum neuen pfälzischen Deppen, als hätte nicht schon der als „Birne"
verspottete Helmut Kohl dieses Klischee in sechzehnjähriger Regierungspraxis ad
absurdum geführt. Die jahrelang als Landei aus der Uckermark verhöhnte Angela
Merkel macht derweilen als Bundeskanzlerin bei ihrem Staatsbesuch in Israel mit
einer nachdenkenswerten Rede vor der Knesset bella figura.

Für Schadenfreude im Lager der Union fehlen ermutigende eigene Leistungen. Nach dem Rekord-Minus bei der Hessen-Wahl von 12 Prozent, Verlusten in Niedersachsen von 5,8 Prozent und einem dritten Denkzettel aus Hamburg, (-4,6), geht die Talfahrt bei der Kommunalwahl in Bayern weiter: CSU 40 (-5,5), SPD 22,6 (- 2,5), Grüne 8,2 (+2,5), FDP 3,8 (+1,8). Selbst im bayerischen Wald kann ein junger, evangelischer, schwuler Sozialdemokrat gegen einen CSU-Konkurrenten Bürgermeister werden. Mit Blick auf Landtagswahlen im Herbst schmälern die noch deutlicheren Stimmverluste in München und Nürnberg die Siegeszuversicht des CDU-Tandems mit Ministerpräsident Günther Beckstein und Parteichef Erwin Huber. Was beide anfassen, geht schief. Am verlustreichen Agieren der bayerischen Landesbank wollen beide unschuldig sein. Edmund Stoibers Lieblingsprojekt, die Magnetschwebebahn-Verbindung vom Münchner Hauptbahnhof zum Flughafen, wird aufgegeben, weil die Realisierungskosten exorbitant den vorhandenen Finanzierungsrahmen sprengen würden. Zurückgerudert wird beim Raucherschutz in Bayern. Schließlich verwickelt Erwin Huber seine im Bund mitregierende CSU in einen Forderungswettlauf mit FDP und Linkspartei um generelle Steuerentlastungen und mehr Geld für Pendler und Eltern. Verzweifelt fragt sich Finanzminister Steinbrück, ob im Himmel vielleicht Jahrmarkt sei. Wohl eher im Führungszirkel der CSU. Durch die geschlossenen Fenster der Staatskanzlei hört man leises Rufen nach Edmund Stoiber.

Dass die Regierenden neuen Respekt vor ihren Wählern gewinnen, scheint eine Konzession an die etwa 20 Millionen Rentner zu bestätigen. Ginge es nach dem gültigen Drehbuch für die jährliche Rentenanpassung, dürften sich alle Rentenbezieher nur über ein Plus von 0,46 Prozent freuen. Da hätte man sich monatlich schon ein ganzes Kännchen Kaffee extra leisten können. Die Bundesregierung will aber dafür sorgen, dass es auch noch für den Kuchen reicht. Die Renten sollen 2008 um 1,1 Prozent steigen, damit auch Rentnerinnen und Rentner „am Aufschwung teilhaben", so der Arbeitsminister Olaf Scholz. Die Mehrkosten von 1,2 Milliarden Euro sollen „aus dem laufenden Betrieb finanziert" werden. Was so gut gemeint ist, bringt der Regierung mehr Ärger als Freude. Die einen missgönnen den Rentnern den Extrakuchen. Die so überraschend Bedachten fühlen sich verhöhnt, weil ihnen im letzten Jahr besonders die Lebensmittel- und Energiekostensteigerungen den Etat für Luxusausgaben ohnehin kräftig geschmälert haben.

In den Tarifauseinandersetzungen im öffentlichen Dienst geht es für die Beschäftigten um mehr als um die symbolische Verbesserung der Einkommenssituation. Nach Warnstreiks mit großer Resonanz und dann doch ohne Urabstimmung über einen Arbeitskampf erzielt die Gewerkschaft ver.di nach Jahren der Einkommensunteranpassung im öffentlichen Dienst deutliche Verbesserungen. Sie addieren sich im Jahresdurchschnitt 2008 auf ein Plus von 5,1 Prozent. Der Kurs auf eine expansive Lohnpolitik aller Gewerkschaften hat damit eine wichtige Durchgangsstation genommen.

Verbesserte Einkommenserwartungen haben auch die Bezieher von Niedrigeinkommen. Inwieweit diese Erwartung zu erfüllen ist, bleibt in der Koalition nach wie vor umstritten. Das Vorhaben, Mindestlöhne über das Entsendegesetz im Tarifgefüge zu verankern, wird nicht allen Geringverdienern nutzen. In vielen Niedriglohnsektoren finden sich bis zum Anmeldestichtag Ende März keine Arbeitgeberverbände, die auf diese Weise Lohnuntergrenzen festgeschrieben sehen möchten. Der Unions-Regierungsteil frohlockt. Der sozialdemokratische Teil setzt auf die vom Gesetzgeber noch nicht ausgespielte Karte eines reformierten Mindestarbeitsbedingungsgesetzes. Neue Schadenfreude der Mindestlohnwidersacher löst ein Urteil des Berliner Verwaltungsgerichtes aus. Die seit Jahresbeginn per Gesetz festgeschriebene Lohnuntergrenze für Briefzusteller sei demnach nicht für alle verpflichtend. Begründet wird dies mit der Existenz von Dumping-Tarifverträgen, die von zu diesem Zweck extra gegründeten Arbeitgeber- und Gewerkschaftsorganisationen geschlossen worden waren. Fachleute geben sich optimistisch, dass diese Freude – bemerkenswerterweise auch vom Mitgesetzgeber Wirtschaftsminister Michael Glos geschürt – über eine Niederlage der Bundesregierung nur bis zur Entscheidung der nächsten Instanz anhalten werde.

Vorbote eines politischen Umkehrtrends oder nur ein persönlicher Erfahrungszuwachs? Die langjährige stellvertretende Vorsitzende der PDS, Angela Marquardt, seit 2003 parteilos, hat sich der SPD angeschlossen. Sie will das auch als ein Zeichen gegen die Häme verstanden wissen, mit der die SPD derzeit überschüttet werde. Ein gegenläufiges Zeichen setzt endgültig Oswald Metzger. Das öffentliche Rätselraten ist beendet. Nach einstiger Mitgliedschaft in der SPD, Umstieg und Aufstieg zum Wirtschaftsexperten der Grünen-Bundestagsfraktion, Austritt nach Parteitagsniederlage und wochenlangem Kokettieren mit der Vorliebe für eine neue Parteimitgliedschaft ist es nun entschieden: Die FDP wird noch eine Weile warten müssen. Sein nächstes Bundestagsmandat erhofft sich Oswald Metzger als Biberacher Christdemokrat – vergeblich, wie er bald erfahren wird.

## April 2008

Das Volk murrt immer noch. Gut drei Viertel der Bevölkerung fühlen sich vom ökonomischen Aufschwung abgekoppelt. Trotz rückläufiger Arbeitslosenzahlen glaubt jeder Zweite nicht mehr an eine gute oder sehr gute Zukunft für die deutsche Wirtschaft. Verunsichert haben abflachende Konjunkturprognosen, kriselnde Finanzmärkte und verteuerte Lebenshaltungskosten. Zwei von drei empfinden die Verhältnisse in Deutschland als ungerecht. Mit der Bundesregierung sind zwei Drittel unzufrieden. Dabei gibt sich die Politik der großen Koalition große Mühe. Doch in der öffentlichen Kommentierung erhalten Kompromissfähigkeit und permanenter politischer Meinungsstreit vorwiegend schlechte Noten. Da hat Umweltminister

Sigmar Gabriel ein Einsehen und verzichtet auf den Zwang zur Biosprit-Beimischung zum Benzin. Was der Umwelt gut bekommen wäre, hätte vielen hunderttausend Automotoren offenbar geschadet. Gabriel räumt ein, man habe technische, soziale und umweltpolitische Probleme beim Einsatz der Biomasse unterschätzt. Er erhält aber kein Lob für Lernfähigkeit, sondern Tadel als Ankündigungsminister. Bekannt ist, die Union hätte am liebsten schon gestern die gesamte Bahn an die Börse gebracht. Doch die SPD befürchtet Nachteile für Beschäftigte und Bahnkunden und steht auf der Bremse. Nun der Kompromiss: Nicht hundert, sondern nur 24,9 Prozent der profitablen Bahn-Teile sollen an der Börse frei gehandelt werden dürfen. Das bringt gleichermaßen Enttäuschung für die Anhänger von Privatisierungswahn und Bürger-Bahn. Finanzminister Peer Steinbrück ist böse über seine Kollegen aus den Ressorts Wirtschaft, Bildung, Entwicklung und Verkehr und ihre neuen Haushaltsforderungen. Er will ihnen sogar die Etathoheit entziehen und ohne Absprache ein Budget zuweisen. Starke Worte, doch zeigt sich schnell: Der Finanzminister hat leicht übersehen, dass die Bundesregierung bei der Erhöhung der Investitionsquote für Forschung und bei der wirtschaftlichen Zusammenarbeit mit Entwicklungsländern Verpflichtungen eingegangen ist, die sich schlecht qua ordre de Steinbrück aus der Welt räumen lassen. Seine Finanzdecke ist nicht zuletzt deshalb notorisch zu kurz, weil ihm die jährlichen fünf Milliarden fehlen, die sich die Bundesregierung die Unternehmenssteuerreform kosten lässt. Vorerst sind es noch dreistellige Millionenbeträge im Haushalt, die sich locker bewegen lassen, wenn eine Bankenkrise droht. Pikanterweise ist es Chefbanker Josef Ackermann, der sich in dieser Situation nicht schämt, nach einer staatlichen Rückendeckung bei schlechten Bankgeschäften zu rufen. Was zu befürchten war, tritt ein: Steinbrücks Pochen auf Haushaltsdisziplin mutiert zur stupiden Debatte, bei der zwischen populistischem Sparen, Geldraushauen und zweckmäßigen Investitionen in die gesellschaftliche Infrastruktur nicht mehr differenziert wird. Beim Dauerbrenner Erbschaftssteuer geht es nur noch um günstigere Klauseln für Steuerbefreiung von Betriebserben und schon lange nicht mehr um die Kernfrage, warum der deutsche Steuerstaat über die Erbschaftssteuer ganz offensichtlich nicht mindestens soviel Geld einnehmen will, wie das in europäischen Nachbarländern obligatorisch ist. Zum Streitthema Mitarbeiterbeteiligung findet die Koalition eine Lösung, die vor allem dem Mittestand nützt, nicht aber zu Lasten der betrieblichen Altersvorsorge geht. Doch bleibt der Zweifel, ob ihr politischer Tauschwert nicht bedeutsamer ist als der Nutzen dieser Regelung für die gesellschaftliche Vermögensverteilung.

Die Regierungsintervention zugunsten einer minimalen außerordentlichen Rentenerhöhung 2008 und 2009 bleibt in der Debatte. Für die einen ein Rückfall hinter das, was sie stets so flott mit einer „Gesellschaftsreform" verwechselt hatten. Für die anderen weiße Salbe auf die Sorge um zukünftige Altersarmut. Ex-Bundespräsident Roman Herzog, selber ein bestens versorgter Pensionär und dazu noch reich verheiratet, dokumentiert sein mangelndes Verständnis für schlechter Situierte in der BILD-Zeitung, die für Herzog-Herziehereien immer ein offenes Ohr hat: „Ich fürchte, wir sehen gerade die Vorboten einer Rentner-Demokratie." Die Älteren würden immer mehr und alle Parteien nähmen überproportional Rücksicht auf sie. „Das könnte am Ende in die Richtung gehen, dass die Älteren die Jüngeren ausplündern." Jürgen Rüttgers, NRW-Ministerpräsident und selbsternannter Vorsitzender der eigentlichen Arbeiterpartei zwischen Rhein und Ruhr, fühlt sich auf den Plan gerufen, diesen Anspruch neu zu untermauern. Er gibt zu bedenken: Die Rente von Beschäftigten, die 35-Jahre lang nur geringe Versicherungsbeiträge gezahlt hätten, sei heute nicht höher als die Grundsicherung. „Da stellt sich der Bürger zu Recht die Frage: ‚Warum soll ich überhaupt noch arbeiten, wenn es auch ohne Arbeit die gleiche Rente gibt?'". Mit seiner Schlussfolgerung, wer lange in die Alterskasse eingezahlt habe, müsse auch mehr Rente bekommen als nur die Grundsicherung, handelt er sich im eigenen Lager Klassenkeile ein. Den Sozialdemokraten ist es erneut peinlich, dass ausgerechnet der Rüttgers sich wieder mit einer Frage beschäftigt, für die sich eigentlich die SPD zuständig fühlt. Er sei ein „Lafontaineist" oder ein „rentenpolitischer Hütchenspieler", hörte er es aus der Sozi-Ecke. Im Kanzleramt registriert man solche Belehrungen gerne. Noch gäbe es keine Altersarmut, wird beschwichtigt. Man könne sich ja in einigen Jahren damit befassen. Inwieweit das dem einstigen Zukunftsminister im Kabinett Kohl oder gar den Wählern aktuelles Nachdenken erspart, bleibt fraglich.

Freude in Blankenese und in der Hafenstraße. Die schwarz-grüne Hamburg-Koalition ist perfekt. Bürgermeister Ole von Beust, der schon in der Koalition mit der rechtsextremen Schill-Partei Biegsamkeit unter Beweis gestellt hatte, ist seinen grünen Partnern so weit entgegengekommen und diese haben sich mit eigener Kompromissfähigkeit so revanchiert, dass beide Parteitage dem Bündnis mit großen Mehrheiten zum Start verhelfen. Oft wird bei Koalitionen davon gesprochen, es ginge nicht um Liebesheirat, sondern um Vernunftehe. Die Sprache der Bilder stellt allerdings nicht in Zweifel, dass sich zwei gefunden haben, die sich trefflich verstehen. Da wäre es klug gewesen, der SPD-Vorsitzende Kurt Beck hätte dem neuen schwarz-grünen Bündnis, das erste auf Landesebene, nicht noch hinterher geschimpft, es sei „zusammengeschustert" und Industriefeindlichkeit paare sich „mit Kompromissen, die keine Probleme lösen". Gibt es Auswirkungen auf die hessische Politiklandschaft? Und ob. Roland Koch will jetzt auch eine grüne Braut haben und versprüht Nettigkeiten über jene Grüne, die er noch vor wenigen Wochen in die Öko-Trottel-Ecke und Helfer kommunistischer Machtübernahme geschoben hatte. Seine Geschäfte als Ministerpräsident in Hessen will er so lange weiter führen, bis sich die Oppositionsmehrheit traut, ihn abzuwählen oder die Grünen seiner Charme-Offensive erliegen. Über ein Schmankerl werden sie sich schon freuen. Roland Koch will Hessen zum Musterland für regenerative

Energien machen. Vergessen seine Abneigung gegen die hässliche Verspargelung der Landschaft durch Windkraftanlagen.

Vor Gericht und auf hoher See sei man in Gottes Hand, heißt es. Diese Hand hat das Bundesverfassungsgericht in Karlsruhe gut geleitet, indem es Kinder in Zukunft davor schützt, zum Spielball in den Rosenkriegen gescheiterter Paarbeziehungen zu werden. Im konkreten Entscheidungsfall darf die Mutter den Vater ihres nichtehelichen Kindes unter Missachtung des Kindeswohls nicht länger dazu zwingen, den Umgang mit seinem Kind zu pflegen. Taub gegenüber göttlichen Inspirationen aber hellhörig für Unternehmerwünsche, so erweist sich ein drittes Mal in kurzer Folge der Europäische Gerichtshof. Er spricht dem Land Niedersachsen das Recht ab, bei der Erteilung öffentlicher Bauaufträge eine Bezahlung nach Tarif zu verlangen. Nutznießer von Tarifdumping feixen. Die Opfer und ihre gewerkschaftlichen und politischen Interessenvertreter wollen das Bemühen um allgemeinverbindliche Mindestlöhne intensivieren, damit Deutschland nicht länger die Ausnahme von der europäischen Regel bleibt. Die Gewerkschaften thematisieren das Verschieben der Balance zwischen Marktfreiheit und Arbeitnehmerrechten. Der Bundestag stimmt mit großer Mehrheit dem EU-Reformvertrag von Lissabon zu, mit dem die Weichen für effizientere EU-Strukturen gestellt werden. Während Angela Merkel – eine Spur zu euphorisch – davon spricht, durch das Reformwerk sei Europa „ein ganzes Stück näher an die Menschen" gerückt, nährt das jüngste Urteil des Europäischen Gerichtshofes die Zweifel, ob es dabei um mehr als ein seelenloses, größeres Haus für die Jagd nach dem höchstmöglichen Profit geht.

Die Berliner CDU unter ihrem glück- wie profillosen Klaus-Wowereit-Herausforderer Friedbert Pflüger lässt keine Gelegenheit aus, um dessen Arbeit herabzusetzen und den Bürgerzorn gegen die Rot-Roten zu schüren. Neues Vehikel: Ein Volksbegehren gegen die Schließung des traditionsreichen Flughafens Tempelhof zu Gunsten des neu geplanten Großflughafens Berlin-Brandenburg. Friedbert Pflüger und seine Helfer aus Wirtschaft und Springer-Presse reden den Menschen ein, ein Symbol der Freiheit und der Identität aller Berliner solle beseitigt werden. Im Kern geht es trotzdem nur darum, ob Berlin-Tempelhof bequemere An- und Abflugstation für den Kleinflugverkehr von Privat- und Firmenflugzeugen bleiben kann, also „Bonzenflughafen", wie der Berliner schnörkellos befindet. Das Volksbegehren scheitert, Flughafen-Tempelhof bleibt als historischer Erinnerungsort und Baudenkmal erhalten. Friedbert Pflüger wartet auf eine neue Gelegenheit, diese Scharte auszuwetzen.

Was der Bundesnachrichtendienst Gutes tut, darf er nicht öffentlich erzählen, sonst wäre er ja nicht mehr der Bundesnachrichtendienst. Was ihm misslingt, gerät sofort in die Schlagzeilen. Offenbar monatelang hat der BND ohne Information von Regierung und Bundestag eine Spiegel-Journalistin und einen afghanischen Minister ausgespäht. Doch trägt das dem BND-Chef Ernst Uhrlau nur eine politische Missbilligung – auch der Kanzlerin – ein. Er muss sich bei den Objekten behördlicher Wissbegier entschuldigen und wird wohl erst bei der nächsten „Panne" seinen Job verlieren. Auch beim Verfassungsschutz läuft es nicht rund. Laut „Spiegel" ist schon jeder siebte Neonazi ein besoldeter Zuträger. Trotzdem schnellt die Zahl rechtsextremer und fremdenfeindlicher Straftaten nach oben. Grund genug, die Reißleine zu ziehen. Fortan verstärkt Lorenz Chaffier, Innenminister der großen Koalition in Mecklenburg-Vorpommern, als einziger Unions-Amtsbruder die Runde seiner SPD-Kollegen, die sich für das Verbot der NPD stark machen.

Alle Abgeordneten sind gleich. Wirklich? Ist der frühere Innenminister Otto Schily – in dieser Legislaturperiode nur noch einfacher SPD-Abgeordneter – nicht doch etwas gleicher? Otto Schily bleibt davon überzeugt. Der nur noch zeitweise als Hinterbänkler in der SPD-Fraktion tätige Rechtsanwalt will dem Bundestagspräsidium einfach nicht verraten, welche Nebeneinkünfte er durch seine Anwaltstätigkeit erzielt. Das Abgeordnetengesetz kennt aber selbst für einen ehemaligen Innenminister keine Ausnahme. 22.000 Euro Ordnungsgeld muss der Dickkopf nun bezahlen, was ihn nicht davon abbringt, sein Sonderrecht nunmehr vor dem Bundesverwaltungsgericht verteidigen zu wollen.

Sahra Wagenknecht, bekennende Kommunistin der Linkspartei und vom Haarstyling Rosa-Luxemburg-Widergängerin, hat ihren „Liebknecht" gefunden. Oskar Lafontaine kokettiert damit, sie auf dem Parteitag der Linken zu seiner Stellvertreterin wählen zu lassen. Die Realo-Fraktion seiner Partei ist geschockt. Hatten sie doch die Wortführerin der Kommunistischen Plattform ins Europaparlament entsorgt. Schlagzeilen hatte sie dort nur gemacht, nachdem sie in einem Brüsseler Restaurant bei einem Hummer-Essen fotografiert worden war.

Alle Spätzünder der Republik bekommen dreifach Gelegenheit für nachholende Erkenntnisgewinne. Bayern München ist durch deutsche Konkurrenten kaum zu schlagen. Beleg: Franck Ribéry, Luca Toni. China ist keine Demokratie und trotzdem Ausrichter der diesjährigen Olympiade. Beleg: Menschenrechtsverletzungen in Tibet und gesteigerte Proteste gegen den olympischen Fackellauf. Und schließlich ist Angela Merkel doch eine Frau. Beleg: Angela-Merkel-Foto mit tiefem Dekolletee beim Besuch zur Eröffnung der Nationaloper in Oslo. Das öffentliche Erstaunen veranlasst Regierungssprecher Thomas Steg zum Nachfassen. Das Kleid sei eine Neukomposition aus dem Bestand der Kanzlerin, lies er alle wissen, die es gar nicht so genau wissen wollten.

So modern das Meckern über Parteien geworden ist, die Bereitschaft zum Engagement und zur Veränderung der Parteien ist zurückgegangen. Nur die Linke hat nach Zusammenschluss von PDS und WASG 2007 ihre Mitgliedszahl verbessert, von 69.300 auf 72.000. Die beiden Volksparteien sind weiter geschrumpft. Die SPD liegt mit 536.655 Mitgliedern (20.000 weniger als 2007) nur noch knapp vor der CDU mit 533.265. (Da kommt es auf jeden an. Wohl deshalb hat Ex-Superminister Wolfgang Clement wegen seiner Nicht-Wahlempfehlung für die hessische

Parteifreundin Andrea Ypsilanti vorerst nur einen Verweis und nicht einen Parteiausschluss erhalten. Aber letzte Worte bleiben hier noch zu sprechen.) Die CSU freut sich über eine weitgehend stabile Mitgliedschaft. Sie liegt bei 167.000. Die FDP hat zum Jahresanfang 300 Mitglieder verloren. 64.400 versprechen sich noch eine Zukunft von der Westerwelle-Partei. Die Grünen erreichen mit stabilisierten 44.300 Mitgliedern ein Jahr, in dem sich erweisen wird, inwieweit sich neue Offenheit nach beiden Seiten mitgliedermäßig auszahlt.

## Mai 2008

Der Benzinpreis steigt, die Mittelschicht schrumpft und die CSU wird von ihren Wählern auch nicht mehr so geliebt. Da muss doch was zu machen sein, denkt sich CSU-Chef Erwin Huber. Auch wenn es die Partei-Schwester noch so ärgert: „Wir bremsen den Marsch in den Steuerstaat", wird proklamiert. In drei Schritten bis 2012 soll es drei Steuersenkungen im Gesamtvolumen von 28 Milliarden Euro geben: Nix ist mit Gegenfinanzierung. Huber: „Wir wollen eine echte Entlastung, kein Nullsummenspiel." Der Staat werde 2012 rund hundert Milliarden Euro mehr Steuern einnehmen als 2008, rechnet Bayerns Finanzminister dem Bundesfinanzminister vor. Da solle wohl Spielraum sein, in einer ersten Stufe 2009 fünf Milliarden Euro locker zu machen, um die Pendler-Pauschale wieder vom ersten Kilometer an voll zu bezahlen und Kindergeld und Kinderfreibetrag zu erhöhen. Ja, was ist denn mit dem Konsolidierungsziel, das sich die große Koalition auf die Fahne geschrieben hat? Im Kanzleramt hört man es grummeln, Steuersenkungen 2009 seien „ziemlich ausgeschlossen". Da ist die SPD aber beruhigt und merkt wieder nicht, dass die Unionsschwestern mit doppelten Karten spielen. Zur Überraschung seiner Parteifreunde kündet Kurt Beck die Vorlage eines seriös durchgerechneten Steuer- und Abgabenkonzeptes bis zum Monatsende an. Wort gehalten hat er. Mit heißen Nadeln wird ein Konzept gestrickt, das höhere Steuern für Vermögende und weniger Abgaben für mittlere und niedrigere Einkommen kombiniert. Vorrangig ist dabei das Absenken der Sozialabgaben von heute 39 Prozent auf eine Schwelle 2012 unter 36 Prozent. Für die laufende Legislaturperiode bleibt alles beim Alten, da erklärt sich die SPD mit der Kanzlerin einig.

Einig sind sich die Koalitionäre beim heiklen Thema Abgeordnetendiäten. Schon seit November steht fest, ab 2008 gibt es 7.339 Euro für jeden Parlamentarier und ein Jahr später 7.668 Euro. Im Abgeordnetengesetz ist vorgesehen, die Diätenhöhe zukünftig an die Richterbesoldung zu knüpfen. Die jüngsten tarifpolitischen Erfolge von ver.di verbessern auch die Einkünfte der Richter. Und, so die Philosophie der Regierungsfraktionen, da müssten auch die Abgeordneten noch einmal eine Extraportion erhalten. Innerhalb von drei Jahren wäre das eine Steigerung um 16,7 Prozent. Es gibt bedürftigere Menschen, denen man ein so deutlich verbessertes Einkommen gerne wünscht. Nach Jahren der Unteranpassung aller Einkommen, der Renten und der Sozialtransfers scheint eine solche Überanpassung der Abgeordnetendiäten jedoch mindestens instinktlos. Was das Volk den Lokführern gerne zubilligt, möchte es den Volksvertretern aber nicht erlaubt sehen. Die Medien, vorneweg „BILD" als selbsternannte Stimme des kleinen Mannes, entfachen einen Entrüstungssturm. Zuerst hat die SPD ein Einsehen, dann muss der Koalitionspartner nachziehen, und schließlich verzichten auch Kanzlerin und Minister auf ein kräftiges Extra-Zubrot. Dass die Oppositionsparteien von Anfang an nicht mitziehen würden, stand auf der Rechnung. Dass die SPD dem Volkszorn Tribut zollt, wollen ihr viele der schwarzen Kollegen nicht verzeihen. Sie sprechen vom Einknicken, Umfallen, Weicheiern. Das hat die SPD davon, wenn sie auf Volkes Stimme hört.

Arbeitsminister Olaf Scholz legt den Entwurf des dritten Armuts- und Reichtumsberichtes vor. Der erste Bericht galt noch als Abschlussbilanz der Ära Kohl, der aktuelle Bericht auf Datenbasis 2005 ist Abschlussbilanz der Schröder-Jahre. Die Ergebnisse sind nicht schmeichelhaft: Jeder vierte Bundesbürger ist von dauerhafter Armut bedroht, jeder achte (13 Prozent) gilt als arm. Nur staatliche Hilfe durch Arbeitslosen-, Kinder- und Wohngeld kann das Armutsrisiko mildern. Wer weniger als 60 Prozent des Durchschnittseinkommens zur Verfügung hat, zählt laut EU-Definition zu den Armen. Im neuen Bericht liegt die Grenze bei 781 Euro, 2005 begann die Armutsgrenze noch unterhalb der Schwelle von 938 Euro. Die Schlussfolgerung liegt nahe: In den zurückliegenden Jahren sind die Durchschnittseinkommen drastisch gefallen. Reich ist schon, wer über das doppelte Durchschnittseinkommen verfügt, also rund 3.268 Euro. Selbst wenn die aktuellen Zahlen inzwischen eine verbesserte Situation plausibel erscheinen lassen, zeigt der neue Bericht erhöhten Handlungsbedarf an. Während in der SPD darüber nachgedacht wird, Armutslöhne durch gesetzlichen Mindestlohn zu verhindern und die Rente armutsfest zu machen, hört man aus der Union bekräftigtes Ablehnen von gesetzlichen Mindestlöhnen und neue Voten für Steuerentlastungen so umfangreich und schnell wie möglich.

Bundespräsident Horst Köhler sitzt in der Zwickmühle. So wie sich vor Jahren an Guido Westerwelles Küchentisch die Schwarz-Gelben auf seine Kandidatur festgelegt hatten, so ist es wieder Guido Westerwelle, der sich seit Wochen erneut als „Präsidentenmacher" geriert. Verständlicherweise ist es dem Herrn Bundespräsidenten wenig Recht, schon über ein Jahr vor Ablauf seiner ersten Amtszeit genötigt zu werden, öffentlich die erneute Kandidatur erklären zu sollen. Köhlers spröder Umgang mit der politischen Klasse, vielleicht auch sein Eintreten für Afrika sowie sporadische Kritik an Habgier in der Wirtschaft und Chaos auf den internationalen Finanzmärkten haben die anfängliche Entfremdung zwischen Staatsoberhaupt und Volk überbrückt. So will nun auch die Union Köhler vor ihren Vorab-Nominierungskarren spannen. Anders als seine Drängler, verdrängt Horst Köhler nicht, dass es für eine Wiederwahl in der Bundesversammlung nach der noch ausstehenden Landtagswahl in Bayern vielleicht gar keine schwarz-gelbe Mehrheit mehr geben könnte. Sein Zögern und Hineinhorchen in die Stimmungslage der SPD sind also verständlich. Die SPD-Seele umwirbt er mit kräftiger Kritik an Bankern und Börsenhändlern. Er wirft ihnen katastrophales Versagen in der Kreditkrise vor und befindet, die Finanzmärkte seien zu einem „Monster" geworden. Die Geldmanager hätten sich „mächtig blamiert". Gut gebrüllt, Löwe! Aber irgendwie wirkt selbst diese Bundespräsidenten-Intervention aufgestellt, schaufensterhaft, jedenfalls nicht als Ergebnis einer in sich stimmenden politischen Grundausrichtung. Die Debatte um Köhlers erneute Kandidatur gewinnt eine fatale Dynamik. Er kann ihr nicht mehr entkommen und lässt sich schließlich doch zum vorzeitigen Bekenntnis drängeln, eine zweite Amtszeit anzustreben. „Ich will unserem Land etwas zurückgeben von dem, was es mir gegeben hat." So hat er es sich aufschreiben lassen und gesagt. Die SPD, eigentlich gar nicht unzufrieden mit dem amtierenden Bundespräsidenten, fühlt sich vom Schwarz-Gelben-Nominierungscoup eher angewidert als eingeladen. Die Idee aus zweiter und dritter Reihe, es doch noch einmal mit einer eigenen Kandidatin Gesine Schwan zu versuchen, wird schließlich in der Führungsspitze mehrheitsfähig. Das fröhliche Eintreten der zur Kandidatur bereiten Professorin für ein Werben um Zustimmung – selbst aus einer Defensivlage heraus – vertreibt für ein paar Tage die politische Depression, die sich nun schon seit Wochen in der SPD breit gemacht hat. Nur die aufrichtigsten Unterstützer von Horst Köhler ahnen, dass ihm vielleicht ein Bärendienst aufgenötigt worden sein könnte. Seine Konkurrentin hat ihm voraus, Politik gut erklären zu können, während er sich bislang darauf beschränkt hatte, populäre Elitekritik zu üben und sich von der Sphäre der Politiker abzugrenzen. Auf dem Niveau der Unionspartei-Sekretäre wird fortan gegen die SPD im Allgemeinen sowie Gesine Schwan und Kurt Beck im Besonderen gehämmert und gesichelt. Das Rot-Rote-Bündnis-Gespenst ab 2009 wird beschworen, die Bundespräsidentenwahl zum Testlauf hochstilisiert. Auch in klügeren Zeitungskommentaren wird kaum problematisiert, mit welcher Unverfrorenheit Guido Westerwelle und Angela Merkel breitere Konsenschancen für den ersten Mann ihrer Wahl versemmelt haben. Das anhaltende SPD- und Kurt-Beck-Bashing hat einen neuen Aufhänger: Wie kann die SPD es nur wagen, nicht durch den Reifen zu springen, der ihr von den Westerwelles und Pofallas so selbstlos dargereicht worden war? In dieser Situation haben Stichwortgeber aus dem eigenen Lager Konjunktur. Franz Müntefering und abermals Wolfgang Clement melden sich zu Wort: Jedwede Zusammenarbeit mit den Linken für die Bundestagswahl 2009 solle per Beschluss definitiv abgelehnt werden. Sowohl Kurt Beck als auch seine Stellvertreterin Andrea Nahles wittern neue Giftpfeile und bleiben nicht lange bei ihrer ursprünglichen Antwort: „Wir haben schon einen Beschluss.

Das muss reichen." „Wenn's die Seelen beruhigt", brummelt der Kurt, will man es gerne neuerlich beschließen lassen, dreifach genäht hält besser. Oskar Lafontaine wird sich freuen: Er muss sich kaum noch fragen lassen, wie lange er seinen Privatkrieg gegen die SPD fortsetzen und mit unrealistischer Fundamentalopposition die Aussicht auf Mehrheiten links von Union und FDP verstellen will.

Was ist bloß mit der Union los? Die SPD wird Woche für Woche im Umfragenkellergeschoss eine Etage tiefer gereicht und nähert sich jetzt dem 20-Prozent-Niveau, aber die konkurrierende Volkspartei kann davon nicht profitieren. Ein erneuter Stimmungstest bei den Kommunalwahlen in Schleswig-Holstein gerät zum Desaster: CDU 38,6 (-12,2), SPD 26,6 (-2,7), FDP 9 (+3,3), Grüne 10,3 (+1,9), Die Linke 6,9. In Großstädten verliert die CDU in Dimensionen, wie man sie zuvor nur in der SPD kannte: In Kiel erreicht der Verlust 16,1 Punkte, in Lübeck fällt die Partei des Ministerpräsidenten von 50 auf 25,5 Prozent zurück. Peter Harry Carstensen, Schleswig-Holsteins Ministerpräsident, beschimpft seinen Koalitionspartner SPD, er hätte dazu beigetragen, dass die Linke im Norden hoffähig geworden sei.

Trotz ihrer Wahlerfolge wird die Linkspartei wohl noch lange um die eigentliche Hoffähigkeit ringen müssen. Die Fähnleinführerin der kommunistischen Plattform, Sahra Wagenknecht, ist ihr dabei nicht mehr im Weg als sonst auch. Sie verzichtet edelmütig auf eine Kandidatur zur stellvertretenden Parteivorsitzenden. Oskar Lafontaine, der sich das anders gewünscht hatte, erhält auf dem Parteitag in Cottbus einen empfindlichen Denkzettel. Nur noch 78,5 Prozent der Delegierten wollen ihn neben Lothar Bisky (81,3 Prozent) als Vorsitzenden wiederwählen. Vor einem Jahr waren das noch zehn Prozent mehr. Dass die Delegierten mehr das Überlaufen als die Überläufer schätzen, zeigt zudem das durchgängig schlechte Abschneiden der Vorstandskandidaten mit WASG-Herkunft. Rechtzeitig zum Parteitag wird der alte Vorwurf an Gregor Gysi aufgewärmt, er sei informeller Mitarbeiter der Stasi gewesen. Gysi nutzt Auftritte vor den Seinen in Cottbus und im Bundestag, um sich gegen die neuerlichen Vorwürfe zur Wehr zu setzen. Wer nicht andere Quellen hat, als die offiziell angezeigten, dürfte ihm die Plausibilität seiner Argumentation redlicherweise nicht abstreiten.

Seit dem jüngsten rüden Auftreten der chinesischen Sicherheitskräfte im Umgang mit tibetanischen Mönchen und vorgeblichen Separatisten stehen Begegnungen mit dem religiösen Oberhaupt der Tibeter, dem Dalai Lama, unter verschärftem Opportunitätskalkül. Bundespräsident Horst Köhler findet keine Zeit, ihn in Deutschland zu empfangen. Auch der Außenminister ist verhindert, und ansonsten gibt sich das offizielle Berlin sehr reserviert. Über die Sinnhaftigkeit von demonstrativer Begegnung wird kontrovers debattiert. Ein Gespräch mit dem Dalai Lama bekommt auf diese Weise den Stempel einer Mutprobe, um es wechselseitig den Nicht-so-Mutigen oder der chinesischen Regierung irgendwie zu zeigen. Was Roland Koch und Christan Wulff Recht ist, will Entwicklungsministerin Heidemarie

Wieczorek-Zeul nicht minder als Selbstverständlichkeit verstehen. Unbekümmert von aller Kritik aus den eigenen Reihen, trifft sie sich als höchste Regierungs-repräsentantin mit dem Dalai Lama und lässt sich von ihm exklusiv über den beginnenden Dialog mit der chinesischen Staatsführung unterrichten. Im Außen-ministerium wie in der SPD-Zentrale gibt man sich „wenig amüsiert".

Wieder in den Negativ-Schlagzeilen: Die Telekom. Offenbar wurden Journalisten bespitzelt, Verbindungsdaten wurden zur Überwachung und zum Erstellen von Be-wegungsprofilen missbraucht. Opfer der Bespitzelung sitzen auf der Arbeitnehmer-seite im Aufsichtsrat oder sind der ehemaligen Konzernführung irgendwie negativ aufgefallen. Ein Fall für den Staatsanwalt. Doch auch ein Fall für die Politik, denn im Kampf gegen den Terror hat die Bundesregierung die Telekom mit dem Zwang zur Vorratsdatenspeicherung schon selbst in die Rolle des Hilfspolizisten gezwungen.

Trauer unter allen Interessentinnen an reichen Witwern: Der 78jährige ehe-malige Bundeskanzler Helmut Kohl heiratet seine 43jährige Lebensgefährtin. Klischeegerecht assistieren der Chefredakteur und Herausgeber der BILD-Zeitung Kai Dieckmann und der Medienunternehmer Leo Kirch in der Kapelle eines Reha-Zentrums als Trauzeugen.

## Juni 2008

Letzter Koalitionsausschuss vor der Sommerpause. Aufregerthemen gibt es genug, dafür sorgen schon die Wadenbeißer beider Seiten. Während die einen verlangen, die Kanzlerin müsse endlich auf den Tisch hauen, erwarten die anderen, ihr Ge-genspieler Kurt Beck müsse beginnen, das Tischtuch zu zerschneiden. Es gehört zum Ritual, dass die politischen Kommentatoren beide Seiten anfeuern, es der jeweils anderen einmal richtig zu zeigen. Doch auch diesmal bleiben Tisch und Tischtuch unbeschädigt. Die Koalitionspartner beenden den Koalitionsausschuss vom 11. Juni wieder mit koalitionstypischen Kompromissentscheidungen oder Vertagungen. So sollen Mindestlöhne Schritt für Schritt verwirklicht werden – bekräftigt die SPD, dementiert die Union. Die Erbschaftssteuer wird kommen, die Einnahmehöhe bleibt auf vier Milliarden Euro gedeckelt. Das anhaltende Gerangel um Vergünstigungen für Firmenerben soll erst im Fortgang weiterer Beratungen beendet werden. Eine Koalitionsarbeitsgruppe wird sich mit der Regulierung von Managergehältern befassen. Der Arbeitsminister will in Abstimmung mit dem Bun-deskanzleramt Vorschläge für Beitragssenkungen bei der Arbeitslosenversicherung präsentieren. Und es gibt mehr Geld für Familien nach Vorlage des Existenzmi-nimumberichtes im Oktober, obwohl die SPD Seite bessere Vorschläge hätte, als nur das Kindergeld zu erhöhen. Einig ist man, die KfZ-Steuer auf den Bund zu übertragen. Die Länder erhalten einen Ausgleich. Es soll der Schadstoffausstoß besteuert werden und nicht mehr die Hubraumgröße. Konkretes nachgeliefert wird schließlich noch mit dem Schmucktitel „Klimaschutzpaket". Sieben Gesetze bzw. Verordnungen sollen zur Steigerung der Energieeffizienz beitragen. Medienwirkung ist: Es tut sich was. Inwieweit die Entscheidungen einen Gebrauchswert besitzen, wird sich später herausstellen. Signal an alle Koalitionsüberdrüssigen und notorischen Unken: Die Koalition bleibt arbeitsfähig, wie es der Koalitionsvertrag vorsieht. Zur Krönung der Gemeinsamkeit liefert Finanzminister Peer Steinbrück einen Haushaltsentwurf mit der Perspektive, ab 2011 keine neuen Schulden mehr machen zu müssen. Für den Haushalt 2009 wird noch eine Neuverschuldung von 10,5 Milliarden Euro eingeplant. Im Kontrast zu seinen Amtsvorgängern legt der amtierende Finanzminister Wert auf die Feststellung, man könne sparen, ohne zugleich auf Zukunftsinvestitionen verzichten zu müssen.

Koalitionsfriede bedeutet kein Stillstand für parteiinterne Scharmützel. Seiner Parteichefin schreibt der ehemalige Unions-Fraktionschef Friedrich Merz ins Stammbuch: „Wenn die Union, insbesondere die CDU so gut wie alles aufgibt, was sie über Jahrzehnte für richtig gehalten hat, dürfen wir uns über die Abwanderung unserer Stammwähler nicht wundern." Merz ist verärgert, weil Angela Merkel die falschen Prioritäten habe: „Die Entlastung der Familien mit mittleren Einkommen in Deutschland ist jetzt wichtiger als überproportionale deutsche Beitragszusagen zur Rettung der Regenwälder in Südamerika." Merkels Stellvertreter Christian Wulff mahnt: „Wir brauchen mehr Kampfgeist und mehr Mut – auch zum Zuerst-Unpopulären." Von Wahl zu Wahl nur zu verlieren und im Bundestrend aktuell unter dem Bundestagswahlergebnis 2005 zu liegen, darüber sorgen sich nicht nur diese lauten Kritiker, sondern wohl auch die stillen Wahlkampfplaner 2009.

Auf der SPD-Seite ist man schon länger auf Trommelfeuer und Beck-Bashing abonniert. Noch immer will Kurt Beck nicht die andere Backe hinhalten. Den Zwietracht-Säern in den eigenen Reihen hält er entgegen, „unsolidarisch und feige" zu agieren. „Ich werde nicht hinter den Baum gehen, weil es da bequemer ist. Ich werde stehen." So lautet die Botschaft des von innerparteilichen Nörglern und parteiexternen Besserwissern offenbar nachhaltig genervten SPD-Vorsitzenden. Aus der SPD-Fraktionssitzung wird indiskretioniert, Beck habe erklärt: „Wenn ich Teil des Problems sein sollte – ich klebe an keinem Stuhl." Heftigst wird dementiert, dass es so gesagt worden sei, wie es der Informant an die Medien vermittelt hat. Viele verstehen solche Dementis so, als sei irgendwie doch schon vorentschieden, Beck werde nach eigenem Terminkalender bekannt geben, nicht er, sondern sein Stellvertreter und Vizekanzler Frank-Walter Steinmeier, könnte nach der Bayern-Wahl zum SPD-Kanzlerkandidaten ausgerufen werden. Aufwind für die SPD? Das gibt es nur, wenn alle Flügel und Flügelchen wieder mehr synchron schlagen. Da muss noch viel geübt werden. Jede Gelegenheit des übereinander Herfallens wird vorerst noch genutzt. Wie man aus der Kohl-Ära weiß, gilt es als ziemlich verrucht und clever, wenn sich junge Schwarze mit jungen Abgeordneten der Grünen zum

Pizza-Essen verabreden. Wenn sich SPD-Nachwuchspolitiker in einer linksalternativen Berliner Szenekneipe mit ebensolchen vom Realoflügel der Linkspartei zum Schnitzel-Essen treffen, dann steigt die innerparteiliche und mediale Aufregung auf das Level des Hochverrats. Da habe die Andrea Nahles doch wieder einmal ihre Truppen ausgeschickt, um Arges vorzubereiten, mutmaßen die vom anderen Lager der Seeheimer und Netzwerker. Den Parteigängern mit den Feldpostnummern der Union gefällt es einmal mehr, wenn sich die Sozen deshalb kräftig beharken. Da bläst man doch gerne scheinheilig mit in die Glut der Empörung.

Trotz seiner Übungsgänge auf Samtpfötchen bleibt Hessens geschäftsführender Ministerpräsident Roland Koch für neue Intrigen immer eine gute Hausnummer. Die parlamentarische Mehrheit aus SPD, Grünen und Linkspartei tappt in seine Falle. Gemeinsam hatten sie entschieden, die von der Koch-Regierung eingeführten Studiengebühren sollen wieder abgeschafft werden. Doch beim Kopieren der Beschlussvorlagen muss die wichtige Zeile mit dem Geltungsdatum des Gesetzes verlorengegangen sein. Roland Koch hatte es gemerkt, es aber listig für sich behalten, um seine Widersacher als Dilletanten verhöhnen zu können. Dagmar Metzger aus der SPD-Fraktion und Jamaika-anfällige Grüne kommen wieder ins Grübeln. Das Gesetz wird in einem zweiten Anlauf nachgebessert und vom kommenden Semester an wirksam.

Sachsens neuer Ministerpräsident Stanislaw Tillich ist noch keine 14 Tage im Amt, sein Vorgänger Georg Milbradt hatte wegen seiner Verwicklungen in die Verlustgeschäfte der Landesbank das Handtuch geworfen, da muss er sich schon das erste Mal für seine Landeskinder schämen: Am 8. Juni stehen Kommunal-, Landrats- und Bürgermeisterwahlen auf der Tagesordnung. Die NPD kann ihren Stimmenanteil landesweit auf 5,1 Prozent fast vervierfachen. Sie ist nunmehr in jedem Kreisparlament vertreten. Die weiteren Ergebnisse: CDU 39,5 (+0,9), Die Linke 18,7 (2008 PDS: 21,6), SPD 11,5 (-2,1), FDP 8,3 (+1,1), Grüne 3,1 (-2,1). Zwei Aspekte werden für bemerkenswert gehalten: Zum einen scheint die NPD vielerorts als gesellschaftlicher Akteur etabliert. Zum anderen verzichtet über die Hälfte der Wahlberechtigten auf eine Stimmabgabe.

Innenminister Wolfgang Schäuble hat sich wieder einmal in der Koalition mit der Strategie durchgesetzt, Unmögliches zu fordern, um das maximal Mögliche zu realisieren. Vorerst bleibt es dabei, die Bundesbürger werden nicht dazu verpflichtet, ihre Fingerabdrücke ab 2009 auf die geplanten neuen Ausweise im Scheckkartenformat abzuspeichern. Die Bürger sollen selbst entscheiden dürfen, ob sie das wollen oder nicht. Immerhin bekommt man auf diese Weise eine Übersicht, wer den Behörden seine Fingerspuren anvertrauen will oder lieber nicht. Sehr zufrieden ist der Bundesinnenminister, seine Novelle des Gesetzes zum Bundeskriminalamt (BKA) durchgesetzt zu haben. Das BKA darf zukünftig präventiv zur Verhinderung von Straftaten tätig werden, bislang war es nur für die Strafverfolgung zuständig.

Bei Verdacht auf Terroraktivitäten darf umfangreich verdeckt ermittelt werden. Wie in einzelnen Bundesländern schon möglich, darf nun auch das BKA Computer von verdächtigen Personen ausspähen. Mit einer richterlichen Genehmigung könnten Wohnungen von Verdächtigen abgehört und per Video überwacht werden. Die Ermittlungsbehörden dürfen beim Telefonieren mithören und Mobiltelefone orten. Rasterfahndungen werden präventiv möglich. Aus der FDP hört man die Kritik: Das BKA werde zu einer „Superspitzelbehörde mit allen Geheimdienstbefugnissen ausgebaut". Was soll daran schlecht sein, mag sich Wolfgang Schäuble denken.

Bundespräsident Horst Köhler redet seine diesjährige „Berliner Rede". Arbeit, Bildung, Integration sind die Themenfelder für neue Sowohl-als-auch-Aussagen. So votiert er für Gewerkschaften und Flächentarifverträge, aber auch pro betriebliche Bündnisse für Arbeit. Er lobt die Föderalismusreform I, verlangt aber trotzdem gemeinsame Bildungsreformanstrengungen, die jetzt praktisch kaum möglich wären. Er begrüßt den Abbau von Arbeitslosigkeit, blendet die Zunahme prekärer Beschäftigungsverhältnisse jedoch völlig aus. Unternehmerisches Investitionsverhalten wird naiv gelobt, ohne zu reflektieren, warum die Gewinne von heute schon lange nicht mehr in die Arbeitsplätze von morgen reinvestiert worden sind. Die undifferenzierte Bewunderung für das Logo „Agenda 2010" lässt befürchten, das Köhler-Votum für eine „Agenda 2020" rufe nach einer neuen Placebo-Packung. Es allen „wohl" zu machen und keinem „weh", wird so interpretiert, als wolle Köhler noch fünf weitere „Berliner Reden" ablesen. Seine Konkurrentin Gesine Schwan befreit sich hingegen erfolgreich vom Anfangsverdacht, ihr sei beim Werben um eine Mehrheit in der Bundesversammlung im Mai 2009 jedes Umarmen der Linkspartei Recht. Den Oskar Lafontaine nennt sie wiederholt einen „Demagogen". Die Programmatik der Linken scheint ihr „völlig unzureichend". Und so urteilt Gesine Schwan: „Diese Gruppierung bietet bislang überhaupt keine Antworten auf die Fragen der Gegenwart." Der als Demagoge kritisierte ist sauer. In seiner Partei wird jetzt über eine eigene Kandidatur nachgedacht, sofern SPD und Gesine Schwan nicht doch reumütig um Unterstützung bitten sollten. Für Peter Ramsauer, CSU-Landesgruppenchef, ist das eh' schon ausgemacht. Die frühere Andeutung der Linken, Schwan nicht ohne Gegenleistung zu wählen, kommentiert er mit dem Hinweis: „Da zeigt der Dämon seine wahre Fratze. Und die SPD ist bereit, den letzten Rest an politischem Anstand an den Dämon zu verkaufen."

Der maßgeblich unter deutscher EU-Ratspräsidentschaft ausgehandelte „Vertrag von Lissabon" zur Reform der Europäischen Union kann nur in Kraft treten, wenn ihn alle 27 EU-Mitglieder ratifizieren. Nur in Irland wird dafür das Volk direkt gefragt. 53,4 Prozent stimmen aus divergierenden Motiven dagegen. Wie soll es jetzt weitergehen? Vermutet wird, bei Volksabstimmungen in vielen weiteren EU-Ländern – auch in Deutschland – stünde nicht von vornherein fest, ob es nicht weitere „irische Ergebnisse" gäbe. Bayerns Ministerpräsident Günther

Beckstein mutmaßt: „Eine Volksabstimmung würde in Bayern wohl noch entschiedener gegen den Verfassungsvertrag ausfallen als in Irland. Das liegt nicht am Vertrag. Man mag die EU nicht, wie sie sich jetzt darstellt. Sie schreibt Feuerwehrleuten vor, dass sie Löschwagen nicht mehr ohne Sonderausbildung fahren dürfen. Bauern müssen einen ‚Tierführerschein' machen, obwohl sie zwanzig Jahre lang ohne ihn auskamen. Eine Autobahnbrücke darf nicht über eine Wiese gebaut werden, weil sie angeblich Frösche beschattet. Ich weise darauf hin, dass die Viecher in die Sonne springen können. Da heißt es dann: Das ist in der Richtlinie nicht vorgesehen." Fest steht bislang: Die offizielle EU-Politik liefert nur einen eher seelenlosen Fahrplan für ein Europa der Kapitalfreizügigkeit zu Lasten der nationalen sozialen Fortschritte. Der Europäische Gerichtshof mutiert dabei zum Totengräber des sozialen Europas. In einem vierten Urteil in Folge liefert er einen neuen Freibrief für Sozialdumping. Luxemburgisches Arbeitsrecht, so die jüngste Entscheidung, stünde im Widerspruch zur Entsenderichtlinie und Dienstleistungsfreiheit. Damit ist nicht nur angezeigt, wie sich eine neoliberale Richtermehrheit die Europäische Union vorstellt. Es zeigt sich, was die Mehrheit der EU-Kommission dabei schweigend oder auch zustimmend duldet. In Deutschland kann die Ratifizierung noch nicht abgeschlossen werden, da Bundespräsident Horst Köhler mit seiner Unterschrift warten will, bis das Bundesverfassungsgericht über anhängige Klagen der Partei Die Linke und des CSU-Politikers Peter Gauweiler gegen den EU-Reformvertrag entschieden hat. Kommt es bis zur Wahl zum Europäischen Parlament in einem Jahr zu einer Rückbesinnung auf ein Europa, das von den Menschen akzeptiert wird, oder bleibt es bei der neuen Kaltschnäuzigkeit, mit der Kapitalfreizügigkeiten gegen soziale Interessen ausgespielt werden?

## Juli 2008

Auch die meisten Politiker haben einen Sommerurlaub verdient. Die Regierungschefin nutzt ihr Amtsprivileg der Bundespressekonferenz, um sich mit Denkwürdigem in die Sommerpause zu verabschieden. Da gibt es endlich freundliche Worte für den Junior-Partner SPD. Man werde schon noch zusammen bleiben bis zum Ende der Legislaturperiode und das verabredete Programm abarbeiten. Tage vorher hatte der SPD-Vorsitzende Kurt Beck über die schlechte Stimmung in der großen Koalition geklagt und gemahnt, in einer Koalition komme es darauf an, „auch dem Partner seine Erfolge zu gönnen und nicht ständig zu versuchen, ihm auch noch die letzte Butter vom Brot zu kratzen". Die CDU verhalte sich so, als „sei sie allein in der Regierung". Das sei „ein großes Problem dieser Koalition", hatte er den BILD-Lesern offenbart. Nun ist also wieder gut. Angela Merkel nutzt ihre Interviews trotzdem für ein neues Schinden der sozialdemokratischen Seelen. Da versichert sie in der „Wirtschaftswoche": „Während meiner Kanzlerschaft werden sinnvolle Reformen an keiner Stelle zurückgedreht. Das sage ich ausdrücklich beispielsweise mit Blick auf die Bestrebungen, die Rente mit 67 auszuhöhlen, einen einheitlichen, flächendeckenden, gesetzlichen Mindestlohn einzuführen, die Förderung der Altersteilzeit durch die Bundesagentur für Arbeit wieder auszubauen oder das arbeitsmarktpolitische Instrumentarium auszuweiten." Nun wird die SPD zu erklären haben, wieso man in einer großen Koalition mit der Union keine sozialdemokratische Politik verwirklichen kann. Erstaunlich genug, dass dies trotzdem viele von ihr erwarten, denen es bei den Bundestagswahlen 2005 nicht so wichtig schien, ob die einen oder die anderen mehr Mandate gewinnen. Während Angela Merkel immer noch auf einer hohen Sympathiewelle schwimmen kann, ist der Vorsitzende der sozialdemokratischen Konkurrenz mit seinen Umfragewerten weiter abgetrudelt. 66 Prozent sind mit der Kanzlerin zufrieden, nur 18 Prozent mit der Arbeit von Kurt Beck. So jedenfalls ermittelt es der ARD-Deutschland-Trend. Kein Wunder, wissen Insider, die eine wird seit Wochen immer schöner geredet, der andere mal als zu dick- und mal als zu dünnhäutiger Provinzler abgewatscht. Das zeigt Wirkung. Doch das vermeintlich Rettende liegt ja so nah. Frank-Walter Steinmeier, den Vize-Kanzler und stellvertretenden Parteivorsitzenden, haben die befragten Menschen doch noch etwas lieber als ihre Angela. 67 Prozent sind mit seiner Arbeit zufrieden. Kommentatoren, die sich oft klüger als die Politiker dünken, legen der SPD schon seit Wochen nahe, das Zugpferd zu wechseln. Doch damit würde sich das ewige Wechselspiel zwischen „Hosianna" und „Kreuzigt ihn" wohl nur etwas früher auf einen neuen sozialdemokratischen Spitzenpolitiker konzentrieren. Folgt man den falschen wie treuherzig agierenden SPD-Ratgebern, wäre es zudem noch die Selbstrettung aus ewiger Verdammnis, wollte die SPD-Führung ihre Landeschefin in Hessen endlich zwingen, den Weg für eine große Koalition unter CDU-Ministerpräsident Roland Koch frei zu machen. Der zieht jetzt in Hessen die Zügel an. Es gibt eine Haushaltssperre und die Warnung an die Rot-Grüne-Rote-Parlamentsmehrheit, keine weiteren kostspieligen Beschlüsse mehr zu fassen, sonst müsse die Haushaltssperre verschärft und bei sozialen Initiativen weiter gekürzt werden. Keine Frage, in Wiesbaden drängt es trotz des Gezeters aus Berlin und dem dort verorteten Chor aus Gutmeinenden und Übelwollenenden zu einer Entscheidung nach der Sommerpause.

Man darf vermuten: Den meisten Bürgerinnen und Bürgern sind die politischen Empfindlichkeits- oder Befindlichkeitsprobleme wurscht. Der Blick ins eigene Portemonnaie dürfte ihnen größere Aufregung bereiten. Reichte es vor Monaten noch für die Tankfüllung und die Kinokarte, langt es bei vielen nur noch für den Kinobesuch per Fahrrad. Ungeniert haben die Machtkartelle auf dem Anbietermarkt für Öl, Benzin, Gas und Rohstoffe die Preise nach oben gedrückt. Beim „Was tun?" herrscht Konfusion. Während die einen darauf vertrauen, irgendwann werde es der Markt schon wieder richten, fürchten die anderen, Warmduscher müssten ihre

Gewohnheiten ändern, im Winter werde gefroren, und einschlägig bekannte Zyniker wie Berlins Finanzsenator Thilo Sarrazin raten, in der eigenen Wohnung einen dickeren Pullover zu tragen. Vier von fünf Deutschen bekennen, sie hätten Angst vor der Entwicklung der Teuerungsrate. Allein von Juni auf Juli sind die Verbraucherpreise um ein halbes Prozent geklettert, die Inflationsrate erreicht 3,3 Prozent. Das ist der höchste Stand seit 15 Jahren. Was also tun? Das haben sich auch die Ökonomen der Europäischen Zentralbank gefragt. In den Regalen finden sie aber nur ihre alten Lehrbücher. In ihnen steht immer noch als Patentrezept gegen Inflation, die Leitzinsen zu erhöhen. Und so passiert es auch. Der Leitzins wird um 25 Basispunkte auf 4,25 Prozent angehoben, vorgeblich, um den Preisauftrieb zu dämpfen. Das dürfte die Erdölkartelle, Rohstoff- und Grundnahrungsmittel-Spekulanten auf den Weltmärkten beim Suhlen in der Gunst der Stunde sicher nicht lange irritiert haben. Die jüngst veröffentlichte Studie der Weltbank, wonach der Biosprit zum Hauptpreistreiber auf dem Markt für Grundnahrungsmittel geworden ist, wird bei der EZB wohl nicht gelesen. Etwas kleinlauter schiebt Notenbank-Präsident Jean-Claude Trichet später nach, man hätte auch die Gewerkschaften entmutigen wollen, eine Lohn-Preis-Spirale in Gang zu setzen. In den alten und neuen Lehrbüchern der deutschen Wirtschaftswissenschaften steht so etwas ganz vorne. Und englische Literatur ist dem französischen Edelmann prinzipiell suspekt. Der deutsche Wirtschaftsminister und brave Müllermeister Michael Glos nutzt eine urlaubsbedingte Abwesenheit seines Aufpassers und Staatssekretärs Walther Otremba, um schnell und laut über ein Konjunkturprogramm nachzudenken. Doch kluge Gedanken im Wirtschaftsministerium haben immer noch verkürzte Halbwertzeiten. Nur wenige Tage später, die Gewerkschaften können ihn gar nicht so schnell loben, und der Wirtschaftsminister läuft wieder im Mainstream.

Steigende Energiepreise, frierende Menschen im Winter, auf diese Vorlage haben alte und neue Freunde der Atomenergie nur gewartet. Mitten im Hochsommer entzündet sich eine neue Debatte, ob es nicht doch im Zeichen des weltweiten Klimaschutzes eine Rettungstat sei, die deutschen Atomkraftwerke länger laufen zu lassen. Selbst alte Vorkämpfer an der Anti-Atom-Front wie Erhard Eppler zeigen sich offen, über längere Laufzeiten der bestehenden AKWs nachzudenken. Forschungsministerin Annette Schavan, die es besser wissen könnte, bringt den Bau neuer Atomkraftwerke ins Gespräch und plädiert für den „Ausstieg vom Ausstiegsbeschluss". CSU-Lautsprecherin Christine Haderthauer befindet: „Dass Energie versorgungssicher bezahlbar bleibt, ist wichtig für den sozialen Frieden im Land." Der Unions-Fraktionsvorsitzende Volker Kauder will erfahren haben, mindestens ein Großkonzern wolle bei längerer Nutzung der Atomenergie entstehende Zusatzgewinne „zu großen Teilen an die Kunden weitergeben". Da hilft es Erhard Eppler nicht, seine Zugeständnisse an die Voraussetzung zu binden, dass zugleich der Bau neuer Atomkraftwerke grundsätzlich ausgeschlossen sein sollte. Sein Parteifreund und Staatssekretär im Umweltministerium, Michael Müller, urteilt, Eppler sei „nicht auf Höhe der Debatte". Bei der Atomenergie sei die Entsorgungsfrage ungeklärt, sie könne militärisch missbraucht werden, sie sei unsicher und zudem mit einem Wirkungsgrad von 35 Prozent nicht effizient. Die Atomkraft sei „die Großblockade für die Neuordnung der Energieversorgung". Die neue Liebe für die alte Atomenergie weckt auch die Grünen aus ihrem Dornröschenschlaf. Die Kanzlerin selbst und ihr Amtsbruder, der CSU-Vorsitzende Erwin Huber, sprechen von längeren Laufzeiten, was sich spätestens in der nächsten Wahlperiode als Thema aufdränge. Der halbe Stoiber-Erbe Erwin Huber will selbst den Neubau von Atomkraftwerken nicht ausschließen, denn: „Kernkraft ist Ökostrom." Der hellsichtigere niedersächsische Ministerpräsident Christian Wulff sieht einer möglichen Jamaika-Koalition die Felle davonschwimmen. Vielleicht auch unter dem Eindruck der jüngsten Radioaktivität-Emmissionen im südfranzösischen Atomkraftwerk Tricastin warnt er quer zum Vorhaben der eigenen Frontleute, die Atomkraft zum Schwerpunkt des Bundestags-Wahlkampfes zu machen. Seine Parteifreunde können ihm entgegenhalten, die Abneigung der Deutschen gegen die Atomkraftnutzung bröckelt. Noch im Jahr 2007 hielten es 58 Prozent für richtig, die deutschen Meiler nach und nach auslaufen zu lassen. Derzeit sind es nur noch 51 Prozent, die auf Atomkraft verzichten wollen. Wäre mit dem weiteren Betrieb deutscher Atomkraftwerke gar eine spürbare Strompreissenkung verbunden, würden nur noch 39 Prozent am Atomausstieg festhalten. Allen schwant Übles, die quasi im Schlafwagen mit Angela Merkel 2009 zu einer Regierungsmehrheit schaukeln wollen, ohne die Sozen als Bremser beachten zu müssen. Baut sich hier nicht ein brisantes Wahlkampfthema auf, bei dem die Hasen wieder leicht in die falsche Küche getrieben werden könnten? Doch vielleicht lässt sich diesmal mit der neuen Peitsche der Angst vor steigenden Energiepreisen ein wahlentscheidendes Zukunftsthema besetzen? Im Konrad-Adenauer-Haus wird man mit der Frau an der Spitze und der Atomlobby im Nacken über das Pro und Contra weitergrübeln.

Mit einem kleinen Erfolg kann Wirtschaftsminister Michael Glos in den Urlaub ziehen. Der Öffentlichkeit wird vermeldet, er habe sich mit dem Arbeitsminister Olaf Scholz nach monatelangem Streit über die Ausgestaltung des Mindestlohn-Beschlusses der Koalition vom Juni 2007 geeinigt. Aber worin besteht die Einigung? Tarifliche Lohnuntergrenzen wurden bislang für allgemeingültig erklärt bei den Bauarbeitern, Gebäudereinigern und Briefdienstleistern. Welche Branchen jetzt noch einbezogen werden, soll in einer Arbeitsgruppe nach der Sommerpause beraten werden. Dass die Zeitarbeitsbranche nicht dazugehören dürfe, ist nach wie vor Unions-Position. In der Warteschlange stehen zudem das Wach- und Sicherheitsgewerbe, die Entsorgungswirtschaft und Pflegedienste. Kommt es hier nicht über den Weg des Entsendegesetzes zu Branchen-Mindestlöhnen, hätte Olaf Scholz noch das jetzt einvernehmlich abgesegnete Mindestarbeitsbedingungsgesetz in der Rückhand. Der Wirtschaftsminister hält sich zugute, dass „Tarifverträge kleinerer Gewerkschaften" – gemeint sind z. B. die Gefälligkeitstarifverträge sogenannter christlicher Gewerkschaften – nicht automatisch von richtigen Tarifverträgen verdrängt werden könnten. Gewerkschaften, die von der Materie etwas mehr verstehen als die vielen vormundschaftlich argumentierenden Politiker, bleiben deshalb skeptisch, ob das demonstrative Händeschütteln zwischen Wirtschafts- und Arbeitsminister vor laufenden Kameras die Konfliktlagen wirklich entschärft hat.

Für den fröhlich vor sich hinnäselnden CDU-Generalsekretär Ronald Pofalla mögen es die schönsten zehn Minuten des Jahres gewesen sein. Endlich darf er der Öffentlichkeit verkünden, seine Partei habe erstmals mehr Mitglieder als die SPD. Dabei gerät ihm aus dem Blick, dass die allgemeine Lust auf Parteibücher rapide geschrumpft ist. 1983 wollten noch rund 735.000 Menschen das Parteibuch der CDU besitzen. 1976 durfte die SPD sich sogar über eine Million Beitragszahler freuen. Doch seither sind beide Volksparteien im Abschmelz-Wettbewerb. Hier hat jetzt die SPD leicht die Nase vorn. Beide Volksparteien möchten sich gerne bei der halben Million (530.000) stabilisieren, dabei ist die CDU jetzt um wenige hundert Mitglieder erfolgreicher als die gerade besonders gebeutelten Konkurrenten. Aber auch das langsamere Schrumpfen ist schon eine Feier wert, zumal die CDU bei der Wählergunst auf Bundesebene eine Dreißig-plus-X-Partei bleibt, die CSU eine Fünfzig-minus-X-Partei ist, während sich eine Etage tiefer die SPD auf eine Zwanzig-plus-X-Prozent-Partei einzustellen beginnt.

Das Bundesverfassungsgericht hat den Parteien eine neue Hausaufgabe gestellt. Das jahrzehntelang praktizierte System der Überhangmandate, das so oft für eine komfortable oder auch knappere Sitzverteilung im Bundestag gesorgt hatte, ist verfassungswidrig. Nicht nur theoretisch, sondern praktisch erlaubt es Situationen, bei denen die Stimmabgabe für eine Partei zum ungewollten Vorteil für die andere werden kann. Dies muss zukünftig ausgeschlossen werden. Kläger und Richter erwarten das schon für die nächste Bundestagswahl, während Hinterbänkler aller Fraktionen vor „Schnellschüssen" warnen, man weiß ja nie, wen es treffen könnte. Die verfassungskonforme Veränderung des Wahlgesetzes – über ein Jahr vor dem nächsten Wahltermin – wird damit beides: Testfall für die Leistungsfähigkeit oder Aussitzqualität der Parlamentarier.

Werbeveranstaltungen vor dem Brandenburger Tor sind erlaubt. Politische Sonntagsreden gehören auch zur Tradition dieses Ortes. Legendär die Worte des damaligen US-Präsidenten Ronald Reagan im Juni 1987: „Mister Gorbatschow, open this gate! Mister Gorbatschow, tear down this wall!" So hat es schon etwas, wenn der Präsidentschaftskandidat der US-Demokraten, Barack Obama, Interesse signalisiert, eine wichtige außenpolitische Rede ausgerechnet an diesem Ort halten zu wollen. Die CDU-Parteichefin und Kanzlerin findet das nicht so prima, es könnte ja der enger befreundeten republikanischen Partei missfallen. Was den

„Klinsmännern" 2006 zur Weltmeisterschaft und der Löw-Truppe zur Vize-Euro-pameisterschaft Recht war, darf Barack Obama nicht billig sein. Der Klügere gibt nach und spricht nach kurzem Treffen mit der Kanzlerin und dem Außenminister an der benachbarten Siegessäule vor über 200.000 Menschen. Eine der Botschaften an die deutschen Zuhörer: „Niemand will Krieg. Ich kenne die enormen Schwierig-keiten in Afghanistan... Amerika kann das nicht alleine schaffen. Das afghanische Volk braucht unsere Truppen und braucht Eure Truppen. Es braucht unsere Unter-stützung und Eure Unterstützung, um die Taliban und al-Qaida zu besiegen...". Das dürfte die deutsche Politik wohl noch länger beschäftigen. Einstweilen ist man neidisch, dass es dem Gast aus den USA gelingt, eine so große Zuhörerschar zu mobilisieren. Zu den Kundgebungen deutscher Politiker kommen oft nicht mehr Interessierte als zum Aufwärmtraining von Bayern München oder Schalke 04.

## August 2008

In Peking beginnen die XXIX. Olympischen Sommerspiele, obwohl China nicht als Hort der Menschenrechte gilt und Journalisten selbst während der Wettkampfzeit nicht jede Internetseite öffnen können. Die Inszenierungen der Organisatoren sind perfekt. In den Schwimm- und Laufdisziplinen purzeln die Rekorde. 51 der 302 Goldmedaillen gehen an den Veranstalter. Zeitgleich intervenieren russi-sche Truppen im georgischen Bürgerkrieg, besetzen zwei georgische Provinzen, erkennen deren Unabhängigkeitserklärung an, weigern sich trotz Vereinbarung eines Waffenstillstandabkommens, besetztes georgisches Territorium vollständig zu räumen. Der Hauch des kalten Krieges kehrt zurück nach Europa. In den USA wird Barack Obama zum Präsidentschaftskandidaten der Demokraten gekürt. Die Nominierungsinszenierungen seines republikanischen Mitbewerbers John McCain werden unterbrochen, weil das Land unter dem Eindruck des heraufziehenden Hurrikans Gustav steht. In Afghanistan wird ein deutscher Soldat getötet, sehen sich auch deutsche Soldaten zum Töten gezwungen. Wie klein wirken daneben die deutschen Aufregerthemen in den Medien, selbst wenn sie mit großen Buchstaben geschrieben werden. Ist dem Lufthansa-Aufsichtsrat und ver.di-Vorsitzenden Frank Bsirske verboten, was für alle Lufthansa-Aufsichtsräte obligatorisch ist, nämlich der Gratisflug? Bei Bsirske und Frau geht es – kurz vor einem (erfolgreichen) Ar-beitskampf bei der Lufthansa – in die USA und dann weiter in die Südsee. Es war ein Fehler, räumt er schließlich auf dem Höhepunkt einer Bild-Zeitungskampagne ein, und begleicht die Tickets nachträglich aus der eigenen Reisekasse. Soll Wolf-gang Clement trotz parteischädigenden Verhaltens SPD-Mitglied bleiben dürfen? Verbündet sich Andrea Ypsilanti wirklich mit den Mächten der Finsternis, um sich selbst auf den Thron zu setzen, den die Lichtgestalt der hessischen CDU, Roland Koch, trotz seiner Wahlniederlage im Januar nicht freiwillig räumen will? Ist Franz

Müntefering – nur wenige Tage nach dem Tod seiner Frau – wirklich schon wieder ansprechbar für neue Führungsaufgaben in seiner Partei, nachdem er schon einmal – Ende Oktober 2005 – ihr höchstes Amt im Lafontaine-Stil hingeschmissen hatte? Und ist Kurt Beck wieder an allem Schuld? Ginge es nach den Leitartiklern, sind das die Hauptsorgen der Deutschen im Sommerloch 2008.

Es gibt die vielfältigsten Möglichkeiten, seine Parteimitgliedschaft zu verlieren, ohne sie selbst zu kündigen. Eine der drei sichersten ist es, einfach keinen Beitrag mehr zu bezahlen und auf alle Mahnungen nicht mehr zu reagieren. Ziemlich schnell geht es auch, gegen die eigene Partei zu kandidieren. Und schließlich bleibt die Möglichkeit, demonstrativ zur Nichtwahl seiner Partei aufzurufen. Diese Variante hatte Wolfgang Clement am Vorabend der Landtagswahl in Hessen genutzt. Das hat ihm eine Rüge des für ihn zuständigen Bochumer Parteigremiums eingetragen. Dabei hätte es bleiben können. Doch im Stil von „Graf Rotz" (so ein Parteifreund über Clement) und anwaltlich vertreten durch „Seine Selbstherrlichkeit Otto der Erste" (Schily), hatte dies der Ex-Superminister im Kabinett des Ex-Kanzlers nicht auf sich sitzen lassen wollen. Das SPD-Schiedsgericht in Nordrhein-Westfalen wird bemüht und – frei von jedem Opportunitätskalkül – entscheidet es, nach fast 40 Jahren SPD-Mitgliedschaft darf Wolfgang Clement wegen seines demonstrativen parteischädigenden Verhaltens nicht mehr SPD-Mitglied sein. Clement und sein Anwalt Schily erfahren es über die Medien in ihrem Toskana-Urlaub. Doch der ehemalige Bundesinnenminister weiß: Es gibt noch Richter in Berlin! Die Bundesschiedskommission der SPD soll das letzte Wort sprechen. Vorher wird heftigst darüber gestritten, ob Lust am Selbstuntergang oder Prinzipientreue in der SPD das Regiment führt. Bei Clement klingeln die Telefone, doch über „goldene Brücken" will er sich nicht locken lassen. Immer wieder beharrt er darauf, auch für ihn als SPD-Parteimitglied gäbe es Meinungsfreiheit, obwohl ihm das eigentlich gar nicht bestritten worden war. Lustvoll inszeniert er sich als Racheopfer von Agenda-2010-Kritikern. Die arg zusammengeschrumpfte Schar der pauschalen Verteidiger dieses SPD-Selbstmordprogramms pflichtet ihm gerne bei. Die christdemokratischen und freidemokratischen Freunde der SPD weinen Krokodilstränen. Das Dumme an der Situation, selbst die Juristen in einer parteiinternen Schiedskommission halten es trotz aller Nebelkerzen gerne mit den Fakten, und die sprechen bei Clements bekannter Halsstarrigkeit eher für eine Bekräftigung des Parteiausschlusses. Was von Otto Schily niemand erwartet, mag schließlich Gerhard Schröder gelungen sein: Wolfgang Clement dreht doch noch bei. In einer eigens einberufenen Pressekonferenz fallen die Worte: „Mir liegt auch daran, den hessischen Parteifreunden, die sich vor Ort durch meinen Kommentar unmittelbar vor der Landtagswahl in ihrem Bemühen um einen Wahlerfolg im Stich gelassen fühlten, mein Bedauern auszudrücken. Das lag nicht in meiner Absicht und tut mir leid." Auf die Goldwaage einer semantischen Analyse will das keiner mehr legen. Ein Aufatmen durchzieht die gebeutelte SPD. Wolfgang Clement habe sich entschuldigt, versichert man sich gegenseitig. Seine weitere SPD-Mitgliedschaft erscheint wieder unstrittig, obwohl ihm jetzt ein Zacken in der Krone fehlt.

Die SPD wäre fein raus aus dem Sommerloch, gäbe es da nicht noch diese Andrea Ypsilanti in Hessen. Sie will absolut nicht einsehen, dass ihr Sieg bei der Landtagswahl im Januar mit einem Zuwachs von 7,6 Prozent die Berliner Parteispitze inzwischen mehr ärgert als freut, weil er zugleich die Konkurrenten von der Linkspartei mit knappen 5,1 Prozent und sechs Abgeordneten in eine Schlüsselrolle gebracht hatte. Roland Kochs Stimmenvorsprung von 3595 Stimmen lässt sich selbst dann nicht wegdiskutieren, wenn man ihn auf das Konto der unfreundlichen Clement-Attacke bucht. Als Ministerpräsident könnte Roland Koch so lange weiter amtieren, bis ihm das die Zwei-Stimmen-Mehrheit seiner sozialdemokratischen, grünen und linken Konkurrenten verwehrt und die Sozialdemokratin Ypislanti zur hessischen Ministerpräsidentin wählt. Soweit die seit Wochen bekannten Fakten. Neu ist, dass der geschäftsführende Ministerpräsident Roland Koch jetzt auf eine Entscheidung setzt, wie seine Kontrahenten auch. Die Sozialdemokratin Dagmar Metzger will dabei zwar immer noch nicht mitwirken, doch ginge es zur Not ja auch ohne sie. Die hessische SPD jedenfalls möchte das in den nächsten Wochen in Erwägung ziehen. Die Empörung gegen einen solchen „zweiten Versuch", obwohl es zuvor eigentlich noch gar keinen „ersten" gegeben hatte, schlägt neue Wellen, in der Union wie in den eigenen Reihen. Es dürfte der SPD noch eine ganz Menge Mühe kosten, den Unterschied zwischen Absprachen auf Länderebene und Koalition auf Bundesebene zu erläutern, wenn sich damit sogar schon das eigene Führungspersonal überfordert zeigt. Vorerst bleibt es beim Versuch, zwischen Weitermachen-wie-bisher und Neuwahlen-so-schnell-wie-möglich trotz aller Risiken nach einem dritten Weg zu suchen und ihn dann auch auszutesten.

Die Nervosität in der CSU, einen Monat vor der bayerischen Landtagswahl, erreicht einen neuen Erregungsstand. Nicht einmal das Erreichen einer absoluten Mehrheit halten die Demoskopen für wahrscheinlich. Die Grünen, die FDP, die Freien Wähler und sogar die Linke haben Chancen, die freien parlamentarischen Nischen zwischen CSU und SPD stärker oder erstmalig zu besetzen. Schon die etwas unerfahren agierende CSU-Generalsekretärin Christine Haderthauer hatte die Linke zum wichtigsten Gegner im bayerischen Landtagswahlkampf erkoren. CSU-Vorsitzender Erwin Huber steht ihr jetzt zur Seite: Bei den Angriffen gegen die Linkspartei und die Warnung vor Kommunisten gehe es nicht um die Schlachten der siebziger und achtziger Jahre erklärt Huber: „Es gibt den kalten Krieg nicht mehr, das stimmt, aber es gibt genügend Leute, die den Gedanken vom Kommunismus weiter träumen. Gegen diese Verführer werden wir angehen." Nicht im Bierzelt, sondern im Zeitungsinterview, ruft er die Seinen zum letzten Gefecht: „Wenn es sein muss, dann führen wir einen politischen Kreuzzug gegen die Partei von Oskar

Lafontaine." „Wir werden den Vormarsch der Linken stoppen und verhindern, dass sie in Bayern in den Landtag einziehen", zeigt sich Huber überzeugt. CSU-Landesgruppenchef Peter Ramsauer steht ihm zur Seite: „Im bayerischen Wahlkampf ist die wahre Fratze der Linken noch nicht hinreichend dargestellt worden."

„Opposition ist Mist. Lasst das die anderen machen – wir wollen regieren." Das war die Ansage von Franz Müntefering bei seiner Wahl zum SPD-Vorsitzenden im März 2004. Politische Freunde und Gegner freuen sich, dass sich Franz Müntefering wieder in die politische Arena zurückgemeldet hat. Insbesondere die Hessen-SPD könnte sich durch die legendären Müntefering-Worte neu bestärkt fühlen, die Rollenverteilung im Landtag umzukehren und den anderen den „Mist" zu überlassen. Jene, die im Bundestag die „Mistarbeit" machen müssen, treten gemeinsam vor die Mikrofone, um sich nach tausend Tagen Amtszeit über die schwarz-rote-Regierung zu beschweren. Das tun sie – wenn auch meistens getrennt – bereits tausend Tage ohne nachhaltige Wirkung. So ist das eben in Zeiten der großen Koalition. FDP, Grüne sowie die Linkspartei fühlen sich jetzt schon ausreichend stark, um sich nach weiteren 400 Tagen alter Rollenverteilung für neue Aufgaben an der Seite eines starken Partners zu empfehlen. Aktuellen Anlass für oppositionelles Agieren gäbe es über prinzipiellen Widerspruch zur Regierungsarbeit hinaus mehr als genug. Das Thema Bürgerrechte und Datenschutz ist nach jüngst bekannt gewordenem schwunghaften Handel mit millionenfachen persönlichen Datensätzen aktueller den je. Selbst wenn es die Regierung wenig bekümmert, die Opposition müsste eigentlich stärker thematisieren, dass die Realeinkommen von Geringverdienern drastisch sinken (von 1995 bis 2006 im unteren Einkommensviertel um minus 9,8 Prozent), während die Besserverdienenden (im oberen Viertel plus 10,9 Prozent) davoneilen. Warum sollten sie deshalb nicht mehr ökonomische Mitverantwortung für eine gerechtere Wohlstandsentwicklung tragen? Schließlich steht die Frage, ob es wirklich alternativlos ist, den Steuerzahler mit zehn Milliarden Euro haften zu lassen, weil die Kreditanstalt für Wiederaufbau die krisengebeutelte Mittelstandsbank IKB offenbar weit unter Marktpreis für einen geringen dreistelligen Millionenbetrag an den US-Investor Lonestar verkauft. Wieso und mit welchem Risiko muss der Staat einspringen, wenn das private Bankensystem in die Krise gerät?

Die deutsche Olympiamannschaft hat aus Peking 41 Medaillen mitgebracht (16-mal Gold, 10-mal Silber und 15 Bronzemedaillen). Vor vier Jahren hatte man in Athen 48fach abgeräumt (14-mal Gold, 16-mal Silber und 18 Bronzemedaillen). Soll man das als Abstieg der deutschen Sportnation werten oder lässt sich das nicht auch irgendwie Kurt Beck in die Schuhe schieben?

## September 2008

Ist der Sozialismus ausgebrochen? Banken und Versicherungen rufen nach dem Staat, zuerst in den USA, dann in den EU-Staaten und schließlich auch in Deutschland. Die Regierungen fühlen sich erpresst, wollen sie ein Erdbeben auf den nationalen und internationalen Finanzmärkten vermeiden, müssen sie intervenieren. In den USA reagiert der Staat über Nacht mit Verstaatlichung konkursreifer Banken und einer großen Versicherung, vergibt Finanzhilfen und Risikogarantien. Um die im Casino-Kapitalismus aufgehäuften Verluste abzudecken, wird ein 700 Milliarden Dollar-Paket geschnürt. Einen der verantwortungslosesten Akteure, die Bank der Lehman-Brothers, erwischt es trotzdem. Diesen Bankrott will die US-Regierung nicht mehr verhindern. Peinlich genug, dass die deutschen Banker der Kreditanstalt für Wiederaufbau das alles nicht mitbekommen haben wollen und so nebenbei durch Überweisung von 300 Millionen Euro an die bereits-Pleite-Bank der Lehman-Brothers gutes Geld verbrennen. Um vermeintlich Schlimmeres aufzuhalten, glaubt die deutsche Bundesregierung, mit einer 26,5 Milliarden-Bürgschaft für die schwer angeschlagene Münchener Hypo Real Estate vorerst einen ausreichenden eigenen Beitrag zur Beruhigung der Finanzmärkte geleistet zu haben.

Politische Erdbeben gibt es nicht jeden Monat. Die politischen Seismographen hatten die wachsenden Erschütterungen in der Sozialdemokratischen Partei Deutschlands schon lange registriert. Das Unvermeidliche passiert in der Nacht vom 6. auf den 7. September. Der seit Mai 2006 amtierende SPD-Vorsitzende Kurt Beck schmeißt das Handtuch. Da staunen die Genossinnen und Genossen des Führungszirkels, hatten sie ihm doch kurz zuvor die so vehement ersehnte Ankündigung entlockt, nicht er selbst, sondern der Vize-Kanzler und Vize–Parteivorsitzende Frank-Walter Steinmeier werde in das Rennen um die Kanzlerschaft 2009 geschickt. Politische Klugheit und historische Erfahrungen hätten nahe gelegt, diese innerparteiliche Weichenstellung nicht über ein Jahr vor dem tatsächlichen Wahltermin zu präsentieren. Doch seit dem Wahlabend im Oktober 2005 hatten viele journalistische Begleiter und Deuter sozialdemokratischer Politik den Eindruck genährt, dies sei die eigentliche Schicksalsfrage der Partei. Offensichtlich hatten die aktuellen SPD-Entscheider die lange Zeit so tapfer vertretene Überzeugung verloren, mit guten Politikinhalten mehr beeindrucken zu können als mit Bereitschaft zum vorzeitigen Kandidatenouting. Doch das war es nicht, was den arg gebeutelten SPD-Vorsitzenden Kurt Beck zur plötzlichen Amtsaufgabe gedrängt hatte. Folgt man seinen Erklärungen, hat ihn am Samstagabend die Lektüre des „Spiegel" mit neuen Nadelstichen seiner Widersacher dazu gebracht, den verdutzten Genossinnen und Genossen der Klausurrunde am Schwielowsee am Sonntagmorgen die Kapitulation zu verkünden, um weiteren Demütigungen zu entgehen. Kurt Beck hatte schon seit Wochen Herabsetzendes und Beleidigendes zu seiner Person lesen müssen. Aktuell wird im abgesprochen, Steinmeier aus eigener Überzeugung und zu Lasten eigener Ambitionen nominieren zu wollen, vielmehr von ihm dazu genötigt worden zu sein. Das muss der Tropfen gewesen sein, der das Fass zum Überlaufen bringt. Becks letzter Versuch, den Arbeitsminister Olaf Scholz zum neuen Parteichef nominieren zu lassen, scheitert am Widerspruch seiner Gesprächspartner. Entschieden wird: Becks Vor-Vorgänger Franz Müntefering soll sein Nachfolger werden. Der neue alte Hoffnungsträger der SPD ist seit dem Tod seiner Frau wieder auf der Suche nach politischen Herauforderungen und hätte nach ursprünglicher Absprache zwischen Beck und Steinmeier ohnehin eine herausgehobene Rolle in der Wahlkampfführung spielen sollen. Münte kann Wahlkampf, wie es in seinem sauerländischen Kurz-Sprech heißt. Münte kann auch SPD-Vorsitzender, zumal der inzwischen Achtundsechziger immerhin vier Jahre jünger ist als der US-Präsidentschaftskandidat der Republikaner John McCain. Im selben Spiegel-Artikel, dem Kurt Beck die neuen Giftpfeile aus hinteren Reihen der SPD entnommen hatte, kann der designierte Kanzlerkandidat Steinmeier bereits die Zweifel an seiner eigenen Eignung für das neue Amt nachlesen. Ein neuer Rekord für die Halbwertzeit zwischen „Hosianna" und „kreuzigt ihn!".

Nach der SPD ist es die CSU, die der Öffentlichkeit ein neues Königsdrama bietet. Die bayerischen Wähler können am 28. September auf ihrem Weg ins Wahllokal auf Großplakaten lesen: „Sommer, Sonne, Bayern, CSU". Nachdrücklich beeindruckt hat sie das nicht. Das Verdrängen von Edmund Stoiber durch das Duo-Fatale Günther Beckstein und Erwin Huber zahlt sich nicht aus: CSU 43,4 (- 17,3), SPD 18,6 (- 1), Grüne 9,4 (+ 1,7), FDP 8 (+ 5,4), Freie Wähler 10,2, Linke 4,3. Die CSU verliert ihre seit 1962 behauptete absolute Mehrheit. Die Identifikation Freistaat gleich CSU ist dahin. Nie zuvor hatte es bei einer Landtagswahl für eine Partei so starke Verluste gegeben. Der Niedergang der bayerischen Hegemonialpartei beschädigt auch die Union als Kanzlerinnenpartei. Zum zehnten Mal in Folge verliert sie bei Landtagswahlen Stimmenanteile. Verständlich ist die Schadenfreude der sozialdemokratischen Konkurrenz. Anlass für eigene Freude gibt es nicht. Von den sensationellen Stimmenverlusten der CSU profitiert nicht die SPD. Sie verliert einen weiteren Prozentpunkt, während FDP und Freie Wähler zu potentiellen Koalitionspartnern der gebeutelten CSU werden. Das Abschneiden der Linkspartei wird konträr beurteilt. Die CSU freut sich in Nebensätzen zum Wahlergebnis, dass wenigstens in dieser Beziehung ihr ausgerufener „Kreuzzug" Erfolg zeigt: Die Linke bleibt links-draußen. Andere Stimmen werfen der CSU vor, mit ihrer Kampfrhetorik aus den Zeiten des kalten Krieges die Linke unnötig zur Fast-Landtagspartei aufgewertet zu haben. Unstrittig ist: Die bayerische Wählerschaft will keine absolute CSU-Mehrheit mehr. Das sichtlich angeschlagene Führungspersonal der CSU verkündet diesen Erkenntnisgewinn am Wahlabend in jedes Mikrofon. Die personellen Konsequenzen fallen im 24-Stunden-Takt. Erst erkennt Erwin Huber, dass er als CSU-Vorsitzender keine politische Zukunft mehr hat. Damit erledigt sich zugleich die Frage nach dem politischen Schicksal der Generalsekretärin Christine Haderthauer. Zum neuen Hoffnungsträger steigt von Stunde zu Stunde mehr Bundesminister Horst Seehofer auf, der 2007 im Wettbewerb um die Stoiber-Nachfolgeschaften noch den Kürzeren gezogen hatte. Der bedächtige Ministerpräsident Günther Beckstein braucht bis zum 1. Oktober, um einzusehen, dass auch seine Felle am desaströsen Wahlsonntag davongeschwommen sind. Edmund Stoiber – am Niedergang der CSU nicht so unschuldig, wie er es gerne sähe – soll eifrig mitgewirkt haben, das Günther-und Erwin-Interregnum zu beenden. Der bayerische Wahltag ist für ihn ein Feiertag. Er feiert seinen 67. Geburtstag, lässt sich aber nicht durch das Beispiel des ein Jahr älteren Franz Müntefering verleiten, es doch noch einmal selbst wissen zu wollen. Er hat einen Kronprinzen, Horst Seehofer.

Der 28. September ist auch ein Wahlsonntag für die Brandenburger. Es geht um die Zusammensetzung der Kommunalparlamente. Im Berliner Konrad-Adenauer-Haus ist man nicht begeistert. Die SPD-Konkurrenz fühlt sich im Aufwind: SPD 25,8 (+2,3), Linke 24,7 (+ 3,4), CDU 19,8 (- 8), FDP 7,3 (+1), Grüne 4,6 (+ 0,4), NPD 1,9 (+ 1,4), DVU 1,4 (- 0,1), Sonstige 14,3 (- 1). Die Stimmenverluste der CDU werden auf das Konto der zerstrittenen Landespartei gebucht. Da es keine Fünfprozentklausel gibt, wird in zahlreichen weiteren Gemeindeparlamenten geübt werden müssen, wie sich Rechtsaußen ohne ein Aufwerten ausgrenzen lässt.

Die Bürgerinnen und Bürger der Stadt Köln sind im Widerstand gegen Rassisten und Rechtsextremisten geübt. Zehntausende, unterstützt von Prominenten aus Politik, Kultur und Wirtschaft, engagieren sich gegen einen sogenannten „Anti-Islamisierungskongress". Die rechtsradikale Pro-Köln-Wählervereinigung hat Gleichgesinnte aus ganz Europa eingeladen, um die vorgebliche Gefahr der Islamisierung zu thematisieren. Aufhänger liefert dafür eine Mehrheitsentscheidung des Stadtparlamentes, den Bau einer ansehnlichen Moschee als eine vom Recht auf freie Religionsausübung gedeckte Selbstverständlichkeit zu erlauben. Der Kölner CDU-Oberbürgermeister Fritz Schramma befindet: „Die Kölner haben mit Herzblut, Witz und Intelligenz gegen rassistischen Schwachsinn protestiert."

## Oktober 2008

Die Nachrichten von den weltweiten Finanzmärkten verbessern sich nicht. Die Börsenkurse sausen weiter in den Keller, obwohl die US-Regierung in den letzten Amtswochen von Präsident George W. Bush keine Zweifel daran lässt, den Kapitalismus mit Staatsgeldern retten zu wollen. Gleichgerichtete Bemühungen stehen auf den Tagesordnungen der meisten europäischen Regierungen. Auch die deutsche Regierung sieht sich als Reparaturbetrieb des Finanzkapitalismus in die Pflicht genommen. Der bereits ausgeworfene Rettungsring für die vom Absaufen bedrohte Hypo Real Estate – 26,5 Milliarden schwer – erscheint inzwischen als „Peanuts". Das ausgeweitete staatliche Engagement addiert sich auf ein 500-Milliarden-Rettungspaket. In dieser Höhe werden Garantie- bzw. Kreditermächtigungen zur Verfügung gestellt. Bundeskanzlerin und Bundesfinanzminister beschwören den Sparer, alle Bankeinlagen seien unbegrenzt gesichert. So etwas Ähnliches hatte der legendäre Norbert Blüm in den Kohl-Zeiten schon über die Rente gesagt und damit mehr Skepsis geschürt als Beruhigung bewirkt. Die Regierung handelt in nie zuvor gezeigter Eile. Innerhalb einer Woche ist das parlamentarische Verfahren abgeschlossen. Selbst die Oppositionsparteien wollen nicht aufhalten, was in einer offenkundigen Stunde der Not bei allen Bedenken im Detail als alternativlos gilt. Im Kleingedruckten hat Finanzminister Peer Steinbrück eine Menge Auflagen untergebracht, die den Finanzmarktjongleuren mächtig zusetzen. Der Staat will nicht nur garantieren, er will auch ein wenig bei der Geschäftspolitik mitreden. Die nach oben offene Skala der Selbstbedienungsmöglichkeiten für Banker soll für die Dauer der Inanspruchnahme staatlicher Hilfen bei 500.000 Euro Jahresgehalt gekappt werden. Aktionäre sollen in dieser Zeit auf Dividenden verzichten. So schnell hat sich der Wind gedreht: Überall wird von Regulierungsnotwendigkeiten gesprochen. Nur CDU-Außenseiter Friedrich Merz hat den letzten Schuss nicht gehört. Unbeirrt hält er an der Botschaft fest „Mehr Kapitalismus wagen!" und preist sie mit einer neuen Buchveröffentlichung. Viele, die in den Talkshows und alltäglichen Kommentierungen mit den neoliberalen Wölfen geheult hatten, entfernen sich jetzt vom einstigen Mainstream-Rudel. Alle wollen – vorneweg ifo-Instituts-Chef Hans-Werner Sinn – schon immer irgendwie für regulierten Kapitalismus gewesen sein. Die Merkel-Boys Ronald Pofalla und Norbert Röttgen bereichern die öffentliche Debatte mit Erkenntnissen, als hätte man ihnen eine sozialdemokratische Gehirnwäsche verordnet. Wohl noch alten Reflexen folgend, benennt Angela Merkel zunächst einen der Hofsänger unregulierter Märkte, den Ex-Chef der Bundesbank, Hans Tietmeyer, zu ihrem obersten Vorkämpfer gegen die Finanzkrise. Die SPD bockt, Merkel macht einen Rückzieher und ernennt den ehemaligen Chefvolkswirt der Europäischen Zentralbank, Otmar Issing, zum Leiter ihrer Expertenkommission zur Finanzmarktreform. Issing soll selbst der großen Investmentbank Goldman Sachs verbunden sein, was er mit einem weiteren von Merkel berufenen Kommissionsmitglied teilt. Es mag ja sein, dass die größten Kritiker der Elche früher selber welche gewesen sind. Doch vielleicht hat der nachdenkliche Sozialethiker Friedhelm Hengsbach gar nicht so Unrecht. Er beobachtet: „Die Brandstifter sitzen am Steuer des Löschzugs." Einer von ihnen, der Chef der Deutschen Bank, Josef Ackermann, den viele wegen seiner einstigen Renditevorgaben von 25 Prozent für einen Treiber der Finanzmarktkrise halten, erschwert den Regierenden jetzt das Rettungsgeschäft für notleidende Kreditinstitute. Schon immer gewitzter als seine Kollegen, ist es ihm offenbar gelungen, die Deutsche Bank verhältnismäßig besser aus dem Krisensog herauszuhalten. Verübelt wird ihm allerdings, dass er sich brüstet: „Die Deutsche Bank benötigt kein Kapital vom Staat." Der „Spiegel" zitiert Ackermann: „Ich würde mich schämen, wenn wir in der Krise Staatsgeld annehmen würden." In der gegenwärtigen Situation trägt ihm das kein Lob ein. Gefürchtet wird, seine bedürftigeren Kollegen könnten davon abgeschreckt werden, den staatlichen Rettungsschirm zu nutzen. Die ersten, die sich trotzdem nicht schämen, sind die staatlichen Landesbanken. Die Bundesregierung wirbt dafür, auch die Privatbanken sollten sich nicht scheuen, die staatlichen Garantieleistungen in Anspruch zu nehmen. Josef Ackermann muss schließlich einräumen, es sei nicht unedel, wenn der Staat als Helfer in der Not zur Beruhigung der Finanzmärkte eigene Leistungen beisteuert. Die weltweite Finanzmarktkrise kann nicht ohne Folgen für die Realwirtschaft des Dauer-Exportweltmeisters Deutschland bleiben. Die Debatte um konjunkturstützende Initiativen gewinnt Fahrt. Aber was genau tun? Während der kleinere Teil der Altgeübten immer noch vor Strohfeuern warnt, denken die Klügeren schon darüber nach, was wirklich helfen könnte. Staatliche Investitionen in Gebäudesanierung und in die Verbesserung der Verkehrsinfrastruktur, Investitionen in Forschung und Bildung, Steuerbefreiung für den Neuwagenkauf, höhere Absetzbarkeit von Handwerkerrechnungen für Privathaushalte, höhere Abschreibungen, verlängerter Kurzarbeitergeld-Bezug, das alles gilt jetzt nicht mehr von vornherein als marktsystemwidriges Rumdoktern.

Der Staat ist zurück. Das sollte man doch auch im sonstigen Regierungsalltag erfahren dürfen. Nach vier Monaten Pause treffen sich die Regierungsparteien wieder einmal zum Koalitionsausschuss im Kanzleramt. Es gilt zu vollenden, was im Drehbuch der Koalitionsabsprachen steht. Der Gesundheitsfonds mit einheitlichen Beiträgen ab 2009 wirft seine Schatten voraus: Er wird auf 15,5 Prozent festgesetzt. Für die Mehrheit aller Kassenmitglieder bedeutet das im Durchschnitt eine Erhöhung um 0,6 Prozent. Im vermeintlichen Gegenzug wird das Absenken des Beitrages zur Arbeitslosenversicherung ab 2009 von 3,3 auf 2,8 Prozent beschlossen. Ab Juli 2010 soll der Beitrag dann wieder auf drei Prozent steigen. Die verteilungspolitisch nachteilige Wirkung für die Mehrheit aller Beitragszahler lässt sich schon per Saldo kaum beschönigen. Ein bisschen Kompensation bietet die Erhöhung des Kindergeldes ab Januar 2009. Für das erste und zweite Kind um jeweils zehn Euro, für jedes weitere Kind um 16 Euro. Die fragwürdige Steigerungs-Systematik wird also beibehalten. Dafür garantiert schon die siebenfache Mutter Ursula von der Leyen. Da das erste Kind gemeinhin die meisten Kosten verursacht, wäre eigentlich das Umdrehen der Steigerungslogik zweckgerechter. Bei der Hängepartie um die Erbschaftssteuerreform zieht die CSU die Veto-Karte. Die Rolle als Schutzmacht für ererbtes Firmenvermögen und für Luxusimmobilien wollen die Christ-Sozialen nicht der FDP überlassen. Vergeblich mahnt die CDU ihre Parteischwester, im bisherigen Verfahren sei die SPD bei rund 40 Änderungen bereits auf 39 Änderungsvorschläge der Union eingegangen, da müsse doch auch die CSU einmal zurückstecken. Wie die Feinheiten zum gesetzlichen Mindestlohn, bleibt das Thema Erbschaftssteuer in der Warteschleife. Einen bösen Patzer leisten sich die SPD-Verhandler. Sie lassen ein Lieblingsprojekt des Bundesinnenministers Wolfgang Schäuble passieren. Durch eine Änderung des Grundgesetzes soll bei besonders schweren Unglücksfällen eine Amtshilfe der Bundeswehr mit militärischen Mitteln möglich sein. Dem Innenminister gelten als „Unglücksfall" nicht nur Verkehrsunglücke oder Wetterkatastrophen, sondern eben auch Terroranschläge. So droht durch die Hintertür die befürchtete Vermischung von Polizei- und Bundeswehraufgaben. In der SPD-Fraktion zieht man die Reißleine. Es werden noch Klarstellungen verlangt.

Die Bundesregierung ist in Entscheiderlaune. Das nächste Bewährungsfeld ist der Bildungsgipfel in Dresden. Die „Bildungsrepublik Deutschland" hatte die Kanzlerin ja schon vor Wochen ausgerufen und damit den Erwartungshorizont dieses Spitzentreffens mit den Bildungsverantwortlichen der Bundesländer enorm erweitert. Das mutet schon etwas hochstaplerisch an. In der selbst gefeierten Föderalismusreform I hatte sich der Bund bildungspolitisch von den Ländern kastrieren lassen. Jetzt agiert er so, als könne er trotzdem noch. Das von den Skeptikern vorhergesehene Ergebnis tritt ein: Es gibt mehr vage Ankündigungen als konkrete Verabredungen. Bis 2015 sollen die Ausgaben für Bildung und Forschung auf zehn Prozent des Bruttoinlandproduktes erhöht werden. Aber wer soll es bezahlen, wieviel der Bund – wenn überhaupt? Was werden die Länder finanzieren? Nicht einmal die im Vorfeld gewünschte Festlegung auf Förderung von Schulsozialarbeit lässt sich realisieren. Wie schon einmal vor acht Jahren will man die Zahl der Schulabbrecher halbieren, hat es aber bislang noch nicht einmal geschafft, diese Zahl etwas zu reduzieren. Beginnt mit neuen Ankündigungen ein neues Hinhaltespiel? Forschungsministerin Annette Schavan kann Zweifel an der Ernsthaftigkeit der neuerlichen Absprachen nicht zerstreuen. Ihr wird noch vor dem Bildungsgipfel zur Last gelegt, die Ergebnisse einer Studie unter Verschluss zu halten, die einen Beleg dafür liefert, wie sehr Studiengebühren vom Hochschulbesuch abschrecken.

Etliche Hauptdarsteller auf der politischen Bühne wechseln oder müssen mit ihrem Auswechseln kalkulieren. Der nun 69jährige Harald Ringstorff beendet nach zehn Jahren freiwillig seine Arbeit als Ministerpräsident von Mecklenburg-Vorpommern und übergibt die Regierungsverantwortung an den 58jährigen früheren Sozialminister Erwin Sellering. In der Politik gilt es als nobel, vor dem Ende der Legislaturperiode einem Nachfolger noch Profilierungschancen zu überlassen. Die SPD benötigt einen außerordentlichen Bundesparteitag, um den Vize-Kanzler und Vize-Parteichef Frank-Walter Steinmeier auf die Marathonstrecke der Kanzler-Kandidatur zu schicken. Der neue Hoffnungsträger der SPD gewinnt die Unterstützung von 95,1 Prozent der Delegierten. Der alte Hoffnungsträger Franz Müntefering kandidiert nach dem Beck-Rücktritt zum Parteivorsitzenden und erhält knapp zehn Prozentpunkte weniger. Er wünscht sich von seiner Partei, was weder August Bebel noch Willy Brandt und schon lange keinem der zahlreichen Kurzfrist-Vorsitzenden vor ihm gewährt worden war: Er möchte Vorsitzender der einen Partei SPD sein, nicht nur einer „Holding" vorstehen. So bleibt offen, inwieweit ihm hinreichend bewusst ist, wie sehr sich die Mehrheit der Parteimitglieder ihren Vorsitzenden als diskursiven Impulsgeber wünschen und das Wiederaufleben einer Basta-Mentalität verabscheuen. Franz Müntefering hat einen guten Anfang. Er präsentiert und versteht sich als Rückendecker für den Kanzlerkandidaten. Dabei will in der SPD niemand den Spielverderber machen. Gemeinsam soll von nun an ein neues Kapitel der sozialdemokratischen Arbeit begonnen werden. Ziel ist, den einstigen Kanzleramtsminister der Regierung Schröder im September 2009 wieder zurück ins Kanzleramt zu bringen – als Merkel-Nachfolger.

Franz-Josef Strauß hätte es sicherlich amüsiert. Die Parteifeierlichkeiten zu seinem 20. Todestag stehen im Schatten des Ausscheidungsrennens um einen aktuellen Amtsnachfolger. Gleich vier Bewerber möchten werden, was der Verstorbene legendär gewesen ist: Ministerpräsident, CSU-Vorsitzender, Weltstaatsmann und nicht zuletzt Vormund der größeren Unionsschwester. Die drei Prätendenten, Fraktionschef Georg Schmid, Wissenschaftsminister Thomas Goppel und Innenminister Joachim Herrmann, hätte Strauß wohl in die Schublade der „politischen Pygmäen" sortiert. Es dauert ein paar Tage, bis sich diese drei aus dem Rennen um neue Amtswürden verabschieden und der lachende Vierte, Horst Seehofer, Bundesminister für Landwirtschaft und Verbraucherschutz, die Erbschaft von Günter Beckstein antreten soll und in den Spuren von Franz-Josef Strauß laufen darf. In rascher Folge ärgert er Angela Merkel bei der Erbschaftssteuer, schließt einen Koalitionsvertrag mit der FDP, erreicht im Landtag seine Wahl mit 104 von 108 möglichen Stimmen seiner Koalition. Altgediente CSU-Schlachtrösser im Ministerrang setzt er auf die Hinterbänke. Sein Kabinett ist jünger, weiblicher und versteht sich auch als kompetenter. CSU-Generalsekretär wird der Bundestagsabgeordnete Karl-Theodor zu Guttenberg, ein 36jähriger. Auf den Seehofer-Posten im Merkel-Kabinett rückt die CSU-Abgeordnete Ilse Aigner.

Alles klar auch für den Machtwechsel in Hessen? Andrea Ypsilanti glaubt sich sicher. Der Koalitionsvertrag mit den Grünen ist unter Dach und Fach. Die Linke will tolerieren. Einzelgespräche mit allen Fraktionsmitgliedern sind geführt worden. Eine Probeabstimmung signalisiert, die knappe Mehrheit steht, selbst wenn die Darmstädter Abgeordnete Dagmar Metzger nicht mitspielen wird.

## November 2008

In letzter Minute hätte es ja doch noch schiefgehen können. Doch das ist eben der Unterschied zwischen Weltbühne und hessischer Provinz. Barack Obama schafft grandios die letzte entscheidende Etappe auf dem Weg ins Weiße Haus. Sein triumphaler Wahlsieg beruht nicht auf Schummelei bei der Wahlauszählung, die am Anfang der desaströsen Bush-Regierungsjahre stand. Auf dem Höhepunkt von Krisenzeiten ist Barack Obama von einer Welle der Begeisterung und der Hoffung auf eine bessere Zukunft in das Präsidentenamt getragen worden. Kann ein Mann diesem Erwartungsdruck gerecht werden? Wird er nicht von den Hypotheken der abgewirtschafteten Vorgänger erdrückt? Skepsis ist verständlich. Doch bemerkenswert ist der Elan, mit dem signalisiert wird: Yes, we can! Wie nötig wäre es, in den politischen Arenen unseres Landes eine solche Zuversicht am Werke zu sehen.

Wenige Tage schien man sich sicher, mit der sensationell hohen Kreditabsicherung von 500 Milliarden Euro für das deutsche Bankensystem könne alles schnell wieder in beste Ordnung kommen. Die Bundesregierung vermittelt das tagelang mit erstaunlicher Selbstsuggestivkraft. Doch schnell wirken solche Beschwichtigungen angesichts der größten Krise des Kapitalismus seit 80 Jahren nur noch lächerlich. Serienweise melden Unternehmen im Gefolge der weltweiten Finanzkrise Auftragseinbrüche. Der Exportweltmeister Deutschland steckt das nicht so einfach weg. Die deutsche Opel AG, Tochter des krisengebeutelten Ford-Konzerns, klopft spektakulär an die Türen der Landes- und Bundespolitik und erbittet Überlebenshilfe. Gerne will man nun auch einen Schutzschirm über die Arbeitsplätze spannen, doch im konkreten Fall Opel ist die Zielgenauigkeit staatlicher Hilfszusagen fraglich. Was nutzt der deutschen Tochter, was müsste diese sofort an die notleidende Mutter weiterreichen? Klar ist: Hält der Staat sich raus, wie das die Marktradikalen seit Jahren zur Tugend erklärt hatten, dann werden die aktuellen Sorgen in der Automobilindustrie, im Maschinenbau, in der Logistik nicht kleiner. Die Politik muss reagieren, das ist neuer politischer Konsens, gegen den selbst die FDP vorerst nicht mehr vom Leder zieht. Dank der kreativen Tarifpolitik der Vergangenheit muss derzeit noch nicht jede Absatzkrise durch Entlassungen aufgefangen werden. Im großen Stil kommt es und könnte es weiter zum „Atmen mit der Arbeitszeit" kommen. Eingeschlossen sind Maßnahmen der Kurzarbeit, des Leerens von Arbeitszeitkonten, des vorgezogenen Urlaubs. Und auch über verkürzte Arbeitszeiten wird wieder gesprochen. Man erinnert sich, wie schon früher durch die Vier-Tage-Woche bei VW auch über längere Zeiten hindurch Entlassungen vermieden werden konnten. Anders stellt sich die Lage bei prekärer Beschäftigung und vor allem bei der Leiharbeit dar. Jetzt rächt sich, dass Regulierungen, wie sie die Gewerkschaften anstreben, von Seiten des größeren Koalitionspartners vehement verweigert worden waren. Allemal wären auch hier gesicherte Qualifizierungszeiten besser als Entlassungen. Unter diesen plötzlich veränderten Rahmenbedingungen ist der last minute ohne Arbeitskampf in der Metallindustrie realisierte Tarifabschluss Gold wert. Im Prinzip steigen die Einkommen der Metallbeschäftigten in den nächsten 18 Monaten in zwei Schritten um jeweils 2,1 Prozent. Zusammen mit den vorausgegangenen Tariferhöhungen und immerhin minimalen Rentensteigerungen berechtigt dies zu der Hoffnung, dass die Konjunktur mangels inländischer Nachfrageausfälle nicht noch rascher zusammenbricht. Die Regierungspolitik zeigt sich auf der Suche nach Krisenantworten in dieser neuen Phase nicht mehr so entschlussmutig. Noch wird beschönt, man sei von allen Krisengebeutelten dank der großkoalitionären Konsolidierungspolitik noch einer der Besseren. Mehr oder weniger hektisch empfundene englische oder französische Rezepte werden als nicht übertragbar angesehen. Finanzminister Peer Steinbrück warnt: Wer gegen den Wind pinkele, mache sich nur die Hose nass. Das mag lebenskundlich eine Plausibilität haben. Doch wer überhaupt nicht pinkelt, bei dem geht es irgendwann voll in die Hose. Jedenfalls traut sich die kleckernde Bundesregierung ein „Klotzen" nicht zu. Nötig wäre ein abgestimmtes EU-Konjunkturprogramm. Außenminister Frank-Walter Steinmeier plädiert dafür. Die Kanzlerin bleibt eher skeptisch. Die deutsche Bundeskanzlerin wird zur europäischen „Madame Non". EU-Kommissionspräsident José Manuel Barroso spricht von 200 Milliarden Euro, die alle miteinander zusätzlich bewegen sollten. Sollte das nicht nur „die Hose nass machen", müssten in Deutschland mindestens 25 Milliarden Euro zur Belebung von Nachfrage und zur Förderung staatlicher Investitionen eingesetzt werden. Eine solche Summe entspricht ein Prozent vom Bruttoinlandsprodukt (BIP). In den USA wird schon höher geplant, da geht es in Folge von zwei Jahren um zusätzliche Volumina von je zwei Prozent. In Deutschland bleibt es vorerst bei Trippelschrittchen. Dazu zählen die staatlichen Investitionen in Gebäudesanierung, eine Kfz-Steuerbefreiung, bessere Absetzbarkeit von Handwerkerrechnungen für Privathaushalte, verbesserte Abschreibungen und verlängerter Kurzarbeitergeld-Bezug. Das alles überschreitet nicht die schon angedachten Planungen. Real sind das gerade mal 0,25 Prozent vom BIP. Die regierungsamtlichen Rechenkünstler addieren das zusammen mit schon längst Eingeführtem – zum Beispiel die Kindergelderhöhung – auf über ein Prozent und fühlen sich zu Unrecht kritisiert. Selbst die beschlossene Steuerabsetzbarkeit von Krankenversicherungsbeiträgen ab 2010 wird zur Konjunkturrettungstat vergoldet. Doch ist die Debatte nicht abgeschlossen. Der Sachverständigenrat, sonst notorisch skeptisch, wenn es um kreditfinanzierte staatliche Investitionspolitik geht, ermuntert die Regierung zu höheren Ausgaben, um dem befürchteten Absturz der Konjunktur entgegen zu wirken. Eine Angela Merkel unter Druck und ein zähneknirschender Finanzminister lassen offen, ob zu späteren Zeiten nicht doch mutigere Taten folgen. Vorerst will man aktiver erscheinen als man wirklich ist. Nach wochenlanger Schweigepause melden sich wieder verstärkt blau-weiße und schwarz-gelbe Neoliberale, die eine neue Chance wittern, um die staatliche Steuerfähigkeit durch Steuern zu lähmen. Neue kollektive Steuerentlastungen statt der nicht minder lautstark geforderten einmaligen Barschecks für alle Bürger sollen es richten. Im Hintersinn hat man die doppelte Wirkung, zugleich den Staat steuerpolitisch impotent und die Steuerzahler mit der dicken Brieftasche noch reicher zu machen. Das Millionenheer der steuerlich ohnehin nicht Veranlagten, dazu zählt mittlerweile die Hälfte aller Haushalte, schaut bei neuerlichen Steuerentlastungen in die Röhre und müsste irgendwann für verschlechterte staatliche Infrastrukturleistungen tiefer in die eigene Tasche greifen. Hier treffen sich wieder gesellschaftspolitische Leitbilder nach FPD-Muster mit den Marktradikalen aus CSU und CDU, die sich in Zeiten der großen Koalition ausgegrenzt fühlen.

Die hessischen SPD-Strategen hatte am Vormittag des 4.11. die Abwahl Roland Kochs und die Wahl von Andrea Ypsilanti zur Ministerpräsidentin einer rot-grünen Koalition unter Duldung der Linkspartei auf dem Regieplan. Doch politische Wirklichkeiten vollziehen sich nicht immer nach abgesprochenen Drehbüchern. Schon 24 Stunden vorher platzt die Bombe: Nicht nur die widerspenstige Dagmar Metzger, sondern jetzt auch Ypsilantis Stellvertreter Jürgen Walter und zwei weitere Landtagsabgeordnete entdecken ihr Gewissen. In einer schnell anberaumten Pressekonferenz verkünden sie unter solchen Gewissensqualen, Andrea Ypsilanti und der Hessischen SPD die Mithilfe für einen Politikwechsel verweigern zu wollen. Was ist passiert? Die berufenen und unberufenen Deuter hessischer Landespolitik vermuten, es sei ein schwerer Fehler gewesen, Ypsilantis innerparteilichen Rivalen Jürgen Walter nicht mit einem Ministeramt nach dessen Vorstellungen auszustatten. Statt ihn hatte Andrea Ypsilanti den umtriebigen Weltretter und Träger des alternativen Nobelpreises Hermann Scheer zum Wirtschaftsminister machen wollen. Vorbei, das ist jetzt Landes- und Parteigeschichte. Die vier Stimmenverweigerer gelten den einen als Verräter, den anderen als Helden. In der Hessen-SPD wird schnell ein neues Kapitel aufgeschlagen. Der Landtag löst sich auf. Die Wähler haben am 18. Januar 2009 erneut das Wort. Alle wieder antretenden Parteien bekunden einmütig, dazugelernt zu haben, mindestens aber, wenn es um negative Koalitionsaussagen zu Unzeiten geht. Der neue Mann, den die hessische SPD in dieses schwere Rennen schickt, ist der Landtagsabgeordnete Thorsten Schäfer-Gümbel. Er muss sich nachsagen lassen, nur eine Marionette der Andrea Ypsilanti zu sein, weil er nicht nassforsch – wenn auch nur für wenige Tage – den Fraktionsvorsitz und umgehend auch den SPD-Vorsitz gefordert habe. Mit tiefer Genugtuung verfolgt ein milde gestimmter, kommissarisch amtierender Ministerpräsident Roland Koch, was da in den nächsten 60 Tagen auf ihn zurollt. Doch auch schon vor einem Jahr war er sich ganz sicher, er könne das gar nicht vergeigen.

Die Partei Bündnis 90/Die Grünen hat in ihrer noch jungen Geschichte eigentlich die reichsten Erfahrungen mit innerparteilichen Quertreibern, Besserwissern und Egomanen gemacht. Es ist für sie wie eine Befreiung, mindestens eine späte Genugtuung, die Polit-Chaoten nunmehr in der hessischen SPD walten (und waltern) zu sehen, zumal sie ihr eigenes (Oswald)Metzger-Problem schon vor längerer

Zeit bewältigt hatten. Über Jahre daran gewöhnt, in rot-grünen Koalitionen nur den Kellner eines roten Kochs spielen zu dürfen, wächst der Übermut, auch dem schwarzen Koch nicht prinzipiell die Dienste zu verweigern. Da ist also noch Musik drin. Die Grünen wählen auf ihrem Bundesparteitag die schon routinierte Claudia Roth erneut an die quotierte Parteispitze. Männlicher Amtsteilhaber wird der Europaabgeordnete und „anatolische Schwabe" Cem Özdemir. Manche sehen in ihm eine Art „Obamale" der Grünen. Die meisten freuen sich quer über alle Parteigrenzen, dass es mit ihm erstmalig ein Migrantenkind zum Vorsitzenden einer deutschen Partei geschafft hat. Zumindest teilt er mit Obama einen Erwartungsdruck.

Was hatten die SPD-Granden nicht alles unternommen, um den sperrigen Wolfgang Clement vor einem endgültigen Parteiausschluss zu bewahren. Über Kompromissbrücken ist er richtig gezogen worden. Die Parteischiedskommission soll nun mit einem letzten Wort alles wieder zum Guten richten. Damit nicht doch noch etwas anbrennt, eilt ihr Franz Müntefering zur Seite. Schließlich steht das nicht unerwartete Ergebnis: Wolfgang Clement darf weiterhin SPD-Mitglied bleiben, obwohl er im Januar zur Nichtwahl der hessischen SPD aufgerufen hatte. Eine Rüge für grobes Foulspiel lässt sich allerdings auch in letzter Instanz nicht vermeiden. Doch der Clement kommt damit nicht „vom Eis". Selbst die Rüge als Alternative zum Parteiausschluss empfindet er als Kränkung seines Egos. Per Fax signalisiert er wenige Stunden später, er wolle seine Parteifreunde nunmehr nur noch als „Sozialdemokrat außerhalb der SPD" auf die Nerven gehen. Und was sie an ihm haben, lässt ein erstes Nachtreten erahnen. Die amtierende Parteiführung erntet den Vorwurf, sich nicht genügend von der Linkspartei abgegrenzt zu haben. Da dürften Müntefering und Steinmeier aber staunen. Eine gekränkte narzistische Seele bleibt schwer berechenbar.

Wie unangenehm für Regierung und – wieder – für die SPD: Seit Monaten wollten Politiker aller Parteien es nicht mehr hinnehmen, dass sich die Wirtschaftseliten trotz krassen Fehlverhaltens immer wieder selbst die Taschen vollstopfen. Verkehrsminister Wolfgang Tiefensee muss dabei weggehört haben. So scheint ihm entgangen zu sein, dass schon im Juni im Aufsichtsrat der Bahn AG der Truppe um Bahnchef Hartmut Mehdorn nach erfolgtem Börsengang kräftige Bonuszahlungen zugesichert worden waren. Ein Staatssekretär, der dies kritiklos abgenickt hatte, musste gehen, weil er seinen Minister erst Mitte September von diesem neuen Akt der Selbstbedienung informierte. Die Opposition verlangt, auch Tiefensee müsse Konsequenzen ziehen und sein Amt aufgeben. Doch straft die große Koalition alle Lügen, die vom Ende des Vorrats an Gemeinsamkeiten geunkt hatten. Hier steht man zusammen, die Kanzlerin stellt sich hinter ihren Minister. Der sagt den im allgemeinen Crashklima ohnehin nicht sonderlich perspektivreichen Börsengang der Bahn vorerst ab. Damit hat sich zugleich das Thema der Bonuszahlungen erledigt.

Noch lassen sich die Schülerinnen und Schüler nicht alles bieten. Am 12.11. gehen im ganzen Land insgesamt 70.000 auf die Straße und protestieren gegen die erlebte Bildungsmisere. Ihre Erfahrungen mit überfüllten Klassen, Lehrermangel, Turbo-Abitur und Auslese im dreigespaltenen Schulsystem lassen sich auf keinem Bildungsgipfel wegdiskutieren. Hier wird auf das Alltagshandeln nach den vielen Sonntagsreden gewartet. Die Quittung für jahrzehntelange Versäumnisse stellt wieder einmal ein neuer PISA-Ländervergleich aus. Viele der 16 Kultusminister freut es, in der Vielzahl der Vergleichstabellen doch noch irgendwie einen Beleg zu finden, sich ein wenig verbessert zu haben oder nicht ganz so schlecht zu sein wie die anderen. Ein putziges Schaulaufen hält an. Stille Genugtuung verbreitet sich im Freistaat Sachsen, den Freistaat Bayern in allen Disziplinen überrundet und attestiert bekommen zu haben, über das bessere der vielen schlechten Schulsystemen zu verfügen. Schande für alle: Erneut wird bestätigt, nirgendwo sonst entscheidet wie in Deutschland die soziale Herkunft über den Bildungserfolg. Eigentlich hätte es da nahe gelegen, zusätzliche Mittel zur Finanzierung von Bildung über die Erbschaftssteuer einzunehmen. Doch da sind die Bayern stur. Nix ist mit dem zur Kasse Bitten der Erben von Villen am Starnberger See. Selbstgenutztes Wohnungseigentum wird komplett von der Erbschaftssteuer befreit, unabhängig vom Wert. Eine sozialdemokratische Auflage konnte nicht weggekickt werden: Für Kinder gilt, die Wohnung ist nur bis zur Größe von 200 Quadratmetern steuerfrei zu erben. Auch Firmenerben müssen den Koalitionskompromiss nicht fürchten. Bleibt es sieben Jahre beim Weiterführen des Betriebes und bei einer bestimmten Lohnsumme, sind nur 15 Prozent des Betriebsvermögens zu versteuern. Die Steuer entfällt völlig, sollte der Betrieb zehn Jahre lang weiter geführt worden sein. Und sicherlich finden sich in den nächsten Jahren findige Steuerberater, denen dazu auch noch ein Gegenmittel einfällt. Die CSU freut sich, nahezu alle Landwirtschaftsbetriebe seien jetzt von der Erbschaftssteuer befreit. Da ohnehin die Einnahmehöhe auf vier Milliarden gedeckelt bleibt, ist über die Erbschaftssteuer weiterhin kein Staat zu machen. Sie bleibt eine Bagatellsteuer, mit der sich Angela Merkels „Bildungsrepublik Deutschland" jedenfalls nicht verwirklichen lässt.

## Dezember 2008

Muss es der Bundesregierung nicht unheimlich werden? Ihr 500 Milliarden-Rettungsschirm für das deutsche Bankensystem mutet immer noch sehr tollkühn an, gäbe es da nicht die Hoffnung, eine solche Garantiezusage letztendlich doch nicht einlösen zu müssen. Ein vergleichbarer Rettungsschirm für die Arbeitsplätze in der Realwirtschaft wird jetzt verlangt. Vorerst möchte die Regierung dafür gelobt werden, schon einmal Knirpse verteilt zu haben. Ob und wie sich die vielen Konjunkturpäckchen zu einem wirkungsvollen Konjunkturpaket bündeln lassen, wird kontrovers diskutiert. Die Kanzlerin lädt zum Krisengipfel ins Kanzleramt. Rund sieben Stunden lang beraten Vertreter aus Politik, Wirtschaft, Wissenschaft und

Gewerkschaften über Ursachen und Auswirkungen der gegenwärtigen Finanz- und Wirtschaftskrise. Alle Vorschläge, die bislang auf dem Markt waren, finden auch in dieser Runde wieder einen Fürsprecher. Beschlüsse sollen nicht erarbeitet werden, aber einig ist man sich im Bemühen, die 2009 befürchteten Entlassungen so weit es geht zu vermeiden. Aber reicht der gute Wille? Angela Merkel trifft sich zu einem weiteren Gespräch mit Verantwortlichen der Dax-30-Unternehmen. Erstrebt ist eine Selbstverpflichtungserklärung der Wirtschaft, mindestens im Jahre 2009 auf betriebsbedingte Kündigungen zu verzichten und Phasen von verringertem Arbeitsvolumen für Qualifizierung zu nutzen. Die Arbeitgeberverbände relativieren die Erwartung, es könne tatsächlich zu einer solchen Garantieerklärung kommen. Aber immerhin wirkt die Regierung daran mit, einen entsprechenden Erwartungsdruck aufzubauen. Es zeichnet sich ab, erst im Januar soll ein anständiges Konjunkturpaket geschnürt werden. Davor ist erst einmal Weihnachten. Jeder darf seine Wunschzettel abgeben. Die CSU konzentriert sich darauf, die sich zierende Schwesterpartei auf möglichst umfangreiche Steuerentlastungen festzulegen. Während die Einkäufer von Weihnachtsgeschenken die Kassen des Handels süßer denn je klingen lassen, überbieten sich die Befürworter von Konsumgutscheinen des Staates hinsichtlich Höhe und Zielgruppe. Ganz nach oben auf allen Wunschzetteln rücken breit konsensfähige Vorschläge für staatliche Infrastrukturinvestitionen. Vor allem das marode Schul- und Hochschulsystem könnte schon seit Jahren Milliardeninvestitionen gut vertragen. Diskutiert wird über Abwrackprämien für Autos, um das Interesse am Neuwagenerwerb zu stimulieren. Im Kontrast zu den Vorlieben für Steuerentlastungen, favorisieren SPD und Gewerkschaften geringere Krankenversicherungsbeiträge durch höhere staatliche Zuschüsse an die Kassen. Frohe Kunde für die Konsumfront gibt es gleich dreifach: Die Europäische Zentralbank entdeckt ihr Herz für Konjunkturförderung und senkt den Leitzins um 0,75 Punkte. So kühn waren die Stabilitätshüter noch nie. Die Preise für Energie rutschen auf breiter Front. Heizen und Autofahren sollten sich dadurch verbilligen. Und schließlich urteilt das Bundesverfassungsgericht, bei der Pendlerpauschale muss nun doch wieder schon der erste Kilometer absetzbar sein. Millionen von Berufspendlern bringt das eine Entlastung, die den Bundeshaushalt jährlich 2,5 Milliarden Euro kosten dürfte. Finanzminister Steinbrück gibt sich als guter Verlierer: „Wir werden uns das Geld nicht an anderer Stelle zurückholen. Das verträgt die derzeitige Konjunkturlage nicht." Die Bundeskanzlerin assistiert ihm mit der Bewertung: „Die Beibehaltung der alten Pendlerpauschale ist die richtige Antwort auf die augenblicklich schwierige Situation in der Wirtschaft." Das hatte sich vor Wochen ganz anders angehört, als makroökonomische Inkompetenz und Impotenz noch als Tugend gepriesen ward. Wendehälse überall. Den größten Erkenntnisgewinn oder die waghalsigste Opportunismus-Pirouette verbucht die „Initiative Neue Soziale Marktwirtschaft". In ganzseitigen Anzeigen irritiert sie ihr Stammpublikum mit dem Hinweis: „Die Finanzkrise zeigt: Der Staat muss den passenden Rahmen vorgeben." Klug waren ihre Initiatoren schon immer. Sie wissen, wer morgen wieder Schafe fressen will, muss heute mit den Wölfen heulen.

Der Kanzlerin bleibt nichts erspart. Wie die Regierung Deutschland durch die Wirtschaftskrise manövrieren will, bleibt vage. In der EU läuft über eine neue Achse Paris-London mittlerweile vieles an der Kanzlerin vorbei. Aus Washington hört man, Barack Obama werde zur Konjunkturförderung an einem ganz großen Rad drehen. Die Kanzlerin muss sich vorerst in ihrer Nebenrolle als CDU-Vorsitzende bewähren. Formal gelingt ihr das glänzend: 94,8 Prozent der rund 1000 Delegierten wählen sie wieder. Aufbruchstimmung oder Lust auf mehr CDU im Wahljahr 2009 kann sie aber nicht wecken. Den Anschuss an die erste Liga in den Debatten um angemessene politische Reaktionen auf die Finanzmarkt- und Wirtschaftskrise hat Angela Merkel verloren. Die Seele der Partei massiert der ausgemusterte Parteiliebling Friedrich Merz mit fröhlichen Botschaften aus der Steinzeit des Neoliberalismus. Angela Merkel verzichtet darauf, das Orientierungsvakuum ihrer Partei mit konsistenten eigenen Konzepten zu füllen. Anleihen bei der inzwischen konzeptionell wesentlich besser aufgestellten SPD will sie nicht machen. So bleibt es bei biederen Allgemeinplätzchen nach dem Muster: „Wir haben Druckmaschinen, Kaffeefilter und Plüschtiere zu Welterfolgen gemacht. Warum jetzt nicht die Soziale Marktwirtschaft?" Warum hat sie nicht unsere Gummibärchen erwähnt, dürfte man sich in der Marketing-Abteilung von Haribo fragen. Alte Glaubensbekenntnisse werden erneuert. Die Kanzlerin votiert „für faire Löhne", ist aber gegen staatlich gesicherte Mindesteinkommen. Wie eine Koalitionsaussage an die Grünen klingt es nicht, wenn Angela Merkel trotzig darauf beharrt: „Wir müssen auf Energiemix und Energieeinsparungen setzen und nicht Kernkraftwerke abschalten, so lange sie noch bestens geeignet sind, uns Strom zu liefern, soll man den Ausstieg aus der Kernenergie stoppen." Alte CDU-Fetzer aus der Zeit, als marktradikale Parolen noch opportun waren, haben sich in die neue Beschlusslage als Vorhaben gerettet, wenigstens den Osten Deutschlands zum Experimentierfeld für die Lockerung des Kündigungsschutzes oder für betriebliche Bündnisse für Arbeit zu machen. Mehr öffentlich aufgenötigt als beherzt gewollt, findet sich eine Distanzierung von der eigenen Teilvergangenheit als Blockpartei im einstigen SED-Staat. Jeder Parteitag benötigt „sein Thema", schon allein, damit die Delegierten daheim Erinnernswertes zu erzählen haben. Wenn die Parteiführung eine solche Erwartung nicht zu bedienen weiß, schlägt die Stunde für uneingeplante Herzensanliegen der Parteibasis. Allen gutmeinenden Bedenken oder kopfschüttelndem Desinteresse der Parteiführung zum Trotz, die Delegierten stimmten nach eifriger Debatte mit großer Mehrheit für das Ansinnen des saarländischen Landesverbandes, den Artikel 22 des Grundgesetzes mit einer fast 60 Jahre lang unbemerkt gebliebenen Erkenntnis zu ergänzen: „Die Sprache der Bundesrepublik ist Deutsch." Damit wäre das jetzt endgültig klar gestellt: So wie in der Fußball-Bundesliga Fußball gespielt wird und auf der Autobahn Autos fahren, so wird in Deutschland jetzt Deutsch gesprochen. Stünden Teile der Union nicht unter dem Generalverdacht, stets auf der Suche nach einer griffigen Ausgrenzungsformel für Migranten zu sein, könnte es beim Kopfschütteln über die skurrile Vorliebe bleiben, unbestrittene Selbstverständlichkeiten verfassungsrechtlich abzusichern. Das Medienecho auf den Stuttgarter CDU-Parteitag ist weitgehend negativ: „Wenn die Kanzlerin von sozialer Marktwirtschaft redet, dann klingt das so, als ob der Papst von den Vorzügen des Protestantismus spräche", höhnt die „Süddeutsche Zeitung". „Die CDU in Stuttgart – das ist auch ein Parteitag der Merkwürdigkeiten. Die Vorsitzende hält eine uninspirierte Rede, die rund 1000 Delegierten nehmen es zurückhaltend hin, fast pflichtschuldig. Da wird keine Faust geballt, kein Ausrufezeichen gesetzt. Die Kanzlerin hält ein Referat." (Spiegel online). Und die Saarbrücker Zeitung befindet: „Beim Stuttgarter CDU-Parteitag suchte Merkel mit der Aussage zu entkommen, dass nichts endgültig entschieden sei und alle Optionen offen blieben. Das heißt übersetzt: Ich schaue erst mal, wie sich der Wind dreht. Das ist nicht die Art von Führung, die die größte Exportnation der Welt in der vielleicht größten globalen Krise seit Jahrzehnten braucht."

Zehn Tage später, auf dem Gipfeltreffen der Staats- und Regierungschefs der europäischen Union ist auch die deutsche Bundesregierung entschlossen, zur Förderung der Konjunktur die eigenen Bemühungen erheblich zu steigern. Ein europäisches Konjunkturpaket von rund 200 Milliarden Euro soll zum Einsatz kommen. Das entspricht in etwa rund 1,5 Prozent der Wirtschaftsleistung der EU-Staaten. Damit steht fest, Deutschland muss seine bisherigen Planungen noch einmal erheblich aufstocken. Was den Klimaschutz betrifft, kann Angela Merkel ihrem seit Heiligendamm erworbenen Ruf einer Vorkämpferin nicht gerecht werden. In wirtschaftlichen Krisenzeiten hat der ökologische Verantwortungssinn keine Konjunktur. Die EU einigt sich auf neue Regeln beim Emissionshandel. Ab 2013 werden Betreiber von Kraftwerken ihre Emissionszertifikate zu 100 Prozent ersteigern müssen. Energieintensive Industrien – wie zum Beispiel Stahl – erhalten die Zertifikate kostenlos zugeteilt. Sonderzuteilungen an Verschmutzungsrechten gehen an die Mittel- und Osteuropäer. Es bleibt bei der Zielsetzung, den Kohlendioxydausstoß bis zum Jahre 2020 um ein Fünftel reduzieren zu wollen. Der Anteil erneuerbarer Energien soll bis dann auf 20 Prozent des Endenergieverbrauches steigen. Es ist Oppositionsprivileg, das Erreichte für unzulänglich zu halten.

Für die Betroffenen lästig, aber für die politische Kultur unerlässlich ist der Versuch des BND-Untersuchungsausschusses, Klarheit über die Rolle der deutschen Politik im Zusammenhang mit dem Irak-Krieg zu gewinnen. Da ist der Vorwurf, trotz des entschiedenen öffentlichen Neins der deutschen Regierung zur Unterstützung des Irakkrieges hätte es inoffiziell eine geheimdienstliche Kooperation gegeben.

Der frühere Außenminister Joschka Fischer und der damalige Kanzleramtsminister Frank-Walter Steinmeier weisen bei ihren Anhörungen im Untersuchungsausschuss solche Deutungen entschieden zurück. Fraglich bleibt, wieso sich zwei in Bagdad stationierte BND-Agenten als Aufklärer und Informationslieferanten für das US-Militär in Dienst nehmen lassen konnten. Der Wahlkampf steht vor der Tür. Deshalb besteht wohl ein Interesse, den Konkurrenten der Kanzlerin unter dem Verdacht der Doppelbödigkeit zu halten. Ohne die Last eines aktuellen politischen Amtes kann Joschka Fischer im Ausschuss mit der ihm eigenen Wortgewalt antworten. Wenn man der rot-grünen Regierung vorwerfen wolle, sie habe sich am Irak-Krieg beteiligt, könne es sich der Ausschuss doch ganz leicht machen: „Ja, wir haben Überflugsrechte gewährt. Ja, wir haben US-Einrichtungen geschützt. Ja, ein großer Teil der US-Truppen, die im Irak eingesetzt wurden, stammten aus Deutschland." Alles dies sei damals Gegenstand der Diskussion gewesen. Aber aus der Entsendung von zwei BND-Leuten einen Skandal zu fabrizieren, hält der Alt-Außenminister für „aberwitzig". Ziel sei es gewesen, „über Augen und Ohren am Boden zu verfügen – sonst kann man sich einen Auslandsnachrichtendienst auch schenken", belehrt Fischer alle, die es heute (besser) wissen wollen.

Der Koalitionsfriede auf der Bundesebene ist noch nicht gebrochen. Doch stellvertretend wird in Hessen getestet, welche Durchsetzungskraft eine schwarz-gelbe-Koalition mobilisieren kann. Der neue Spitzenkandidat der hessischen SPD, Thorsten Schäfer-Gümbel, versteht es Tag für Tag besser, sich als „neue Kraft für Hessen" zu präsentieren. Auf den Wahlplakaten fragt die SPD: „Wirklich wieder Koch?", während der Amtsinhaber verspricht: „In Zeiten wie diesen kämpfen wir um jeden Arbeitsplatz." Dass „Zeiten wie diese" entstehen konnten, weil viele Politiker wie Roland Koch den Marktradikalismus gefördert und verteidigt hatten, versucht die Hessen-SPD den Wählerinnen und Wählern noch bis zum 18. Januar zu erklären. Der neue Mann an der Spitze versichert: „Es war ein Fehler, nach der letzten Wahl etwas anderes zu machen, als wir vorher angekündigt hatten. Aber jetzt schauen wir nach vorne und sagen: Wir haben das klar bessere Programm für die Menschen." SPD-Chef Franz Müntefering lässt sich von schlechten Umfragen zum Jahresende für seine Partei nicht aus der Ruhe bringen. Er spricht den Seinen Mut für das Superwahljahr 2009 zu, in dem alles noch offen sei. „Das gilt auch für die Debatte über Koalitionen mit der Linken in den Ländern. Das regt die Menschen nicht mehr auf." Einen doch: Roland Pofalla. „Jetzt ist die Katze aus dem Sack!", mahnt er die Republik am Vorabend des Heiligen Abend. In besondere Aufregung hat ihn Müntefering Versicherung versetzt, er hätte „keine Angst" davor, wenn es in Thüringen oder im Saarland rot-rote-Bündnisse geben sollte: „Wenn es gelingt, mehr sozialdemokratische Ministerpräsidenten zu stellen, würde uns das helfen, mehr als es schadet". Die Ouvertüre zum Superwahljahr 2009 ist gespielt.

# Das Jahr 2009 – Regieren in der Krise

*Denkzettel für die Hessen-SPD – Konjunkturpaket II – Mindestlohn für Zeitarbeit? Nein! – Grundgesetzliche Schuldenbremse? Ja! – Renaissance der intelligenten Konjunkturpolitik? – Das Gespenst der Verstaatlichung – Darstellerwechsel im Wirtschaftsministerium – Merkels Entscheidungsschwäche – Orientierungsprobleme konservativer Stammwähler – FDP im Höhenrausch – G20-Absprachen – Merkels Hinterherzockeln – Lehrzeit für zu Guttenberg – Wahlprogrammfieber – Wieder Köhler – Licht am Tunnelende? – Bad Banks – Steuern zum Steuern – Opel überm Berg? – SPD im Tal – Europa wählt nicht oder schwarz – Kommunalwahlsonntag – Wahlzeiten*

## Januar 2009

Zwölf Monate „Hängen im Schacht" sind genug. Die hessische Wählerschaft hat das Wort und darf korrigieren, was sie vor einem Jahr angerichtet hatte. Das Wahlergebnis liegt auf der Linie der letzten Vorhersagen: CDU 37,2 (+ 0,4), SPD 23,7 (- 13), FDP 16,2 (+ 6,8), Grüne 13,7 (+ 6,2), Linke 5,4 (+ 0,2). CDU und FDP können mit einer komfortablen Mehrheit von 66 der 118 Landtagsmandate aus der nur geschäftsführenden Landesregierung des Roland Koch eine fünf Jahre amtierende machen. Die Wahlanalytiker sind sich einig: Die beiden Großen haben zugunsten der beiden größten Kleinen einen Denkzettel bekommen. Die SPD-Verluste sind Ausdruck einer dramatischen Vertrauenserosion der letzten Monate. Der SPD ist es nicht gelungen, sich aus der Zwickmühle zu befreien, in die sie vor einem Jahr durch eine unbedachte Festlegung auf die Koch-Ablösung ohne Unterstützung der Linkspartei geraten war. Trotz verbesserter Sympathie für den Spitzenkandidaten Thorsten Schäfer-Gümbel, die SPD verliert fast 40 Prozent ihrer Wähler. Nahezu gleiche Teile haben sich diesmal enthalten oder die Grünen gewählt. Es wirkt als Ohrfeige für den Amtsinhaber Roland Koch, von den erheblichen Stimmenverlusten der SPD nicht profitiert zu haben. Trotz verschärfter Gefechtslagen durch Sektierer und Selbstdarsteller in den eigenen Reihen, die Linkspartei gewinnt erneut mindestens einen von zwanzig Wahlteilnehmern für sich. Die vormalige SPD-Spitzenkandidatin Andrea Ypsilanti – sichtlich gezeichnet von den auf sie konzentrierten Vorwürfen, Wählerbetrug begangen zu haben – tritt noch am Wahlabend als Partei- und Fraktionsvorsitzende zurück. Thorsten Schäfer-Gümbel soll in beiden Funktionen das Rückspiel in fünf Jahren vorbereiten. Inhaltlich hat das einjährige Intermezzo einer linken Parlamentsmehrheit gegen die geschäftsfüh-

rende Landesregierung einen bleibenden Niederschlag gefunden: Die Studiengebühren an hessischen Universitäten bleiben abgeschafft. Offen ist, wie es die neue
Regierung mit einem Mehrheitsbeschluss für eine Rückkehr des Landes Hessen in
die Tarifgemeinschaft der Länder halten will. Zudem steht die Frage, ob unter neuer
FDP-Ressortverantwortung der Weg vom Bildungsreformgerede zu praktisch wirk-
samen Verbesserungen gelingt. Schließlich bleibt fraglich, ob Hessen beim Thema
regenerative Energieversorgung in der neuen Legislaturperiode den Anschluss an
die schon in den anderen Bundesländern erreichten Standards schafft. Bundes-
und Hessen-SPD versuchen gar nicht, ihren Fehlstart ins Wahljahr zu beschönigen.
Die Häme der einen über vorgeblichen Dilettantismus der anderen verbietet sich,
weil die Bundespartei demoskopisch derzeit ohnehin nur knapp über dem Hessen-
Ergebnis gehandelt wird. Die Kernfrage für die Bundespolitik lautet: Kann Schwarz-
Gelb die nächsten acht Monate als „bürgerliches Lager" den Vorsprung vor einem
„fortschrittlichem Lager" unter Führung der SPD bei Ausschluss der Linkspartei behaupten? Inwieweit lässt sich die Union weiterhin sozialdemokratisch domestizie-
ren? Kann die FDP die Union wieder in ihre alte marktradikale Spur zurückzwingen?
Die große Koalition hat durch die Hessen-Wahl im Bundesrat ihre bequeme eigene
Mehrheit verloren. Die FPD werde jetzt mitregieren, frohlockt Guido Westerwelle.
Eine Chance, dass im Mai in der Bundesversammlung die Horst Köhler-Heraus-
forderin Gesine Schwan eine Mehrheit findet, besteht zwar immer noch, ist aber
aufgrund der Fahnentreue zum Amtsträger im Unions-Lager nicht sehr groß.

In der Bundespolitik bleibt unter dem Druck der Wirtschafts- und Finanzkrise
keine Zeit für kollektives Wundenlecken oder anhaltende Triumphgesänge. Während die neue Obama-Administration in den USA das Drehen großer Räder vorbe-
reitet, kann es in Deutschland nicht bei den schon getroffenen Entscheidungen
für Konjunkturpäckchen bleiben. SPD-Kanzlerkandidat Frank-Walter Steinmeier
prescht vor. Er präsentiert dem zögerlichen Koalitionspartner ein „Wachstums-
und Stabilitätspaket für Deutschland". In der Union verfestigt sich Tag für Tag die
Einsicht, dass eine Feuerklatsche gegen Buschbrand vielleicht doch nicht mehr
ausreicht. Wie so oft bei frisch Bekehrten wird auch über das Ziel hinausge-
schossen. Alles scheint auf einmal möglich. Während die CSU unverdrossen für
Steuerentlastungen zum Nachteil zukünftiger Steuereinnahmen votiert, wird in
der Schwesterpartei über Bankenverstaatlichung sowie Kollektivierung der Bank-
risiken durch eine sogenannte „Bad-Bank" nachgedacht. NRW-Ministerpräsident
Jürgen Rüttgers schlägt sogar den Einstieg des Staates in Krisenunternehmen der
Realwirtschaft vor. Die Linkspartei will sich von ihm so schnell nicht links überholen lassen. Oskar Lafontaine spricht sich gegen eine Verstaatlichung maroder Unternehmen aus und kritisiert Rüttgers: „Ideologisch betrachtet" stehe er mit der
Verstaatlichungsidee „der DDR viel näher als die Linke". Angela Merkel hat sicht-
liche Mühe, den Rücksprung vom marktradikalen Kurs des Leipziger Parteitags

2003 zum Vokabular des Ahlener Programms der CDU von 1947 zu verarbeiten. Dank sozialdemokratischer Sortierleistung gelingt schließlich eine gemeinsame Festlegung der Koalition auf ein Konjunkturpaket II. Auf zwei Jahre angelegt, hat es einen Gesamtrahmen von 50 Milliarden Euro. Vorgesehen sind kommunale Investitionen in Höhe von 17,3 Milliarden Euro. Der Bund unterstützt die Länder und Kommunen bei der Modernisierung und Instandsetzung der Infrastruktur. Vorrangig investiert werden soll in Schulen, Kindertagesstätten, Krankenhäusern und im Straßenbau. Der Schlüsselbranche Autoindustrie soll mit einer Umweltprämie in Höhe von 2.500 Euro für jeden Neuwagenkauf geholfen werden, wenn dabei gleichzeitig das eigene mindestens neun Jahre alte Auto verschrottet wird. Vereinbart wird schließlich, eine Koppelung der im Konjunkturpaket I vorgesehenen Kfz-Steuerentlastung an die Maßgabe des Schadstoffausstoßes. Für die großen $CO_2$-Ausschleuderer gibt es keine Kappungsgrenzen, wie ursprünglich vorgesehen war. Von der CSU-Vorliebe für Steuerentlastungen ist der SPD-Ansatz zugunsten unterer Einkommensgruppen übrig geblieben. Der Grundfreibetrag wird in zwei Schritten um 340 Euro erhöht und der Eingangssteuersatz von 15 auf 14 Prozent abgesenkt. Beim Thema Konsumschecks einigen sich die Koalitionspartner auf die leicht auszahlbare Lösung eines einmaligen Kinderbonus von 100 Euro für jedes Kind. Zusätzlich werden die Regelsätze für Kinder von Hartz IV-Empfängern angehoben. Gerne hätte der SPD-Regierungsteil die Beiträge für die gesetzliche Krankenversicherung nur für die Arbeitnehmer reduziert. Hier erzwingt das Unions-Veto eine paritätische Entlastung um 0,6 Prozent für die nächsten beiden Jahre. Unmittelbare Wirkung für den Arbeitsmarkt dürfte die Neuregelung zur Kurzarbeit haben. Unternehmen werden dabei unterstützt, zu qualifizieren statt zu entlassen. Bei Kurzarbeit in den Jahren 2009 und 2010 werden die Sozialversicherungsbeiträge durch die Bundesagentur für Arbeit hälftig erstattet. Auch bei der Qualifizierung von Beschäftigten in Kurzarbeit und für das Wiedereinstellen von Leiharbeitnehmern öffnet die Bundesagentur für Arbeit ihre Unterstützungskasse. Unternehmen in Kreditnöten soll die Kreditanstalt für Wiederaufbau (KfW) beistehen dürfen. 100 Mrd. Euro werden als Kreditrahmen bereit gehalten. Der Staat als Helfer in der Krise ist damit wieder auf dem Spielfeld. Doch sind die Grenzen des gemeinsamen Agierens beider Volksparteien einmal mehr erkennbar geworden. Die Sorge bleibt, ob staatliche Investitionspolitik weitreichend und nachhaltig genug organisiert werden kann. Hätte die Konsumkraft nicht deutlicher stimuliert werden müssen? Skepsis bleibt, ob die Steuern- und Abgabenreduzierung nicht nur teuer, sondern auch wirkungsmächtig sein wird. Bei mehr Entscheidungsmut für eine Gegenfinanzierung – zum Beispiel durch erhöhte Spitzensteuer, Vermögenssteuer, ertragreichere Erbschaftssteuer, Börsenumsatzsteuern oder begrenzte Aufschläge zur Einkommenssteuer – hätte sich sicherlich einiges mehr bewegen lassen, um die Binnenkonjunktur zu stützen, ohne neue Haushaltslöcher zu produzieren. Für 2009 sieht das Finanzministerium ohnehin Rot: Gerechnet wird mit einem gesamtstaatlichen Defizit von drei Prozent des BIP, für 2010 sogar mit vier Prozent. Man will das in Kauf nehmen, weil Nichtstun den Steuerzahler noch teurer käme. Immerhin ist es erstaunlich genug, dass Bund und Länder in Addition mit dem ersten Konjunkturpaket insgesamt 80 Milliarden Euro zusätzlich bewegen, um Folgen der globalen Finanz- und Wirtschaftskrise aufzufangen und Arbeitsplätze zu sichern. Jahrzehntelang wurde gepredigt, der Staat müsse sich als öffentlicher Investor und soziales Korrektiv des Marktes zurückhalten. Ein aktiver Steuerstaat sei der Würger von Bürgerfreiheiten und der Verschwender von Steuergeldern. Ob morgen noch bestehen kann, was bis heute als kühn erscheint, bleibt die Frage. Im letzten Quartal 2008 hatte sich das Wirtschaftswachstum um rund 2,1 Prozent reduziert. Der Export ist eingebrochen. Der konjunkturelle Abschwung hat den Arbeitsmarkt erreicht. Im Januar schnellt die Arbeitslosenzahl um 387.000 auf 3.489.000. Unter solchen Rahmenbedingungen lernt Politik offenbar in Tagen und Wochen, was in den Maßstäben von Monaten und Jahren missachtet oder verweigert worden war.

Der Fortschritt bleibt eine Schnecke. Auf dem Weg zu tariflich oder gesetzlich gesicherten Mindestlöhnen erreichen die monatelangen Vorbereitungen des Arbeitsministers Olaf Scholz eine neue Zwischenstation. In sechs weiteren Branchen können untere Lohngrenzen über das Arbeitnehmer-Entsendegesetz normiert werden. Freuen dürfen sich die Beschäftigten in der Pflegebranche, im Wach- und Sicherheitsgewerbe, in der Entsorgungsbranche, bei industriellen Großwäschereien, bei Bergbauspezialdiensten und in der Aus- und Weiterbildung. Beim Thema Leiharbeit bockt die Union weiterhin. Ihr Argument ist, es gäbe hier bereits flächendeckende Tarifverträge. Eine Untergrenze könne deshalb nur auf dem Dumping-Niveau der schlechtesten Tarifverträge der Branche gezogen werden. Entsprechende Gefälligkeitstarifverträge hatten bislang die sogenannten Christlichen Gewerkschaften abgeschlossen, obwohl sie Versammlungen ihrer Mitglieder im Wirkungsbereich ihrer Tarifverträge in Telefonzellen abhalten könnten. Der SPD-Regierungsteil beharrt darauf, hier sei die letzte Messe noch nicht gesungen. Ob die Union über Leiharbeit weiterhin Apartheid auf dem Arbeitsmarkt dulden will, wird sich wohl erst in Konsequenz der Wahlauseinandersetzungen 2009 beantworten lassen.

Zerrbildgemäß trägt ein deutscher Unternehmer den schwarzen Anzug über seinem dicken Bauch, den Hut auf einer Glatze und raucht Zigarren. Ein Ausbeuter ist er allemal, jedenfalls suggerieren es so Karikaturen aus früheren Jahren. Inzwischen wissen selbst Hardcore-Kapitalismuskritiker und die meisten Gewerkschafter aus eigener Erfahrung, Träger unternehmerischer Verantwortung werden solchen Klischees selten gerecht. Während sich auf dieser Seite also die alten Feindbilder und Misstrauensansagen längst differenzieren, wächst auf Arbeitgeberseite die Vorliebe für Pauschalverdächtigungen gegen die „lieben Mitarbeite-rinnen und Mitarbeiter" bis zur Paranoia. Die hässlichsten Beispiele hatten sich im Verantwortungsreich der Telekom abgespielt. Auch der Discounter Lidl hatte mit seiner Bespitzelung des Personals fragwürdigen Schlagzeilenruhm erlangt und damit das Thema Arbeitnehmerdatenschutz spektakulär auf die Agenda der Po-litik gedrückt. Das war gestern. Jetzt toppt ein aufgedeckter Datenskandal bei der Deutschen Bahn alle bisherigen Misstrauensbekundungen gegen das eigene Personal. Im Jahre 2002/ 2003 hatte die Bahn im vorgeblichen Kampf gegen Kor-ruption 173.000 Mitarbeiter, Dreiviertel ihrer Beschäftigten, pauschal verdächtigt und Adressen, Telefon- und Kontodaten überprüfen lassen. Einfach so, als sei der Herrschaftsbereich des eigenwilligen Bahn-Chefs Hartmut Mehdorn rechtsfreier Raum. Öffentlichkeit und Politik fühlen sich herausgefordert, nicht bloß auf den nächsten Skandal zu warten.

## Februar 2009

Wie sehr haben sich die Zeiten geändert: Regierungschefs und Finanzminister der größeren EU-Mitgliederstaaten treffen sich in Berlin zur Vorbereitung des G20-Gipfels und einigen sich auf Ziele, die noch vor Monaten auf der Giftliste standen. Erstrebt wird die Kontrolle für Hedge-Fonds und Rating-Agenturen. Man will gegen Steueroasen schärfer vorgehen, votiert für eine Veränderung der Vergütungs- und Boni-Systeme und verlangt nach Frühwarnsystemen.

Die Staaten werden aktiv. US-Präsident Barack Obama setzt 790 Milliarden Dollar ein, um den Absturz der US-Wirtschaft zu stoppen. Mehrfach-Exportwelt-meister Deutschland klammert sich an ein 50-Milliarden-Euro-Konjunkturpaket II. Ein ganzes Jahrzehnt lang hatte die Internationale der Neoliberalen staatliches Engagement in solchen Dimensionen als Teufelswerk gebrandmarkt. Heute spricht sogar die christdemokratische Kanzlerin von einer Rettungstat. Der Staat darf makroökonomisch agieren, nur noch Wenige denunzieren ihn deshalb als Schänder der freien Marktwirtschaft. Selbst die FDP verzichtet im Bundesrat auf Widerstand und winkt durch, was Nachfrage stimulieren und veraltete Infrastrukturen moder-nisieren soll. Das ist nur mit einem Nachtragshaushalt zu finanzieren. Dabei steigt die Neuverschuldung von ursprünglich 18,5 Milliarden auf 36,8 Milliarden Euro an. Schwerer Tobak für alle, die einen konsolidierten Haushalt schon per se mit einem Leistungsnachweis für staatliche Politik verwechselt hatten. Die Union verlangt nach einem Trostpflaster. Geliefert wird es von den beiden Vorsitzenden der Föde-ralismuskommission, Günther Oettinger (CDU) und Peter Struck (SPD). Sie einigen sich auf eine gemeinsame Schuldenbremse für Bund und Länder. Was keine Re-gierung in den vergangenen fünfzehn Jahren geschafft hat, soll bis 2016 erreicht sein: Die schrittweise Reduzierung der Schuldenaufnahme auf eine Höhe von 0,35

Prozent des Bruttoinlandsproduktes. Das wäre eine Grenze von 8,5 Milliarden Euro. Die Länder sollen bis 2020 ihre Neuverschuldungen auf Null reduzieren. Die fünf finanzärmsten Länder erhalten neun Jahre lang Geld aus einem gemeinsamen Topf von Bund und Ländern, um Zinsen für Altschulden zu begleichen. Würde eine solche Schuldengrenze im Grundgesetz festgeschrieben, die staatliche Handlungsfreiheit als wirtschaftspolitischer Akteur wäre nachhaltig zerstört. Gerade hat der Staat krisengerecht gehandelt, da signalisiert er mit wenigen Jahren Übergangsfrist die Bereitschaft zu seiner Entmündigung. Eine Torheit sondergleichen. Man erinnere sich an die harten Auseinandersetzungen um die Agenda 2010 unter der Maßgabe der Maastricht-Verschuldungsgrenze von drei Prozent. Unter dem Diktat einer Verschuldungsgrenze von 0,35 Prozent sind drastische Verteilungsauseinandersetzungen unschwer vorhersehbar. Es sei denn, neue politische Mehrheiten fühlten sich legitimiert, die bestehenden verteilungspolitischen Schlagseiten im System der Steuereinnahme entsprechend zu korrigieren. Dass die SPD ihrem Koalitionspartner mit einer langfristig anzupeilenden Verschuldungshöchstgrenze großmütig dabei hilft, die parteiinternen Kritiker des aktuellen Konjunkturpakets zu besänftigen, wird sie vielleicht unter späteren Umständen mit hohen Preisen an eigenen Akzeptanzverlusten zu bezahlen haben. Die Nachbeter neoliberaler Glaubenssätze wollen nicht lernen, dass der Staat in aktuellen und potenziellen Krisenzeiten selbst aktiv werden muss, soll nicht alles noch schlimmer werden. Unverändert gilt die historische Erfahrung: Aus einer Wirtschaftskrise kann sich der Staat nicht heraussparen, nicht aktuell und wohl auch nicht durch Fixierung auf eine Verschuldungsobergrenze in den nächsten Jahren.

Richtig, aber zu klein dimensioniert, so lautet die Kritik am Konjunkturpaket II von der anderen Seite. Die Krise behält ihre Dynamik. Die Arbeitslosenzahl Februar steigt erstmals seit fast einem Jahr über die Marke von 3,5 Millionen. Die Zahl der Kurzarbeiter von 670.000 hat sich in einem Monat verdoppelt. Wie lange kann das weitergehen? Traditionsreiche Unternehmen wie Rosenthal, Märklin, Schiesser, stehen vor dem Konkurs. Der Schaeffler-Konzern, der sich noch vor Jahresfrist zugetraut hatte, den DAX-Konzern Continental zu schlucken, kann die Folgekosten nicht verdauen. Das könnte mehr als 100.000 Arbeitsplätze gefährden. Kann hier der Staat helfen, fragt die Firmen-Matriarchin einmütig zusammen mit der IG Metall. Die Beben der Krise beim US-Autoriesen General Motors erreichen die europäischen und deutschen Niederlassungen. 30.000 Arbeitsplätze sind allein in den deutschen Stammwerken gefährdet, sollte die Tochter sich nicht von der amerikanischen Mutter befreien können. 3,3 Milliarden Euro Steuergelder wären nötig, um die Arbeitsplätze in der Zuliefererindustrie und bei Opel durch Kredite zu sichern. Die bislang vorliegenden Geschäftspläne bergen vorerst mehr Risiken als Chancen. Nachbessern ist die Parole, wobei die Kanzlerin den Präzedenzfall und den Widerstand aus den eigenen Reihen mehr zu fürchten scheint als den antreibenden sozialdemokratischen Koalitionspartner. Einen Sündenfall gegen das konservative Verständnis von sozialer Marktwirtschaft haben die Koalitionspartner einmütig abgesegnet. Es ist jetzt möglich, als allerletztes Mittel ein „systemrelevantes" Finanzinstitut zu enteignen und zeitweise zu verstaatlichen. Verstanden wird dies als Lex-Hypo-Real-Estate. Bei der Commerzbank ist der Staat inzwischen mit einem Anteil von 25 Prozent größter Aktionär geworden. Was in den 70er Jahren in politischen Sandkästen der Jungsozialisten heftigst debattiert wurde, die Verstaatlichung der Schlüsselindustrien und Banken, hat es nunmehr auf die Tagesordnung der aktuellen Regierungspolitik geschafft, wobei es mehr um das Wie und weniger um das Ob geht. Sind denn alle verrückt geworden? So fragen sich immer heftiger relevante Teile der christdemokratischen Stammwählerschaft und flüchten zur FDP, die letzte Gralsburg des Marktradikalismus.

Wirtschaftsminister Michael Glos wirft irritiert das Handtuch. Er hatte sich nie um dieses Amt gerissen und musste einspringen, weil sein damaliger Parteichef Edmund Stoiber last minute absprang. Seinen Rückzug inszeniert er als Drama. Um die Entbindung von Amtsverpflichtung bittet er den eigenen CSU-Parteichef Horst Seehofer per Offenem Brief in der „BILD am Sonntag". Ja hat denn die Kanzlerin überhaupt nichts mehr zu sagen? Glos tritt nicht nur ab, sondern auch nach. Die Kanzlerin habe ihn „bewusst missachtet" und als inkompetent erscheinen lassen. Es muss ihn stets gefuchst haben, dass Angela Merkel die Absprachen mit dem Finanzminister für wichtiger hielt als die Konsultation mit dem amtierenden Darsteller des Wirtschaftsministers. Dieser will beobachtet haben: „Stattdessen hängt sie an den Lippen von Finanzminister Steinbrück, der sich jeden Satz aufschreiben lassen muss." Das Problem des Wirtschaftsministers war es vom ersten Amtstag an, dass ihn nicht nur die Kanzlerin für eine Fehlbesetzung gehalten hatte. Kommt was Besseres nach? Die CSU schiebt ihren erst kürzlich ernannten Generalsekretär Karl-Theodor zu Guttenberg ins neue Amt. Der hat sich bislang fachlich eher als Außenpolitiker profiliert, könne aber perfekt englisch parlieren, lobt ihn der CSU-Chef. Sachkenntnis ist offenbar keine hinreichende Voraussetzung, sonst hätte Michael Glos die Amtsräume gar nicht betreten dürfen. Der Neue, Karl-Theodor zu Guttenberg, leidet nicht unter der Bürde, ein neuer Ludwig Erhard werden zu sollen. Als neuer Ideologiewächter soll er mindestens so nassforsch wirtschaftliberal auftreten wie Guido Westerwelle, um eine offene Flanke der Union zu schließen.

Der Wahlkampf steht vor der Tür. Man merkt es auf vielen Politikfeldern. Im Vertrauen auf die Unterstützung der Kanzlerin hatte Umweltminister Sigmar Gabriel alles Nötige unternommen, um das zersplitterte Umweltrecht zu einem bundeseinheitlichen Umweltgesetzbuch zusammenzufassen. Er scheitert an CSU und an der Spitze der CDU-Bundestagsfraktion. Die Kanzlerin schweigt. CDU-Wirtschaftsexperte Laurenz Meyer redet. Eigentlich sei das von seiner Fraktion verhinderte Umweltgesetzbuch „prima und in Ordnung", man habe nur „Angst, dass es in die Hand böswilliger und ideologisch aufgeplusterter Öko-Ideologen" falle. Nicht mehr entscheidungsfähig zeigt sich die Union auch beim Streit über die vom Bundesverfassungsgericht gerügte Mischverwaltung der Hartz-IV-Bezieher im Geflecht zwischen Kommunen und Bundesagentur für Arbeit. Arbeitsminister Olaf Scholz kann für seine Lösung zwar die CDU-Ministerpräsidenten gewinnen, scheitert aber an der CDU-/CSU-Bundestagsfraktion. Wieder hat die Richtlinienkompetenz der Kanzlerin keine praktische Bedeutung.

Mutiger ist die Bundeskanzlerin zum Entsetzen ihrer Partei mit einer deutlichen Mahnung an Papst Benedikt XVI. Mit päpstlicher Milde bei der Rücknahme der Exkommunikation von vier Traditionalisten-Bischöfen der Piusbruderschaft, darunter einer, der als Holocaust-Leugner hervorgetreten war, hatte sich Benedikt XVI. weltweite Kritik zugezogen. Von der evangelischen Pastorentochter Angela Merkel erwartet man offenbar die Weisheit, lieber den vormaligen Papst zu loben, als den amtierenden in zusätzliche Verlegenheit zu bringen. Im privaten Telefonat sei mit dem Heiligen Vater alles geklärt worden, heißt es aus dem Kanzleramt. Doch wird das die Stammwählerschaft beruhigen?

Weiteres Ungemach droht der Kanzlerin auf dem Feld der schwierigen deutsch-polnischen Beziehungen. Erika Steinbach, CDU-Bundestagsabgeordnete und Präsidentin des Bundes der Vertriebenen, will Mitglied im Rat der „Stiftung Flucht, Vertreibung, Versöhnung" werden. In den polnischen Debatten wird das als Provokation empfunden, weil ihnen die deutsche Christdemokratin als nicht versöhnungswillig oder -fähig erscheint. Das so mühsam zwischen Deutschland und Polen ausgehandelte Gerüst dieser Stiftung droht einzustürzen. Angela Merkel steht wieder vor der unangenehmen Pflicht, eine Entscheidung treffen zu sollen, die es nicht allen Recht machen kann. Mitleid muss man mit ihr nicht haben. Entscheiden zu müssen, das ist schließlich ihre Amtspflicht. Als Parteivorsitzende erwartet man von ihr hin und wieder auch einen Ordnungsruf. Den hätte sich Nachwuchspolitiker Philipp Mißfelder redlich verdient. In einer parteiöffentlichen Veranstaltung erklärt er eine etwaige Erhöhung der Hartz-IV-Regelsätze zum „Anschub für die Tabak- und Spirituosenindustrie". Was die einen für „verbalen Sondermüll" halten, verteidigt Mißfelder als „tabufreie Diskussion".

Hat das Ausschnüffeln der Mitarbeiter bei der Deutschen Bahn Methode? Jedenfalls gibt es neue Beispiele für sorglosen Umgang mit den Mitarbeiterdaten im Zuge vorgeblicher Korruptionsbekämpfung. Bahn-Chef Hartmut Mehdorn lässt sich endlich zu einer Entschuldigung drängen. Die Politik reagiert über den neuen Anlass hinaus. Die Bundeskanzlerin lädt zum Arbeitnehmer-Datenschutzgipfel. Nicht allen ist bewusst: Wie es ist, so darf es nicht bleiben. Wie die Arbeitgeber lehnt Innenminister Wolfgang Schäuble ein neues Arbeitnehmerdatenschutzgesetz zunächst ab. Regelungsbedarf räumt er trotzdem ein. Gesetzliche Neuregelung oder Novellierung des Bundesdatenschutzgesetzes? Das bleibt hier die Frage. Arbeitsminister Olaf Scholz drängt auf ein eigenständiges Arbeitnehmerdatenschutzgesetz. Guter Wille vorausgesetzt, wäre das in dieser Legislaturperiode noch realisierbar.

Die Kette empörender Gerichtsurteile, wie sie im Namen des Deutschen Volkes schon ausgesprochen worden waren, erweitert sich um ein besonders hässliches Glied: Eine Richterin am Landesarbeitsgericht Berlin bestätigt die fristlose Kündigung einer langjährigen Supermarkt-Kassiererin wegen behaupteter, aber nicht nachgewiesener Unterschlagung von Leergut-Bons im Werte von 1,30 Euro. Das öffentliche Rechtsempfinden urteilt angemessener. Die Praxis sogenannter „Verdachtskündigungen" gerät durch dieses Urteil erneut in die Schlagzeilen. Ein Neuregelungsbedarf besteht. Und was ist mit jenen Bankern, die tausendfach die Menschen durch dubiose Finanzbriefe um ihre Ersparnisse gebracht haben? Dürfen sie wirklich nicht nur ihre Jobs, sondern auch ihre Boni behalten?

In der hessischen Landespolitik bleibt alles beim Alten. CDU und FDP stellen die neue Regierung. Doch bei der Ministerpräsidentenwahl gibt es auch diesmal vier Abweichler aus dem eigenen Lager. Allerdings verzichten sie auf das Outing vor laufenden Fernsehkameras. Der wiedergewählte Ministerpräsident Roland Koch spricht von einem „ordentlichen Ergebnis". Sein Koalitionspartner FDP beteuert, die Abweichler müsste man bei den Christdemokraten suchen.

## März 2009

Jede Krise bietet Gelegenheit zum Umdenken. Als gäbe es einen Preis für den größten Wendehals des Jahres, schreibt Hans-Werner Sinn, Präsident des ifo-Instituts für Wirtschaftsforschung und profilierter Verharmloser des Marktradikalismus, in der „Wirtschaftswoche": „Das US-Bankensystem ist pleite und soll nun mit staatlichem Geld gerettet werden. Westeuropas Banken sind angeschlagen. In Osteuropa tickt eine Zeitbombe. Und alles nur, weil Banken, Hedge-Fonds, Zweckgesellschaften, Investmentfonds und Immobilienfinanzierer ihr Geschäft fast ohne Eigenkapital machen durften. Wer kein Eigenkapital hat, haftet nicht, und wer nicht haftet, der zockt. Er sucht das Risiko, wo er es nur findet, weil er die Gewinne privatisieren und die Verluste sozialisieren kann. Jetzt brennt der Dschungel, und man weiß kaum, wie man ihn löschen soll. Auch Chicago-Ökonomen müssen begreifen, dass Märkte nur mit einem starken Ordnungsrahmen funktionieren können. Das gilt insbesondere für Finanzmärkte, wo die Verluste das Eigenkapital um ein Vielfaches übersteigen können. Eine straffe Regulierung der Banken ist die Barriere gegen den Opportunismus. Nur sie schafft auf den Märkten das Vertrauen, dass der Kapitalismus braucht, wenn er fortfahren soll, den Wohlstand der Massen zu mehren." Es scheint, nicht nur Hans-Werner Sinn, sondern auch die maßgeblichen Regierungen in der Welt hätten zur Einsicht gefunden, für Finanzmarktregulierung und Wirtschaftsbelebung irgendwie verantwortlich zu sein.

Es bleibt noch eine große Kluft zwischen abstrakter Erkenntnis und Konkretisierungen. In Frankreich gerät die Regierung durch einen eintägigen Generalstreik
unter Druck. In London, Frankfurt und Berlin demonstrieren so viele Menschen,
wie jedes mittlere Bundesligaspiel mobilisiert, unter dem etwas selbsttrügerischen
Motto „Wir zahlen nicht für Eure Krise". Sie senden ihr Protestsignal Richtung
G20-Finanzgipfel, der Anfang April in London zusammentreten wird. Die deutsche
Verhandlungsposition: Klare Regeln für die internationalen Finanzmärkte, aber
nicht noch mehr schuldenfinanzierte Konjunkturprogramme. Die Arbeitsmarkt-Da-
ten liefern neuen Handlungsdruck. „Schwärzester März seit 1928", so signalisiert
eine Handelsblatt-Schlagzeile. Erstmals seit Jahren gibt es keinen Frühjahrsauf-
schwung. 3,59 Millionen Menschen sind arbeitslos gemeldet, ein Plus von 34.000
zum Vormonat, 78.000 mehr als im Vorjahr. Die Zahl der Kurzarbeiter klettert seit
Januar auf 1,7 Millionen. Die Regierung wird die Kurzarbeiterzeit von den kürzlich
verlängerten 18 Monaten sogar auf zwei Jahre ausdehnen.

Die Regierungspolitik vermittelt in mehrfachen Hinsichten eher den Eindruck
des Getrieben-Werdens und nicht des Entschlossen-Handelns. Nur mühsam ge-
lingen im Koalitionsausschuss Formelkompromisse, deren Wert sich in den ta-
gespolitischen Gefechtslagen wieder mindert. Zwar ist man an der Oberfläche
einig, den Kampf gegen Steuerflucht zu führen. Doch mauert die Union bei jeder
Konkretisierung, die Finanzminister Peer Steinbrück vorlegt. Steinbrück operie-
re mit einem „Pauschalverdacht" gegen Unternehmer mit Geschäftskontakten in
Steueroasen, mosert es aus der Union. Das steht in merkwürdigem Kontrast zum
Schweigen der Union, zum Beispiel bei den neuen aufgedeckten Fällen von Pauschalverdächtigungen gegenüber allen Bahn-Beschäftigten. (Hartmut Mehdorn,
der so lange umstrittene Mann an der Spitze der Bahn, kann jetzt nicht mehr
länger von der Kanzlerin geschützt werden und tritt zurück, bahntypisch mit er-
heblicher Verspätung.)

Zum Streitfall zwischen den Koalitionspartnern gerät die gemeinsame Absicht
zur Begrenzung von Managergehältern. Der SPD-Vorschlag, die Steuerabzugsfä-
higkeit jenseits der Bezugshöhe von einer Million einzuschränken, aktiviert neuen
Unwillen. Einig wird man sich, die Bankenaufsicht zu verschärfen. Doch gibt es
im konkreten Fall der Hypo-Real-Estate-Enteignung durch ein extra auf diesen
Fall zugeschnittenes Gesetz anhaltende ideologische Querschüsse aus dem höchst
verstörten Lager der Konservativen und Neoliberalen. Die Kanzlerin mutet ihnen
zu, dieses Enteignungsgesetz auf Vorrat zu beschließen. Das rüttelt an den Glau-
bensfundamenten. Empörung macht sich Luft, als Finanzminister Steinbrück den
Schweizer Eidgenossen mit kräftigen Worten zu verstehen gibt, die Zeiten des
Wegsehens und der Beihilfe für deutsche Steuerflüchtlinge seien abgelaufen. Das
Arbeiten an entsprechenden Vereinbarungen vergleicht er salopp mit der latenten
Bedrohung der Indianer durch eine stets zum Ausrücken bereite Kavallerie. Die

eifrigsten Söhne Wilhelm Tells wollen sich aber nicht als Rothäute ansprechen lassen und schieben den deutschen Sozialdemokraten Steinbrück in die Ecke der historisch besonders diskreditierten Braunen mit der Armbinde und den Ledermänteln. Die Union reagiert unschlüssig. Es bleibt unklar, inwieweit es ihr ernst damit ist, die Toleranz gegenüber Steueroasen aufzukündigen. Den Finanzminister lässt man nur zu gerne im Polemik-Regen der Schweizer Nachbarn stehen.

Der Fall Opel ist längst zum Präzedenzfall für die Bereitschaft der Bundesregierung geworden, ohne Wenn und Aber für die Rettung von Arbeitsplätzen einzustehen. Sicher gilt das Prinzip, staatliche Unterstützung kann nicht auf Dauer unternehmerische Versäumnisse ausgleichen. Doch angewandt auf die Situation bei Opel, will sich die Union von der SPD nicht zu voreiligen Rettungszusagen verpflichten lassen. Einmal mehr muss Angela Merkel – jetzt auch vor den Opel-Arbeitern – rumeiern. Die glaubensstarken Marktwirtschaftler in der Union, feiern den erst wenige Tage amtierenden Wirtschaftsminister aus der CSU als ihren neuen Fähnleinführer. Karl-Theodor zu Guttenberg suggeriert hektische Betriebsamkeit, absolviert eine Kette von Fototerminen – sogar vor New-York-Kulisse – und liefert täglich die so lange von seinem Vorgänger vermissten Bekenntnisse zu den Segenswirkungen der Märkte. Neue Verstörung der markttradikalen Hardcore-Seelen dürfte auslösen, dass die Gewerkschaften staatliche Hilfen für Unternehmen in der Krise an die Gegenleistung von Arbeitsplatzgarantien und des Übertragens entsprechender Eigentumsverfügungsrechte an die Beschäftigten binden möchten. Abgeblitzt sind Gewerkschaften und SPD mit dem Vorschlag, das Aktienrecht so zu präzisieren, dass es auch Unternehmensziel sein müsste, das Wohl der Mitarbeiter und das Gemeinwohl zu fördern. CDU-Generalsekretär Ronald Pofalla sieht die Wirtschaftsordnung aus den Angeln gehoben, wollte man so etwas realisieren. Ähnliches muss die Union beim Mindestlohn für Zeitarbeiter befürchten. Arbeitsminister Olaf Scholz scheitert ein weiteres Mal mit einem Kompromissvorschlag und beginnt einzusehen, dass man von einem Bock keine Gärtnerleistungen erwarten darf. Auch sein redliches Bemühen, in Absprache mit CDU-Länderregierungen eine Neuregelung der vom Bundesverfassungsgericht gerügten Kompetenzmischung in der Arbeitsmarktverwaltung zu erzielen, scheitert an der Weigerung der Kanzlerin, Absprachen mit der SPD im eigenen Lager durchzusetzen. Diesmal legt sich die CDU-Bundestagsfraktion quer, und Angela Merkel schaut weg.

Zu einem nachfragestützenden Renner ist die sogenannte Abwrack-Prämie für Altautos geworden. Die schönere Formulierung „Umwelt-Prämie" hat sich in der Alltagssprache zwar nicht durchgesetzt, doch die Nachfrage nach dieser Prämie übersteigt schon jetzt alle Erwartungen. Die bereitgestellten 1,5 Milliarden Euro sind nahezu verbraucht. Dieser Etat soll nochmals aufgestockt werden, so einigt sich die Koalition trotz heftigster Kritik aus Opposition, von Ökologen und der üblichen Schar aus der Zunft der Mainstream-Ökonomen. Kritiker dieser Maßnahme übersehen gerne, was die Befürworter selber wissen: Es handelt sich um eine konjunkturstützende Übergangsregelung und nicht um die Eier legende Wollmilchsau für die aufgelaufenen ökonomischen und ökologischen Probleme der Automobilwirtschaft. Im Übrigen rechnet sich die Sache auch für den Finanzminister. Allein die Mehrwertsteuereinnahmen gleichen die Zuschusskosten mehr als aus. Die in diesem Jahr wieder ohne Abzug des sogenannten Riester-Faktors erhöhten Rentensteigerungen wirken als Sauerstoff für die notleidende Konjunktur. Die 20 Millionen Rentenbezieher erhalten in Westdeutschland zur zweiten Jahreshälfte 2,41 Prozent mehr Unterstützung, in Ostdeutschland 3,38 Prozent. Die deutlichste Steigerung seit 15 Jahren. Arbeitgeberverbandsfunktionäre beklagen diese Entscheidung, als ob die Mehrkosten aus ihren Gewinneinkommen und nicht aus den von allen Arbeitnehmerinnen und Arbeitnehmern erzielten Wertschöpfungen bezahlt würden und als sei die erhöhte Kaufkraft von Rentenbeziehern für den Binnenmarkt unerheblich.

In sechs Monaten gibt es einen neuen Bundestag. Die Vertreter des alten beziehen ihre Gefechtspositionen. Die SPD stellt dramatisch die Führungsfähigkeit der Kanzlerin in Frage. SPD-Vorsitzender Franz Müntefering will erkannt haben: „Aus Angst, noch mehr Wähler an die FDP zu verlieren, bremst die CDU/CSU. Da läuft gerade eine Verharmlosungssülze auf Seiten des Koalitionspartners. Und Frau Merkel führt nicht, legt sich nicht fest, sondern schaut sich nur an, wie die Mehrheiten in der Union sich entwickeln. Im Zweifel stimmt sie dann bekanntlich auch gegen sich selbst. Schönreden reicht aber nicht. CDU/CSU haben keine Fahne mehr, hinter der sie sich versammeln können. Sie wissen auch nicht, wer die Fahne hält. Frau Merkel tut es jedenfalls nicht." Der öffentlich sichtbare Anschein spricht eine deutliche Sprache. Die Kanzlerin wehrt sich über die BILD-Zeitung und gibt zu bedenken, man könne auch mit Schweigen führen. Kein Wunder! Nicht immer, aber bei vielen nötigen Entscheidungen lässt sich Angela Merkel im Endeffekt lieber von der SPD zum Erfolgskurs nötigen, als den fundamentalistischen Kritikern im eigenen Lager nachzugeben. Wie lange mag das gut gehen? Die CSU profiliert sich auf ihre Kosten weiter als Prätorianergarde der Union. Sie stänkert gegen die große Schwester mit neuen Voten für reduzierte Mehrwertsteuer und gegen den im Bundestag noch mit verabschiedeten Gesundheitsfonds. Die CDU revanchiert sich mit einem Veto gegen die CSU-Vorliebe für Volksabstimmungen in EU-Fragen. Ein gemeinsames europäisches Wahlprogramm wird gar nicht erst geschrieben. Im Focus-Interview lässt sich nachlesen, wie Franz Müntefering den herzigen Umgang der Parteischwestern beurteilt: „Sie müssen sich das so vorstellen: Die Kanzlerin beginnt als Kanzlerin. Dann sagt die CSU Nein, schon ist sie keine Kanzlerin mehr, nur noch Parteivorsitzende. Auf Normalmaß gedeckelt. Bei etlichen Entscheidungen im Kabinett stellten CSU-Minister sofort danach Änderungsbedarf fest. Die Beschlüsse des Kabinetts wurden nicht immer ernst genommen. Das macht natürlich die Autorität der Kanzlerin kaputt. Wer an der Spitze einer Regierung steht, darf sich so etwas nicht leisten." Angela Merkel zeigt sich eifrig bemüht, die nachhaltige Verstörung der konservativen Stammwähler aufzufangen. Mit der Vertriebenen-Funktionärin Erika Steinbach präsentiert sie sich eine Spur zu demonstrativ als ein Herz und eine Seele. Erika Steinbach hatte zuvor darauf verzichtet, selbst Mitglied im Rat der „Stiftung Flucht, Vertreibung, Versöhnung" zu werden, was das deutsch-polnische Verhältnis damit erheblich entspannt. Auch mit dem Katholizismus zeigt sich Angela Merkel wieder ausgesöhnter. In christlicher Demut nimmt sie es hin, dass der Kölner Kardinal Joachim Meisner von ihr fordert, sie solle sich nach ihrer Kritik an Papst Benedikt XVI. entschuldigen. Dabei hatte die in Kirchenfragen selbständig denkende Protestantin an der Spitze der Union dem Papst bloß nahegelegt, eine deutlichere Grenze zu Holocaust-Leugnern wie dem zuvor rekatholisierten Pius-Bruder Richard Williamson zu ziehen. Dem ist er sogar gefolgt, was seinem Kölner Statthalter wohl entgangen ist.

Was hat Angela Merkel aus der CDU gemacht? Die Demoskopen vermuten, viele marktgläubige Stammwähler der Union stellen eine solche Frage und flüchten auf der Suche nach einer neuen neoliberalen Heimat in die Arme der FDP. Was Jürgen Möllemann, dem Erfinder des Projekts 18 Prozent tragisch misslang, gelingt seinem hinterbliebenen Rivalen Guido Westerwelle scheinbar mühelos. Wie einst Ikarus tragen ihn die Aufwinde nach oben über die 14-Prozent-Marke hinaus, über die Schwelle von 16 hin zur Sonne der legendären 18-Prozent-Markierung. Die Grenze zwischen Höhenflug und Höhenwahn ist bekanntlich eng. Eine FDP im Höhenwahn legt jetzt den Entwurf für ein Bundestagswahlprogramm vor. Alle politischen Mitbewerber sorgen sich um einen aus dem Ruder gelaufenen Bundeshaushalt. Eine in dieser Frage hypersensible Union bleibt nur bei der Regierungsfahne, weil Nichtstun zu Krisenzeiten noch teurer käme. Nur der Guido hat mit dem aktiven Staat seinen Frieden noch nicht gemacht. Seine Partei will den Staat durch weitere Steuersenkungen auf Pump noch ärmer machen. Im Wahlprogrammentwurf wird der Ladenhüter eines Drei-Stufen-Tarifes im Steuersystem reanimiert. Bei 35 Prozent ist Schluss auch für die Zumwinkels und Ackermänner. Wer seinen Lebensunterhalt nicht selber verdienen kann, soll eine monatliche Stilllegungsprämie in Form eines Bürgergeldes von 662 Euro erhalten. Alle weiteren Ansprüche an Unterstützungsleistungen aus staatlichen Kassen wären damit erfüllt. Der Staat wäre fein raus und könnte zu Lasten der Ärmsten kräftig sparen. Damit die Unternehmen wieder mehr Lust bekommen, Geld zu verdienen, will ihnen die FDP so lästige Dinge wie Kündigungsschutz, Mitbestimmung, Mindestlohn und Tarifautonomie ersparen. Bleibt die FDP wirklich bei ihrem Programm, was oft eher Ausnahme als Regel ist, geriete die Bundestagswahl zur Probe aufs Exempel: Gibt es wirklich 18 Prozent unter den Wahlberechtigten, die aus dem so dramatisch gescheiterten neoliberalen Rumdoktern an der sozialen Marktwirtschaft keine Lehren ziehen wollen?

Bundespräsident Horst Köhler spricht dem Volk mit seiner zur Tradition gewordenen Berliner Rede offenbar einmal mehr aus der Seele. Seine Kritik an den Verwerfungen der Finanzmärkte und den egoistischen Kurzfrist-Kalkülen der Wirtschaftsfürsten ist mittlerweile Mainstream-Sound unter aufgeklärten realitätsbezogenen Teilnehmern an den öffentlichen Debatten. Dass der Herr Bundespräsident in seiner frühren Funktion beim Internationalen Währungsfonds nicht ganz unschuldig an der Finanzmarktkrise ist – Schwamm drüber. Selbst im Himmelreich ist mehr Freude über einen Sünder, der Buße tut, als über tausend Gerechte. Vielleicht wird der amtierende Bundespräsident noch erklären, was er genau mit der Feststellung gemeint hat: „Jetzt führt uns die Krise vor Augen, wir haben alle über unsere Verhältnisse gelebt." Haben auch die Arbeitslosen, die Hartz-IV-Empfänger, die abhängig Beschäftigten über die Verhältnisse gelebt? Mit Spannung wird erwartet, ob seine Konkurrentin um das Amt, Gesine Schwan, über die höhere Fertigkeit verfügt, sich präziser in öffentliche Debatten um „unsere Verhältnisse" einzumischen.

Ein Politiker aus der ersten Nachwuchsreihe der Union, der Thüringer Ministerpräsident Dieter Althaus, betritt nach wochenlanger Zwangspause doch wieder die politische Arena. Seine Partei nominiert ihn noch in krankheitsbedingter Abwesenheit zum Spitzenkandidaten bei der Landtagswahl im Herbst. Althaus hatte im Januar einen schweren Skiunfall verursacht, bei dem eine junge Mutter zu Tode gekommen war. Althaus selbst hatte ein schweres Schädel-Hirn-Trauma erlitten und sich mehrere Wochen lang in einer Klinik am Bodensee behandeln lassen. Zur Gerichtsverhandlung in Österreich war er nicht erschienen. Im kurzen Prozess wurde der entschuldigte Abwesende schuldig gesprochen und zu einer Geldstrafe in Höhe von 33.300 Euro verurteilt. So rasch wie das Gerichtsverfahren abgeschlossen worden war, setzt die Wiedergenesung ein. Mit großem Medienrummel kehrt Dieter Althaus nach Thüringen zurück. Seine politischen Konkurrenten rätseln: Verdient der Mann Mitleid und Schonung oder Verwunderung und Kritik für den rasch inszenierten Rollenwechsel? Ist er noch gebrochenes Opfer eines tragischen Unglücks mit Todesfolge für einen anderen Menschen oder schon ein durch Schicksalsschlaq gereifter Mann mit Tatkraft für den Wahlkampf?

## April 2009

Schlagzeilen zum Monatsende und bevorzugte Nachrichtensendeplätze mögen es anders suggerieren: Doch die größte Herausforderung für unser Land und die Weltwirtschaft ist wohl nicht die Schweinegrippe, zuerst registriert in Mexiko und weiter exportiert durch infizierte Touristen. Größere Herausforderungen stellen sich mit den weltweiten Konsequenzen der Finanzmarktkrise. Vor allem für den mehrfachen Exportweltmeister Deutschland. Die Botschaften vom G20-Finanzgipfel in London werden deshalb mit großem Wohlwollen aufgenommen und weitergetragen. Die Vereinbarungen lesen sich wirklich gut. Es soll also ernst gemacht werden mit der Regulierung der Finanzmärkte. Das wäre ein Riesenfortschritt seit dem folgenlosen Palaver in Heiligendamm 2007. Hedge-Fonds und Rating-Agenturen sollen reguliert werden, bravo! Eine OECD-Liste unkooperativer Steueroasen wird begrüßt. Jedoch haben sich inzwischen die meisten der einschlägig verdächtigten Länder und Wirtschaftszonen durch Last-Minute-Bekenntnisse von der drohenden schwarzen Liste auf eine grauere gerettet. Den Wert eines quasi dritten Konjunkturpakets für die deutsche Wirtschaft, offiziell von der Regierung vehement abgelehnt, haben G20-Festlegungen auf ein 850 Milliarden Dollar-Programm für den IWF und auch die 250 Milliarden Dollar-Bürgschaften für Entwicklungsländer. Wer, wenn nicht der Exportweltmeister, dürfte es verstehen, den Löffel rauszuhalten, wenn es in diesen Dimensionen Brei regnet. Die Schwellen- und Entwicklungsländer sind Mitgewinner. Sie erhalten bis 2011 größere Mitsprache im IWF. Allen nützt ein internationales Frühwarnsystem zum Finanzmarkt. Was alle guten Absichtserklärungen wert sind, wird man schon rasch wieder prüfen müssen. Der Test läuft in der Praxis, beim IWF, in der EU, doch nicht zuletzt auch auf nationalen Politikfeldern.

Bundeskanzlerin und Vizekanzler laden erneut Spitzenvertreter von Wissenschaft, Wirtschaft und Gewerkschaften ins Kanzleramt zu einem nationalen Gipfeltreffen. Der Kittel brennt. Beim letzten Date dieser Art hatte man noch Konjunktureinbrüche in einer Dimension von 2,5 Prozent prognostiziert. Alle hatten die Nerven behalten. Mit guten 80 Milliarden lässt sich erst einmal wirklich gut gegenhalten. Doch nunmehr wird mit einem Absturz 2009 um bis zu sechs Prozent kalkuliert. In diesem Jahr rechnet die Bundesagentur für Arbeit mit vier Millionen Arbeitslosen, im kommenden Jahr mit fünf. Das hätte empfindliche Konsequenzen für die Kassen der Sozialversicherungen. Die Voreiligsten drohen den Rentnern, die sich in diesem Jahr über spürbare Verbesserungen freuen können, mit Kürzungen in den Folgejahren. Die Gewerkschaften präsentieren die Dreisatz-Logik: Wenn das 80-Milliarden-Paket die richtige Antwort auf eine prognostizierte Wachstumsschwäche von 2,5 war, dann müssten es beim neuesten Stand der Warnungen eigentlich noch mal 100 Milliarden sein. Ein entsprechender Ruf vom Gipfel findet in der Ebene der Politik und Wirtschaft kein Echo. Es ist wie beim Absturz von einem Hochhaus: Wer im Fallen bis hinunter zum 1. Stock nur einen Schrecken verspürt, neigt zu der Zuversicht, die letzten Meter auch noch relativ unbeschadet überstehen zu können. Politische Entscheidungsträger und Kommentatoren trösten sich in der Hoffnung, man befände sich bloß in einer besonders schweren Wirtschaftskrise, obwohl vieles doch eher für einen Systembruch spricht, der den Mut erfordern müsste, die Regeln des Wirtschaftens neu zu schreiben und die materielle Politik zu verändern.

Immerhin hat die Union unter öffentlichem Druck ihr Mauern bei den Schutz-räumen für Steueroasen aufgegeben. Bei der Beschränkung von Manager-Gehältern bleibt es bei der Politik des kleinsten gemeinsamen Nenners zwischen den Koali-tionspartnern. Selbst Kabinettsneuling zu Guttenberg schafft es nicht mehr, die drohende Verstaatlichung der Hypo-Real-Estate mit neuen Insolvenzregeln aufzu-halten. In seiner Noch-Ausbildungsphase als Wirtschaftsminister hatte er einfach übersehen, dass für neue Insolvenzgesetze seine Kollegin im Justizministerium zuständig ist. Rückzugsgefechte zeigen sich an der Entscheidungsfront Sicherheit für die Opel-Arbeitsplätze. Nach Frank-Walter Steinmeier schaut die Kanzlerin in Rüsselsheim vorbei, hält sich aber mit Zusagen bedeckt. Wirtschaftsminister zu Guttenberg gibt zu verstehen, dass ihm das Abladen der Verantwortung auf den an Opel interessierten Fiat-Konzern gar nicht so unlieb wäre. Den Finanzminister treibt die Sorge um, wie sich am besten die Schrottpapier-Halden der Banken – vorneweg der Landesbanken – in weniger zukunftsschädliche „Giftmüll-Deponien" umwandeln lassen. So oder so, jede favorisierte Bad-Bank-Lösung dürfte sich vielleicht nicht über kurz, aber sicher über lang als erhebliches Risiko für die Steuerzahler bemerkbar machen. Man arbeitet daran.

Ob es zu sozialen Unruhen in Deutschland kommt? Der DGB-Vorsitzende Mi-chael Sommer wäre fehl am Platze, würde er sich darüber nicht auch öffentliche Sorgen machen. Bis auf die Bundespräsidentin-Kandidatin Gesine Schwan möch-ten nur wenige diese Sorgen teilen. Die meisten Kommentatoren unterliegen dem Missverständnis, es könne zu sozialen Unruhen kommen, weil Gewerkschaften davor warnen. Wahrscheinlicher sind soziale Unruhen doch wohl eher, sollten keine hinreichenden Schlussfolgerungen aus dem gigantischen Fehlversagen des Marktradikalismus gezogen werden und wenn Brandstifter auch noch die Feuer-wehrleute verhöhnen. Wie es die politische Elite auch immer missverstehen will, die Männer und Frauen „von der Straße" sind da eher auf Sommers Seite: Eine Emnid-Umfrage registriert, 54 Prozent rechnen zukünftig mit sozialen Unruhen, im deutschen Osten sogar 61 Prozent. Auch in den vier Restmonaten dieser Le-gislaturperiode muss die Regierung noch Entscheidungen treffen. So bleibt die Hoffnung, Regierungspolitik könnte doch noch, das derzeit offene Zeitfenster für Umdenken und Gegenlenken nutzen.

Es ist leider hinlänglich bekannt, Wahlprogramme und Regierungshandeln sind oftmals zwei paar Stiefel. Das eine könnte man realisieren, wenn es Wäh-lermehrheiten wollten. Das andere bleibt Sache des Aushandelns, wenn es nicht zu Alleinregierungen reicht. Dennoch bleiben Wahlprogramme Seismographen für Stimmungslage und Trendsetzungen in den Parteien. Die FDP hat sich mit ihrem Entwurf und naiven Bekenntnissen für Steuerentlastungen bereits als unbelehrbar positioniert. Die Linke bleibt auch diesmal unschlagbar beim Besser-und-Höher-Fordern. Dennoch platzt dem vom frustrierten Gewerkschaftsflügel der SPD zu den

Linken desertierten Klaus Ernst in seiner inzwischen erreichten Rolle als Partei-
vize bei dem Ganz-Roten der Kragen: „In der Partei halten viele im Moment den
Streit um die Ausgestaltung des Sozialismus für wichtiger als die Frage, wie man
Millionen Arbeitnehmern in der Krise die Existenz sichern kann. Das interessiert
weder den Stahlarbeiter noch die Verkäuferin, die um ihren Job bangt." Der Frust
sitzt tief: „Bei den Listenaufstellungen für den Bundestag sind Gewerkschafter
abgemeiert worden", beschwert sich Klaus Ernst über seine neuen Parteifreunde.
Da wird es ihm wenig trösten, dass Oskar Lafontaine sich zwischenzeitig der Auf-
fassung von Gregor Gysi anschließt. Während er sonst den Anteil an Querulanten
in seiner Partei auf unter ein Prozent beschönigt hatte, teilt er jetzt wohl eher
die Einschätzung Gysis, der schon früher von „zehn Prozent Irren" gesprochen
hatte. Auf einem Wettbewerb um die populärste und verbalradikalste Forderung
mit der Linkspartei hatte sich die SPD bei ihrer Wahlprogramm-Arbeit gar nicht
einlassen wollen. Was auf der einen Seite an Steuererleichterungen und Ausgaben
gefordert wird, hat sie an anderer Stelle mit Vorschlägen für Einnahmeverbesserungen gedeckt. Das ist wenig spektakulär, schon gar nicht populär, aber seriös.
Leider haben Populäre immer einen Wettbewerbsvorsprung vor den Seriösen. Da
wird es die SPD in den nächsten Wochen und Monaten noch schwer haben. Ihr
Wahlprogramm enthält eine Mischung aus beidem: Seriöses und durchgerechnetes
Populäres. Sie will Eigentum in die Pflicht nehmen. Wer sich über Einkommen von
über 125 Tausend Euro (Verheiratete 250 Tausend Euro) freuen darf, dem werden
etwas höhere Steuern diese Freude nicht verderben, zeigt sich die SPD überzeugt.
Was „gute Arbeit" im umfassenden Sinne bedeutet, hat die SPD programmatisch
verarbeitet. Im Kontrast zur CDU betrachtet die SPD Veränderungen im Aktienrecht als notwendig und nicht als Ende der freien Marktwirtschaft. Die Bahn will
die SPD auf der Schiene lassen und nicht als freies Gut an der Börse handeln.
Gesetzliche Mindestlöhne und Gleichstellung der Frauen bei Gehaltszahlungen
und beim Aufstieg, das Recht, den Schulabschluss jederzeit gefördert nachholen
zu können, sowie Vorschläge zur Ausweitung der Mitbestimmung, bei solchen
Forderungen will sich die SPD beim Wort nehmen lassen. Bemerkenswert ist, die
SPD hat ihren Mitbewerbern voraus, dass sie die Funktion von Betriebsratswahlen,
Mitbestimmung und Tarifautonomie sowie von starken Gewerkschaften in ihrem
Programm strategisch verarbeitet. Da graut es dem FDP-Vorsitzenden. Im Willy-
Brandt-Haus liest man es aber sicher gerne, wenn sich Guido Westerwelle über
das SPD-Programm empört: „Es ist das linkeste Programm der Sozialdemokraten
sei 50 Jahren." Auch die ersehnte schwarz-gelbe bürgerliche Vernunftehe scheint
ihm entrückt: „Ich bin entsetzt über den Linksrutsch der CDU. Millionen Wähler,
die sich zur FDP wenden, auch. Die Union wird der SPD immer ähnlicher, sie darf
sich nicht wundern, wenn sie ihr auch in den Wahlergebnissen immer ähnlicher
wird." Dem Guido will es offenbar derzeit kaum jemand richtig recht machen: „Nur

weil die Union hässlicher wird, indem sie sich immer mehr sozialdemokratisiert, werden SPD und Grüne ja nicht schöner." So klagt er es der FAZ. Es stimmt ihn offenbar auch nicht freundlicher, dass die SPD in ihrem Wahlprogramm inzwischen auch Ja sagt zur Selbstlähmung zukünftiger Politik durch eine Schuldenbremse. Viele SPD-Kritiker von links vermissen mehr Mut, auch eine Vermögenssteuer einzufordern. Ängstliche SPD-Parteitaktiker befürchten ohnehin, die Öffentlichkeit mit der Forderung nach der Börsenumsatzsteuer schon überfordert zu haben. Der Wunschpartner der SPD, die Grünen, hat seine Wahlprogrammarbeit inzwischen auch komplettiert. Der Entwurf bietet keine Überraschungen. Die Rede ist von „grüner Marktwirtschaft" und „ökologisch-sozialem Politikwechsel". Es soll wieder „anders gewirtschaftet" werden. Ein ganzer Katalog von neuer Arbeit und Innovation wird „Grüner New Deal" getauft. Er soll eine Million Arbeitsplätze bringen. Das in früheren Programmen unterbelichtete Feld der Arbeitswelt strahlt aktuell etwas heller. Kurzum: Grüne und SPD hätten wohl keine Schwierigkeiten, aus ihren Wahlprogrammen auch Regierungsprogramme zu machen. Doch gewählt wird selten, wer das beste Programm hat. Diese Einsicht hat sich nicht zuletzt auch bei der Union durchgesetzt. Ihre Realität bleibt: Es gibt kein gemeinsames Europa-Wahlprogramm von CSU und CDU. Die Union will der CSU damit jede Freiheit lassen, sie wahlweise links oder rechts zu überholen. Das Motto bleibt: Getrennt marschieren, am Schluss die Truppen zusammenzählen. Was für die Union bei der Europawahl noch möglich ist, dürfte zur Bundestagswahl kaum wiederholbar sein. Ein gemeinsames Programm der Parteischwestern gilt hier als unverzichtbar. Vorerst darf noch jeder Unions-Teil eigene Wunschzettel schreiben. Fest steht immerhin: Es soll keinen Wahlparteitag geben. Offen ist, inwieweit man der Versuchung widersteht, mit Wiederauflage neoliberaler Glaubensbotschaften die Hasen in die sozialdemokratische Küche zu treiben. Angela Merkel fürchtet das und lässt sich lieber mangelnde Führungsfähigkeit vorwerfen, als für eigene Botschaften zu werben. Fast täglich werden ihr von der Parteibasis Vorschläge angedient, sich als neue Jeanne d'Arc mit den alten Parolen und vertrauten Botschaften des Marktradikalismus an die Spitze eines Lagerwahlkampfes zu setzen. In allen Parteien herrscht eine ausgeprägte Vorliebe für Köder, die dem Angler mehr schmecken als dem Fisch. So wächst die Spannung, ob und wann Angela Merkel doch noch die Sehnsucht nach der Rückkehr zu den alten Zeiten bedienen will. Im Instrumentenkasten liegen dafür Botschaften bereit für neue Steuerentlastungen und weniger Staatsleistungen, Begrenzung von Arbeitnehmerrechten, Energieversorgung mit mehr Atomkraft und zum Abschied von der Erbschaftssteuer. Doch die Parteitaktikerin Angela Merkel zögert weiterhin, vor den Wahlen zum Europaparlament die öffentliche Klarstellung zum Kurs der Union zu liefern.

Es lebe das Sowohl-als-auch. In diesem Monat ist Landwirtschaftsministerin Ilse Aigner (CSU) Meisterin dieser Disziplin. Sie sagt ein deutliches Nein zum

Anbau von Gen-Mais, wird von Verbraucherschützern gelobt, aus Forschung und Industrie sowie von der Kabinettskollegin Forschungsministerin Annette Schavan heftig kritisiert. Gen-Mais – nein Danke! Doch : Gen-Kartoffeln – warum nicht? Hier entscheidet die Ministerin andersherum. Sie wird dafür von Verbraucherschützern heftig kritisiert, von der Forschung und Industrie gelobt. Und es herrscht wieder parteischwesterliche Eintracht mit der Forschungsministerin. Aus der Münchener Staatskanzlei hört man den Aigner-Vorgänger genüsslich kichern.

Es ist im 60. Jahr der Verabschiedung des Grundgesetzes gute Tradition, politischen Entscheidungsmut erst dann zu zeigen bzw. Entscheidungswut zu disziplinieren, wenn es die (meist höchstrichterliche) Verfassungsrechtssprechung gebietet. Im weniger schwierig zu entscheidenden Fall der Sinnhaftigkeit von gesetzlichen Mindestlöhnen für Zeitarbeit müsste der Unionsteil der Regierung eigentlich schon dankbar für eine Entscheidungshilfe des Berliner Arbeitsgerichtes sein. Schnörkellos wird festegestellt: Die „Tarifgemeinschaft christlicher Gewerkschaften für Zeitarbeit und Personalserviceagenturen" – ein Zusammenschluss von vier Gewerkschaften des Christlichen Gewerkschaftsbundes (CGB) – ist nicht tariffähig. Es fehle an der „Sozialmächtigkeit im Sinne der Rechtsprechung des Bundesarbeitsgerichtes", so heißt es im Urteil. Bislang hatte die Union Mindestlöhne in der Zeitarbeit mit dem Vorwand abgelehnt, sie wolle die angebliche Tarifhoheit und Autonomie dieser „christlichen" Dumpingagenturen nicht untergraben. Da nicht-tariffähige Organisationen in ihrer Tarifautonomie auch logischerweise nicht beschnitten werden könnten, hätte der Arbeitsminister Olaf Scholz jetzt eine weitere Vorlage für einen neuen Anlauf. Doch seine Kontrahenten winken wieder müde ab. So hat eben auch in dieser Beziehung die Wählerschaft am 27. September die Chance für neue Weichenstellungen.

## Mai 2009

Deutschland hat einen neuen Fußballmeister. Nein, es ist nicht schon wieder Bayern München. Der VFL Wolfsburg hat es erstmalig in seiner Vereinsgeschichte geschafft. Deutschland hat ein neues Staatsoberhaupt. Nein, geschafft hat es nicht die Herausforderin Gesine Schwan. Der favorisierte Amtsinhaber Horst Köhler erreicht schon im ersten Wahlgang mit 613 von 1224 Stimmen die knappeste ausreichende Mehrheit. Hätten Union, FDP und Freie Wähler aus Bayern geschlossen abgestimmt, Köhler hätte 614 Stimmen erhalten müssen. Egal, Union und FDP freuen sich über den Sieg ihres Kandidaten, zumal die Sozialdemokratin Gesine Schwan offensichtlich aus ihrem rot-grünen Lager mit 503 Stimmen zehn weniger als möglich erhalten hat. Der Schauspieler Peter Sodann, nominiert von der Linkspartei, darf sich über zwei Abweichlerstimmen zusätzlich freuen. Hinter den geschlossenen Türen könnten die triumphierenden Schwarz-Gelben wohlmöglich doch noch etwas nachdenklich werden. Schnell wird bekannt, nur die Stimme einer grünen Wahlfrau aus Hannover hat Köhlers Sieg im ersten Wahlgang gesichert. Der stets etwas hölzern wirkende Bundespräsident – man täusche sich nicht – ist bei seinen Bürgerinnen und Bürgern weitaus beliebter als jeder andere Parteipolitiker. Er verspricht den „lieben Landsleuten" weiter „sein Bestes" geben zu wollen. Dass er dies redlich versucht, bezweifeln nicht einmal jene, die Gesine Schwan für die bessere Wahl gehalten hätten. Wenig Freude unter seinen Wahlunterstützern entfacht Horst Köhler mit Vorschlägen für mehr direkte Demokratie und eine Direktwahl des Staatsoberhauptes. Es unterstreicht die Unabhängigkeit des Bundespräsidenten, dass er seine Wiederwahl nicht als Signal für Schwarz-Gelb im Bund interpretiert sehen möchte und darauf besteht, nicht als Teil einer „Regierungskonstellation" wahrgenommen zu werden.

Zum 60. Jubiläum der Bundesrepublik Deutschland und der Verfassungsordnung durch das Grundgesetz gibt es unter den Bürgerinnen und Bürgern trotz der anhaltenden Konfrontation mit der schwersten Wirtschafts- und Finanzkrise keine Panikstimmung. Es dominiert verhaltene Skepsis und nüchterne Lageeinschätzung. Das deutsche Bruttoinlandsprodukt ist im ersten Quartal 2009 um 3,8 Prozent geschrumpft. In den letzten 60 Jahren ist das ohne Beispiel. Die Lage an den Börsen suggeriert trotzdem schon wieder eine Stabilisierung. Auf dem Arbeitsmarkt wirkt sogar die übliche Frühjahrsbelebung. Jedenfalls sind mit registrierten 3,46 Millionen Menschen 127.000 weniger arbeitslos als im Vormonat. Das Instrument Kurzarbeit scheint bislang drastische Verschlechterungen der Arbeitsmarktsituation aufgefangen zu haben. Die Bundesregierung verlängert die Bezugsdauer noch einmal von 18 auf 24 Monate. Damit gibt es leicht praktizierbare Alternativen zur Entlassung. So schwer es ohnehin ist, neue Arbeitsmarktprobleme in den Griff zu bekommen, so schwer wirkt es, dass auch die vergangenen noch nachwirken. Eine Studie der Bundesagentur für Arbeit belegt, was man den Gewerkschaften bislang nicht glauben wollte: Die Ein-Euro-Jobs haben im großen Stil reguläre Arbeitsplätze vernichtet. Gegen die Intension bei der Einführung von Ein-Euro-Jobs verrichten diese Billigkräfte nicht zusätzliche Arbeit, sondern wie feste Mitarbeiter, ohne damit ihre Aussicht auf eine feste Stelle verbessert zu haben. Eine weitere verdrängte Realität macht der neue Armutsatlas des Paritätischen Wohlfahrtsverbandes sichtbar: Armut teilt das Land. Als arm wird registriert, wer über weniger als 60 Prozent des mittleren Einkommens verfügt. Konkret heißt das 764 Euro für Singles, 1.376 für kinderlose Paare. Mit Ausnahme von Teilen Brandenburgs konzentriert sich die Armut immer noch in Ostdeutschland. Fast jeder Vierte bis Fünfte wird hier als arm gezählt. Von vergleichbar einheitlichen Lebensverhältnissen in Deutschland kann also nicht gesprochen werden. Zu wenig wird darüber geredet, welchen Anteil die Unteranpassung der Renten und die einkommenspolitischen Schieflagen der Vergangenheit an dieser Entwicklung hatten. Die Gewerkschaften bemühen sich, zum traditionellen Tag der Arbeit am 1. Mai darauf aufmerksam zu machen. 500.000 Menschen – mehr als in den vergangenen Jahren – beteiligen sich an den Maikundgebungen des DGB unter dem Motto: „Arbeit für alle bei fairem Lohn". 14 Tage später erinnert der DGB auf einem Kongress in Berlin und durch eine anschließende Demonstration mit 100.000 Teilnehmern an die Notwendigkeiten von „Umdenken und Gegenlenken". Verlangt wird eine Neuordnung der Finanzmärkte gemäß der G20-Beschlüsse von London. DGB-Vorsitzender Michael Sommer fordert „ökologisch verträgliche, sozial gerechte und solidarische Wege aus der Krise". „Wir wollen einen neuen, dritten Weg, wir wollen eine politisch kontrollierte und sozial verpflichtete faire Marktwirtschaft."

Nahezu ohne große öffentliche Anteilnahme bastelt die Politik weiter an der Errichtung sogenannter Bad Banks. Allen scheint die Notwendigkeit einzuleuchten, im Interesse eines funktionierenden Kreditkreislaufes für die vielen klein- und mittelständischen Unternehmen eine solche Lösung anzustreben. Das Bundeskabinett verabschiedet dazu einen Gesetzentwurf. Es soll möglich werden, Wertpapiere, die aufgrund ihres starken Kursverfalls die Bilanzen der Banken belasten und die in der politischen Kommunikation unisono als „Giftmüll" bezeichnet werden, in Bad Banks auszulagern. Im Gegenzug erhalten Banken Schuldverschreibungen, und über den Bankenrettungsfonds garantiert der Staat die zukünftige Einlösbarkeit. Ob das ein gutes Geschäft wird, wagen selbst die Architekten des Bad-Bank-Gesetzes nicht zu behaupten. Fraglich ist, ob alle Vorkehrungen ausreichen, um die Abwälzung der Krisenlasten auf die Allgemeinheit aller Steuerzahler am Ende der jahrzehntelangen Laufzeiten zu verhindern. Kurios genug erscheint die Vorstellung, die klassisch linke Forderung nach Verstaatlichung der Banken in der Variante der Sozialisierung ihrer Verluste erleben zu sollen. Fortschritte melden die Sozialdemokraten in den Rückzugsgefechten ihres Koalitionspartners bei den neuen Regeln zur Begrenzung von Managergehältern und für neue Vergütungsstrukturen, die nachhaltiges und beschäftigungssicherndes Wirtschaften fördern sollen.

Was die Steueroasen angeht, hat die CDU/ CSU ihre monatelange Blockadehaltung aufgegeben. Bislang hatte es in der Union geheißen, das Überprüfen intensivster Geschäftsbeziehungen mit Steueroasen sei so etwas wie eine haltlose Pauschalverdächtigung. (Ähnliche Sensibilität lässt die Union vermissen, wenn es wirklich um pauschales Ausspähen von Computern, Abspeichern von Kommunikationsdaten, Rasterfahndung und Videoüberwachung geht.) Immerhin scheint es jetzt so, als wolle auch die deutsche Bundesregierung mit geeigneten Gegenmaßnahmen ihre – vom G20-Gipfel geforderten – nationalen Hausaufgaben bei der Bekämpfung von Steuerhinterziehung erledigen. In seinem Eifer, Steueroasen auszutrocknen, ist Finanzminister Peer Steinbrück wieder in ein diplomatisches Fettnäpfchen getreten. Ihm ist salopp entglitten, zur Problemlösung müsse nicht nur Luxemburg, Liechtenstein, Schweiz und Österreich eingeladen werden, sondern auch Ouagadougou. Das ist die Hauptstadt des afrikanischen Staates Burkina Faso, der jedoch bislang in keinster Weise irgendwie als Steueroase auffällig geworden war. Verständlich, dass sich Entwicklungsministerin Heidemarie Wieczorek-Zeul gegen Steinbrücks unbedachte Reihung ausspricht. Nachvollziehbar, dass sich die ansonsten genannten Grau-Länder im Umgang mit deutschen Steuerhinterziehern irgendwie abgewertet fühlen. Dass beim Thema Steuereinnahmen die Nerven blank liegen, ergibt sich aus den neuen Zahlen des Steuerschätzerkreises. Bund, Länder und Gemeinden müssen wohl bis 2013 mit über 300 Milliarden Euro weniger Steuereinnahmen kalkulieren als sie bislang noch in ihrer Rechnung hatten. Umso merk(el)würdiger, dass die Kanzlerin das anhaltende Gerede über die Notwendigkeit weiterer Steuerentlastungen nicht zu stoppen vermag. Offenbar will man hier nicht schon vor dem nächsten Wahltag das Tischtuch zu den Liberalen zerschneiden. Diese beharren auf ihrem Bundesparteitag weiterhin auf breiteste Steuerentlastungen. Für den mit 95,8 Prozent der Stimmen wiedergewählten Parteichef Guido Westerwelle kein Problem. Man dürfe einfach nicht mehr so viel Steuereinnahmen für Sozialpolitik ausgegeben. Die Logik des Marktradikalismus hat bei der FDP eine feste Heimstätte. Ungebrochen ist die Erwartung, je weniger Steuern der Staat seinen Bürgerinnen und Bürgern abnimmt, umso kräftiger wächst die Wirtschaft, und – oh Wunder der freien Marktwirtschaft – es steigen die Steuereinnahmen. Es ist schon ein wenig so wie beim Schweizer-Käse-Paradoxon: Je mehr Schweizer Käse man isst, umso mehr Löcher isst man. Je mehr Löcher man isst, umso weniger Schweizer Käse isst man.

Beim Thema Schuldenbremse verfährt die Koalition nach dem Muster, wenn wir uns schon eine teurere Pistole gekauft haben, wollen wir uns auch erschießen. Sprich: Eine Zwei-Drittel-Mehrheit des Bundestages votiert für eine Änderung des Artikels 109. Er soll nun als Verfassungsprinzip verankern, dass Einnahmen und Ausgaben des Staates grundsätzlich ohne Einnahmen aus Krediten auszugleichen sind. Die Schuldenaufnahme des Bundes wird auf 0,35 Prozent begrenzt. Nach Übergangsfristen ist gemäß der Vereinbarung der Förderalismuskommission II vorgesehen, dass die Bundesländer keine Schulden mehr machen und in einer Übergangszeit durch Finanzhilfen der reicheren für die ärmeren Bundesländer die Verschuldung abgebaut wird. Die nötige parlamentarische Mehrheit für diese Entscheidung beruht auf unterschiedlichen, zum Teil gegensätzlichen Nutzenkalülen. Die ärmeren und höher verschuldeten Bundesländer schnappen gerne nach der Wurst kurzfristiger Milliardentransfers aus den reichen Bundesländern. Diese tröstet die Aussicht, mittel- und langfristig ihre lästigen armen Verwandten für immer los zu sein.

Die SPD ist sicher, einen wirkungsvollen Riegel gefunden zu haben, um zukünftig Steuerentlastungen auf Pump auszuschließen. Union und FDP freuen sich, dass der schuldengebremste Staat als makroökonomischer Akteur den Marktgesetzen kaum noch entgegenwirken kann. Als hätte sich durch die Enthaltsamkeit des Staates als Investor nicht schon die gegenwärtige Wirtschafts- und Finanzkrise verschärft. Vergeblich hatten Wirtschaftswissenschaftler und makroökonomisch versierte Journalisten den Politikern davon abgeraten, sich für alle Zukunft durch eine Grundgesetzänderung in ihrer Handlungsfähigkeit zu beschneiden. Der Wirtschaftsweise Peter Bofinger urteilt: „Die Idee der Schuldenbremse ist an ökonomischer Biederkeit nicht zu übertreffen. Sie fällt hinter das Denken der klassischen Ökonomie zurück, die es für völlig vernünftig hielt, dass der Staat Zukunftsinvestitionen über Kredite finanziert." Unbeachtet verhallt seine Mahnung: „Das Anliegen der sparsamen, nachhaltigen Finanzpolitik ist durchaus richtig. Aber man darf die Zukunftsvorsorge nicht eindimensional betrachten und sich nur auf die passive Vorsorge beschränken. Es ist genauso wichtig, aktiv zu handeln, also in die Bildung, die Infrastruktur und den Umweltschutz zu investieren. Sonst gefährdet man die Zukunft unserer Kinder. Wer sich so etwas ausdenkt, hat von Volkswirtschaft keine Ahnung."

Apropos Grundgesetzänderung: An der Grenzlinie zwischen Sicherheits- und Freiheitsinteressen ist Innenminister Wolfgang Schäuble stets auf den Lauer nach neuen Chancen für eine Verschiebung. Jedenfalls wittert Schäuble eine neue Gelegenheit für ein Auftrennen der klaren Zuständigkeiten von Polizei- und Militäraktionen. Anlass liefern die anhaltenden Piratenakte vor der Küste Somalias Auch deutsche Schiffe geraten in die Gefahr der Lösegelderpressungen. Gerade ist ein Versuch als zu gefährlich abgebrochen worden, eine Geiselnahme über den Einsatz von GSG-9-Polizisten zu beenden. Den deutschen Marineeinheiten waren für solche Polizeidienste Verfassungsgrenzen gesetzt. Wäre doch eine prima Gelegenheit, das jetzt grundgesetzlich neu zu lösen, suggeriert der Innenminister. Eine folgenschwere Grundgesetzänderung hat die SPD in diesem Monat schon mitgetragen. Schäuble sieht bei seinem Vorschlag – wie schon so oft – die kalte Schulter des Koalitionspartners. Der Innenminister der Bundesrepublik Deutschland hätte genug andere Einsatzfelder, sich Sorgen um die Sicherheit der Bürgerinnen und Bürger zu machen. Die Zahl rechtsextremistischer Straftaten läuft aus dem Ruder. Die Behörden registrieren für das abgelaufene Jahr 2008 19.894 Straftaten in der Rubrik „politisch motivierte Gewalt – rechts". Im Vorjahr waren es 15,8 Prozent weniger. Bei den 1.042 Gewalttaten mit rechtsextremistischem Hintergrund wird ein Zuwachs von 6,3 Prozent registriert. Zunehmend attackieren Neonazis auch gewerkschaftliche Aktionen, zuletzt spektakulär am Rande der Maikundgebung in Dortmund.

Man hätte es ahnen können/müssen: Nach 124 Sitzungen in drei Jahren und der Befragung von 141 Zeugen kommt der BND-Untersuchungsausschuss zu dem Ergebnis, die vormalige rot-grüne Regierung „hat jederzeit im Rahmen der bestehenden Gesetze gehandelt". In keinem Fall seien „rote Linien" überschritten worden. Zeitverschwendung war es trotzdem nicht. Zum einem hat jede Opposition das Recht, Regierungshandeln intensiv zu überprüfen. Zum anderen, so hört man es aus den Oppositionsparteien, ist die Sensibilität gegenüber der Geheimdienstarbeit gewachsen.

Eher geht ein Kamel durchs Nadelöhr, als dass ein Reicher gerne Steuern zahlt. Das war schon immer ein Vorurteil. Millionen Menschen in unserem Land würden gerne mehr Steuern zahlen, wenn sie auch entsprechend mehr verdienen könnten. Jetzt ist eine Initiative, „Vermögende für eine Vermögensabgabe" an die Öffentlichkeit getreten. Sie widerlegt die Behauptung, alle Besserverdienenden und Vermögenden seien automatisch Raffzähne und Gierhälse, die sich zur FDP hingezogen fühlten und das allseitige Mehren des Eigennutzes als Voraussetzung für ein höchstmögliches Gemeinwohl missverstünden. Die Vermögenden dieser Initiative kritisieren, der Staat wolle ihren Reichtum nicht für eine Vermögensabgabe nutzen. Tatsächlich handelt der deutsche Staat hier merkwürdig dümmer als es in den meisten anderen Industrienationen üblich ist. Die 300 reichsten Deutschen besitzen alleine ein 400-Milliarden-Vermögen. Eine Vermögensabgabe von nur einem Prozent oder gar eine rückzahlbare Zwangsanleihe für staatliche Investitionen in Bildung könnte die Gesellschaft erheblich reicher machen, ohne dass diese Reichen sich einschränken müssten.

Es scheint vollbracht: Der Opel-Konzern kann die ihn so lange würgende Nabelschnur zur amerikanischen Mutter General Motors loswerden. Die Vertreter der Bundesregierung und die Ministerpräsidenten der vier Bundesländer mit Opel-Standorten hatten wochenlang ein Übernahmekonzept beraten, das nunmehr in Sicht ist: Der kanadisch-österreichische Autozulieferer Magna übernimmt Opel, Bund und Länder verbürgen Überbrückungskredite in Höhe von 1,5 Milliarden Euro. Zähneknirschend muss auch Mister Show-Business, so wird jetzt Wirtschaftsminister zu Guttenberg von seinen Kritikern angesprochen, diese Einigung akzeptieren. Bis zuletzt hatte er versucht, seine Vorliebe für eine Opel-Insolvenz zu realisieren. Die wirklichen Kenner der Opel-Probleme hatten stets bezweifelt, dass eine Insolvenz und die damit verbundenen Folgelasten für die Volkswirtschaft und für die Steuereinnahmen günstiger wären als die jetzt gefundene Lösung.

Erneut gibt es einen prominenten Wechsel von der Linkspartei zur SPD. Sylvia Yvonne Kaufmann zieht die Konsequenz aus der europapolitischen Fundamentalopposition ihrer Partei. Die renommierte Europapolitikerin der Linkspartei wird Neu-Sozialdemokratin. Ein beachtenswerter Vorgang, weil Kaufmann Mitbegründerin der PDS und langjährige stellvertretende Parteivorsitzende war. Ihr missbehagt die „europapolitische Geisterfahrt" ihrer früheren Parteifreunde. Sie sieht in der Ablehnung des Lissabon-Vertrages ein endgültiges Einbetonieren der Linken. Ihre Partei hätte nicht begriffen, dass es nie zu einem geeinten Europa gekommen wäre, „wenn andere politische Kräfte über Jahrzehnte hinweg ihre eigenen Vorstellungen zum alleinigen Maß aller Dinge erhoben hätten". Die Linke reagiert mit Enttäuschung über diesen Schritt ihrer einstigen Genossin und erklärt ihn als Revanchefoul für ihr Ausgrenzen aus der Europawahlliste. SPD-Parteivorsitzender Franz Müntefering freut sich über das neue Mitglied und sieht in der Linkspartei das unglückliche Wirken der „Parteien-Frikassierer der WASG".

Wer ist Deutschlands „knuffigster Ministerpräsident"? Wer ist der einzige Ministerpräsident, der sich nicht für Politik interessiert? Wer ist „ausgesprochen sympathisch, aber er kriegt nichts auf die Reihe"? Folgt man einer Serie von Zeitungsberichten, ist es Peter Harry Carstensen, Ministerpräsident einer schwarz-roten Koalition in Schleswig-Holstein. Der Versuch, „Käpt'n Knuffig" noch in diesem Jahr für Neuwahlen zu interessieren, ist vorerst gescheitert. Die Wählerinnen und Wähler des meerumschlungenen Bundeslandes müssen bis zum Mai 2010 warten. Derweilen kreist der Pleitegeier über dem Staatshaushalt. Warnhinweise, selbst aus der eigenen Fraktion, kommentiert Carstensen mit der Mahnung, man solle sich nicht vom Geschwätz aus dem Kreis der CDU-Fraktion irritieren lassen. „Das sind Leute, die ihre Hausaufgaben in ihrer Schlosserei oder ihrem Elektrogeschäft nicht hinkriegen, die aber hier große Finanzwelt spielen wollen." So ein bisschen gilt das ja wohl auch für alle anderen Bundesländer, die ihre Landesbanken frei von politischer Sorgfalt „große Finanzwelt" spielen ließen.

## Juni 2009

7. Juni, Europawahlen stehen auf der Tagesordnung. In Deutschland interessieren sich dafür von 1000 Wahlberechtigten nur 433. Immerhin sind das noch drei mehr als bei der letzten Wahl 2004. Das Abstimmungsmuster der europäischen Wahlbevölkerung gleicht dem früheren. Mangels europapolitischer Streitthemen, an denen sich die Meinungen polarisieren könnten, begreift es die Noch-Wählerschaft als eine willkommene Gelegenheit, der eigenen Regierung einen Denkzettel zu verpassen. In Deutschland ist er heftig ausgefallen: CDU/ CSU 37,9 (- 6,6), SPD 20,8 (-0,7), Grüne 12,1 (+ 0,2), FDP 11 (+ 4,9), Die Linke 7,5 (+1,4), Sonstige 9,5. Fröhliche Gesichter findet man nur bei der FDP und den Grünen. Die Schadenfreude hat ihr Nest im Konrad-Adenauer-Haus. Die Sozen haben nichts gewonnen, sondern einen neuen Tiefenrekord erreicht. Das tröstet über die fast zehnfach höheren eigenen Verluste hinweg. Auch das stille Hinzuaddieren des FDP-Ergebnisses kann nicht fröhlicher stimmen. Es fehlt doch noch etwas bis zur schwarz-gelben Traumhochzeit, die man am 27. September feiern möchte. Nicht minder betrübt als die ratlosen Sozialdemokraten geben sich die Nachdenklicheren in der Partei Die Linke. Man hatte schon zweistellig geträumt und hat jetzt doch die nicht zum Zuge gekommenen Fundis wieder an der nationalen Backe. Dankgebete gen Himmel müsste die CSU-Spitze senden. Sie ist volles Risiko gefahren. Mit der eigenen Liste und einem schlechteren Anteil von CSU-Stimmen an der gesamtdeutschen

Wählerzahl hätte es auch ein Scheitern an der Fünf-Prozent-Hürde geben können. Zum Gesamtminus der Union trägt die CSU in Bayern einen eigenen Verlust von 9,3 Prozentpunkten bei, während Roland Pofalla für seine CDU nur ein Minus von 5,9 Prozent zum Sieg des bürgerlichen Lagers umschminken muss. Trotz des Triumphes der Kleineren über die beiden Größeren, alle können sich wirklich gemeinsam nur über eines freuen: Anders als in den meisten Nachbarländern haben es erklärte Europafeinde, Rechtsradikale, Blödel- oder Esoterik-Parteien nicht geschafft, sich der Wählerschaft als Ventil für Unmut aufzunötigen. Was wollten die Wählerinnen und Wähler den Parteien ihrer Liebe oder Abneigung mit auf den Weg geben? Die fixen Deuter von Wählerurteilen, die Dramatisierer und die Schönredner, sie alle haben Konjunktur. Ist es ein schlechtes und für wen ist es ein gutes Omen für die Bundestagswahl? Nicht wenige Kommentatoren geben der SPD den Rat, es beim Retten von Arbeitsplätzen mit Staatsknete nicht mehr so ernst zu nehmen. In dieser Optik war es stets weniger dramatisch, wenn der Staat sein gutes knappes Geld für die Finanzierung von Arbeitslosigkeit und ihre Kollateralschäden einsetzt. Die nicht unerheblich mitregierende Union lässt das Volk über Volker Kauder wissen, die Sozis hätten es beim Arbeitsplätze-Retten doch irgendwie übertrieben. Guido Westerwelle, der in seinem Parteirevier ein fröhliches „Freude, schöner Götterfunke" rauskräht, ist das schon lange wurscht. Arbeitslose wählen meistens überhaupt nicht und wenn, dann selten die FDP. Und in etwas mehr als 100 Tagen wähnt er sich ohnehin schon – so oder so – als Außenminister. Der noch amtierende Außenminister muss sich bei der Einvernahme durch Anne Will nach dem sonntäglichen „Tatort" dafür rechtfertigen, trotz alledem noch Kanzler werden zu wollen. Trost finden die Sozialdemokraten in der gut belegten These, dass höhere Wahlbeteiligungen auch ein besseres sozialdemokratisches Abschneiden garantieren.

Zählt man den Wählerwillen in der europäischen Union zusammen, dann haben sich die Kräfteverhältnisse im europäischen Parlament deutlich nach rechts verschoben. Die europäische Volkspartei hat ihre ohnehin schon starke Vormacht weiter ausgebaut. Sie ist über 100 Parlamentssitze stärker als die Fraktion der europäischen Sozialdemokraten. Der antriebsarme Chef der EU-Kommission José Manuel Barroso kann sich schon auf eine zweite Amtszeit vorbereiten. Das soziale Europa, das in den Umfragen unter den europäischen Bürgerinnen und Bürgern eine höhere Zustimmung hat als im neuen EU-Parlament, bleibt eine schöne Idee für sonntags, ausgenommen, es ist ein Wahlsonntag.

Die Teilnahme an der Europawahl wäre ohne die zeitgleichen Kommunalwahlen in sieben Bundesländern sicherlich auch in Deutschland weiter abgerutscht. Im Saarland, in Baden-Württemberg, Rheinland-Pfalz, Thüringen, Sachsen, Sachsen-Anhalt und Mecklenburg-Vorpommern ist die Wählerschaft aufgerufen, die Kräfteverhältnisse in der lokalen Politik neu zu bestimmen. Ein einheitlicher Trend überrascht: Die CDU verliert auf breiter Front. Im Saarland fehlen ihr zehn

Prozentpunkte. Zweistelliger Stimmenrückgang auch in Sachsen. In Thüringen, Rheinland-Pfalz und in Mecklenburg-Vorpommern übertreffen die CDU-Verluste die Einbußen bei der Europawahl. Im August werden die Landtage im Saarland, in Thüringen und Sachsen gewählt. Gemessen an den Kommunalwahlergebnissen sind Schwarz-Gelbe wie auch die Sozialdemokraten noch Lichtjahre von neuen Mehrheiten entfernt. Es gibt für die SPD nirgendwo dramatische Einbrüche, doch auch die Zuwächse bleiben bescheiden. Wie schon bei der Europawahl profitieren in den Kommunen Grüne und FDP und die Freien Wählergemeinschaften. In Stuttgart schaffen die Grünen gar die Sensation: Mit einem Anteil von 25,3 Prozent werden sie stärkste Partei im Gemeinderat. Die CDU verliert in ihrer jahrzehntelangen Hochburg 32,9 Prozentpunkte. Ursächlich dafür ist das ehrgeizige Projekt, die gesamte Anlage des Hauptbahnhofes in den Untergrund zu verlagern. Zu Zeiten des legendären CDU-OBs Manfred Rommel hätten solche Projekte die CDU sicherlich nicht so dramatisch in den Keller gezogen. Mit Besorgnis quittieren Demokraten, dass vor allem in den ostdeutschen Kommunen aus vormaligen Protestwählern inzwischen Stammwähler der NPD geworden sind. Das Bundesverfassungsgericht hatte im Februar 2008 entschieden, die sogenannte Fünf-Prozent-Hürde diskriminiere die kleineren Parteien. Ob der Zugewinn an Repräsentativität des Bürgerwillens den Flurschaden für das Ansehen des ganzen Landes und für die Opfer rassistischer Agitation aufwiegt, das müsste jetzt eigentlich drängender denn je zum Gegenstand neuer Beratungen werden, auch im Bundesverfassungsgericht. Braune Wirrköpfe kann eine starke Demokratie aushalten, so ist es immer wieder zu hören. Doch wie stark ist eine Demokratie, wenn nicht einmal die Hälfte aller Wahlberechtigten im opferreich erkämpften Wahlrecht eine Ehrenpflicht erkennen mag?

# Und wie geht es weiter?

„Gewöhnen Sie sich schon einmal an Wahlwerbung." So wirbt im Juni ein findiger Zigarettenhersteller auf großflächigen Plakaten für mehr Lust auf die kleinen Krebs-Förderer. Doch ist Wahlwerbung subtiler, als es auf solchen Plakaten suggeriert wird. Eigentlich gilt: Nach der Wahl ist vor der Wahl. Und natürlich wird zwischendrin auch regiert. Je nach Werthaltung und Interessen differierend, ganz ordentlich, furchtbar oder so lala. Die deutsche Wählerschaft ist notorisch unzufrieden mit ihren Regierenden. So notieren es jedenfalls die Demoskopen. Die jüngsten Momentaufnahmen attestieren der großen Koalition, ihre Aufgaben einigermaßen anständig erledigt zu haben. Sicher, ein Lob sähe anders aus. Doch sollte man die Begeisterung für Politik und Parteien nicht mit der Elle der Identifikationsbereitschaft von Fußballfans messen. Die Kanzlerin Angela Merkel hat es immerhin vier Jahre geschafft, sich im männerdominierten Haifischbecken der deutschen und internationalen Politik zu behaupten. Aus dem anfänglichen Regieren **mit** SPD und Union ist dabei zusehends ein Regieren **zwischen** SPD und Union geworden. Für viele journalistische Begleiter nicht untypisch, beobachtet Dirk Kurbjuweit vom Hauptstadtbüro des Nachrichtenmagazins „Der Spiegel" in seiner klugen Analyse (Dirk Kurbjuweit: Angela Merkel. Die Kanzlerin für alle?, München 2009): „Das Muster ihrer Politik sieht so aus: Merkel hält sich lange bedeckt, greift dann nach dem Thema, das sich gerade besonders anbietet, und lässt es fallen, wenn es schwierig wird. So kann man durchkommen, aber so kann man keine große Kanzlerschaft begründen." (S. 104) Kurbjuweit verheimlicht es nicht, Merkels Regierungsarbeit mit SPD und Union hätte er sich in entscheidenden Fragen etwas marktradikaler gewünscht. Vieles, was erst durch sozialdemokratisches Drängen zur Regierungspolitik wurde, erscheint ihm als opportunistisches Einschwenken der Kanzlerin auf vermeintliche Bürgerwünsche und sozialdemokratische Profilsuche im Wettbewerb mit ihrem abtrünnigen Oskar Lafontaine. In einer solchen Optik ist die Verlängerung der Bezugszeiten für ältere Arbeitslose genauso ein Sündenfall wie Nachgiebigkeiten zugunsten höherer Rentenbezüge. Viele Kommentatoren verstehen die makroökonomische Bedeutung solcher Maßnahmen nicht. Einige können auch nur schwer nachempfinden, welchen Nutzen solche Entscheidungen für Arbeitslose und Rentenbezieher haben. Geschenkt! Das Bemerkenswerte an den unter Journalisten weit verbreiteten Urteilen über die Kanzlerschaft der Angela Merkel ist die Beobachtung ihrer Schwäche als Krisenmanagerin. Sie wartet ab, wo ihr Vorgänger schon lange etwas vorgegeben hätte. In ihrer eigenen Partei fehlt es ihr an Rückhalt, wenn es darauf ankommt, dem Gemeinwohl mehr zu dienen und damit den Amtseid zu erfüllen, statt sich die kleinlichen Nutzenkalküle ihrer Partei zu eigen zu machen. Auch wenn sie zögert, wenn sie sich vom sozialdemokratischen Koalitionspartner drängen lässt, wenn sie mit ihm die kleinen Kopplungsgeschäfte der alltäglichen Politik aushandelt, sie ist die Kanzlerin, sie repräsentiert die Erfolge von Regierungsarbeit. An den Misserfolgen, auch an Missgeburten wie bei der Gesundheitsreform, da kann sie die SPD in Mithaftung halten. Zum Hohn von Guido Westerwelle, hat die SPD in der großen Koalition das Verdienst, den etwas größeren Koalitionspartner etwas sozialdemokratisiert zu haben. So wurde nichts aus den vielen programmatischen Festlegungen der Union für neue Quälereien zu Lasten von Rentnern, Arbeitslosen und Kranken. Manches Zugeständnis für Mindestlohnsicherungen musste ihr die SPD abpressen. Schon beim Start der Koalition war klar, es bleibt bei bloßen rhetorischen Kampfansagen an Mitbestimmungsrechte, Kündigungsschutz und Tarifautonomie. Die ungebrochene Liebe der Union zur vormodernen Atomtechnologie konnte zwar sehnsuchtsvoll beschworen, aber mit den Sozialdemokraten nicht unheilvoll praktiziert werden. Hätte die Sozialdemokratie in diesen Krisenzeiten nicht immer wieder der Kanzlerin ins Lenkrad gegriffen, „die Karre" wäre oft von der Straße abgekommen. Verständlich, dass sich nun alle Sozialdemokraten darum bemühen, mit Frank Walter Steinmeier einen Mann ans Lenkrad zu bringen, dessen Kursorientierung nicht nach aktuellen Opportunitätskalkülen wechselt. Bei allem besserwissenden Spott, den Steinmeier damit auf sich zieht, haben für ihn die Sicherheit von Arbeitsplätzen und die Schicksale der von Arbeit abhängigen Menschen Vorrang vor den inzwischen gründlich diskreditierten Glaubensgrundsätzen des Marktradikalismus, um deren Wiederbelebung sich Union und FDP mühen. Die nächsten Wochen bis zum Wahltermin am 27. September werden Gelegenheit bieten, darüber aufzuklären und verwaschene Konturen zu schärfen. Dass die maßgeblichen Kontrahenten im Wettbewerb mit den Sozialdemokraten um die Wählergunst über Arbeitsweltprobleme reden wie Blinde über die Farbe, könnte vielleicht doch wahlentscheidend werden. Und wer sagt denn, dass die Phrase, sozial sei was Arbeit schaffe (also auch die Massenkarambolage auf der Autobahn?), das Werteempfinden jener Menschen trifft, die alltäglich um die Anerkennung ihrer Arbeit ringen. Die Wahlauseinandersetzungen bietet Raum, über Geleistetes, Versäumtes und das noch Nötige zu streiten. Das ist etwas anderes als der Wettbewerb um originelle Plakate. Das ist auch etwas anderes als das fröhliche „weiter so!" mit einer beliebten Kanzlerin an der Spitze, aber ohne die lästigen Sozialdemokraten mit ihren sozialen Skrupeln. Zumal sie auch noch unter dem lächerlichen Verdacht stehen, ausgerechnet Oskar Lafontaine wieder in ein Amt bringen zu wollen, das dieser dann selbstherrlich wieder wegschmeißen könnte. Es stehen im August noch die Testläufe der Landtagswahlen im Saarland, Thüringen und Sachsen an. Doch dann ist zu entscheiden: Gibt es eine bürgerliche Mehrheit für schwarz-gelbe Marktradikale oder einen sozialen und demokratischen Aufbruch? Regiert sie oder er? Und eine Frage eint Polit-Junkies aller Couleur sogar mit dem ganzen Volk: Wer mit wem?

# Personenverzeichnis

Hans-Joachim
Schabedoth

# Unsere
# Jahre
# mit
# Gerhard
# Schröder

Ein Rückblick

SCHÜREN

Hans-Joachim Schabedoth
**Unsere Jahre mit Gerhard Schröder**
Rot-Grüne-Regierungsarbeit
zwischen Aufbruch und Abbruch
Mit Karikaturen von
Gerhard Mester
242 S., Pb. · € 14,90/SFr 27,00
ISBN 978-3-89472-281-4

Wer erinnert sich noch an Jost Stollmann? An Reinhard Klimmt, Erich Ribbeck, Reinhard Höppner? Was war los mit Gerhard Schröder zwischen Aufbruch 1998 und Abbruch 2005? An welchen Kreuzungen wurde falsch abgebogen? Wie konnte sich Kohls Mädchen durch den Intrigendschungel ganz nach oben kämpfen? Weshalb ist der Dicke vom eigenen Denkmalsockel gefallen und Möllemann abgestürzt? In Zeiten, da jede Woche eine neues Ereignis den Blätterwald zum Rauschen bringt, tut es gut, einmal inne zu halten und sich zu erinnern, wie alles anfing mit dem rot-grünen Traum, als man regierte, als könne allein der Glaube an das Gute und vorgeblich Alternativlose die Dinge zum Besten ändern. Hans-Joachim Schabedoths Aufzeichnungen haben schon „Unsere Jahre mit Helmut Kohl" vor dem Vergessen bewahrt. Jetzt lässt er nicht ohne Wehmut und Amüsement die vergangenen sieben Jahre mit Gerhard Schröder Monat für Monat lebendig werden.

Schüren Verlag GmbH • www.schueren-verlag.de

SCHÜREN

Hans-Joachim Schabedoth
Unsere Jahre mit Helmut Kohl
Ein Rückblick
1998, 240 S., Pb.
€ 12,80/ SFr 22,60
ISBN 3-89472-166-9

*Zur Zeit nur antiquarisch
erhältlich.*

Hans-Joachim Schabedoth hat Tagebuch geführt: Monat für Monat listet er auf, was die Regierung getrieben und hintertrieben hat, wer profitiert hat und wer Schaden genommen hat, was politische Kultur wurde und was es nicht bleiben durfte. Eine Bilanz, die sich selbst kommentiert, amüsierte Erinnerung und berechtigte Empörung wechseln sich ab. Ein Blick zurück ohne Zorn, aber mit Engagement. 16 Jahre Helmut Kohl sind eine lange Zeit. Die Republik hat sich verändert - äußerlich und innerlich. Mancher erinnert sich kaum noch an die Zeiten vor Kohl. Jetzt, da alles nach einem Wechsel ruft, da mag man sich gerne erinnern - wie alles anfing, wie alles schlimmer wurde, wie alles (k)ein Ende fand.

"eine nützliche, ausführliche und polemische Faktensammlung"
*Ultimo*

Schüren Verlag GmbH • www.schueren-verlag.de

Michael Sommer/
Hans-Joachim Schabedoth (Hrsg.)
**Europa sozial gestalten!**
240 S., € 14,90/ SFr 29,- UVP
ISBN 978-3-89472-219-79

Wie kann Europa zu einem einheitlichen Sozialraum werden? Wie
lassen sich europäische Sozialstaatskulturen so verbinden, dass die
Bürgerinnen und Bürger merken, gemeinsam geht es besser?
Der deutsche Sozialstaat hat nach Einschätzung politischer und
wissenschaftlicher Beobachter im Wettbewerb mit den anderen
europäischen Sozialstaaten noch einen erheblich größeren
Anpassungsbedarf an zukünftige Herausforderungen. Von den
europäischen Nachbarn kann gelernt werden, was sie zur sozialen
Gestaltung Europas beitragen und wie sich nationale Reformarbeit
besser – und das heißt sozial gerechter und nachhaltiger – gestalten
ließe.
„All denen, die sich mit der europäischen Sozialpolitik befassen, sei
dieser Band empfohlen, er bietet eine wahre Fundgrube an
Informationen und Meinungen zu diesem Politikbereich."
*ZPOL - Zeitschrift für Politikwissenschaft*

Schüren Verlag GmbH • www.schueren-verlag.de

**SCHÜREN**

DIETMAR HEXEL (HG.)

# NEVER CHANGE A WINNING SYSTEM

**DGB**

*DIE MITBESTIMMUNG
VON HEUTE AUF
DEM ERFOLGSWEG
FÜR MORGEN*

SCHÜREN

Dietmar Hexel (Hg.)
**Never change a winning system --
die Mitbestimmung von heute auf
dem Erfolgsweg für morgen**
160 S., Pb.
€ 14,90/SFr 29,00 UVP
ISBN 978-3-89472-219-7

Der Band beschäftigt sich mit Systemen der Mitbestimmung heute und Modellen für eine künftige Weiterentwicklung. Er bietet einen praxisnahen und fundierten Überblick über die aktuellen gewerkschaftlichen Positionsbestimmungen sowohl zur betrieblichen Mitbestimmung als auch zur Unternehmensmitbestimmung. Dabei diskutieren die Autorinnen und Autoren u. a. aktuelle Themen wie die Betriebspolitik im mitbestimmten Aufsichtsrat, Aufsichtsratsarbeit und Qualifizierung, Änderungen im Gesellschaftsrecht und ihre Auswirkungen auf die Mitbestimmung, die Möglichkeiten der Mitbestimmung im Finanzmarktkapitalismus sowie Vorschläge zur Regulierung der Vorstandsvergütung.

Schüren Verlag GmbH • www.schueren-verlag.de

**SCHÜREN**